TOBAR AN DÚCHAIS

*Béaloideas as
Conamara agus Corca Dhuibhne*

in eagar ag

Pádraig Ó Héalaí

agus

Lochlainn Ó Tuairisg

An Sagart
An Díseart
An Daingean
2007

An chéad chló 2007

© Na hEagarthóirí

ISBN 1-903896-34-7

Fuarthas deontas i gcabhair don fhoilseachán seo ó
Chiste Foilseacháin Ollscoil na hÉireann, Gaillimh

Bord na
Leabhar
Gaeilge

Táthar buíoch de Bhord na Leabhar Gaeilge
ar son a chabhrach

Clár an Ábhair

1 Cothú an Teaghlaigh

2 BEATHA AN DUINE

3 An Leigheas Traidisiúnta

4 FÉILTE, LAETHANTA, TURAIS

5 TRAIDISIÚIN STAIRE

Réamhrá

Tá an saothar seo bunaithe ar eolas a bhailigh mic léinn a d'fhreastail ar chúrsa cúntóireachta Gaeilge de chuid FÁS agus ar chúrsa de chuid an Community Youth Training Programme (CYTP) i 1990–1 in Áras Mháirtín Uí Chadhain ar an gCeathrú Rua. Mar chuid de mhodúl béaloidis a bhí á theagasc ag Pádraig Ó Héalaí ar na cúrsaí sin, iarradh ar na mic léinn agallamh a chur ar fhaisnéiseoirí faoi ghnéithe sonraithe den bhéaloideas a mbeadh scil acu iontu. Rinne Lochlainn Ó Tuairisg an bhuneagarthóireacht agus digitiú ar na téacsanna a soláthraíodh de thoradh na hoibre sin, agus i gcomhar le chéile ansin bheartaigh na heagarthóirí ar bheachtú agus ar leagan amach ábhar an leabhair seo.

Níorbh acmhainn gléas taifeadta a sholáthar do na mic léinn agus níor éilíodh uathu taifid focal ar fhocal dá gcomhráití leis na faisnéiseoirí a chur ar fáil ach, ar ndóigh, cuireadh ina luí orthu gur ghá léiriú cruinn beacht a thabhairt ar an ábhar a bhí á thógáil acu. Ní miste a lua freisin nach raibh sé i gceist ag an am a rinneadh an bailiúchán go ndéanfaí é a fhoilsiú.

Ón uair nach raibh fianaise chríochnúil ar chaint dhílis na bhfaisnéiseoirí sna taifid a soláthraíodh, chuireamar romhainn san eagarthóireacht cloí den chuid is mó leis an gcaighdeán oifigiúil. Tuigeadh dúinn, mar sin féin, nár cheart blas na canúna a cheilt ar fad, agus dá chomhartha sin, tugadh aitheantas do chanúint na bhfaisnéiseoirí maidir leis na pointí seo a leanas go háirithe:

(i)   Glacadh le foirmeacha canúnacha d'fhocail atá aitheanta in N. Ó Dónaill, *Foclóir Gaeilge–Béarla*, Baile Átha Cliath, 1977.

(ii)   Fágadh lom de réir canúna *d-*, *t-*, *s-* tosaigh ag leanúint na foirme caite den chopail *ba* i dtéacsanna ó iardheisceart na Gaillimhe.

11

(iii) Glacadh de réir canúna le hurú ar *d-*, *t-* tosaigh tar éis an ailt sa tabharthach uatha i dtéacsanna ó Chorca Dhuibhne.

(iv) Glacadh de réir canúna le séimhiú ar *d-*, *t-* tosaigh tar éis na réimíre treise *an-* i dtéacsanna ó Chorca Dhuibhne.

(vi) Glacadh de réir canúna le séimhiú ar *d-*, *t-* i dtús ainmfhocail tar éis na haidiachta *sean* i dtéacsanna ó Chorca Dhuibhne.

(vii) Glacadh de réir canúna le hurú ar an ainmfhocal tar éis an réamhfhocail *sa* i dtéacsanna ó iardheisceart na Gaillimhe.

(viii) Glacadh le roinnt foirmeacha canúnacha de bhriathra mar aon le leaganacha mar *le dhul*, *le n-ól*, srl.

(ix) Tugadh breis aitheantais do na canúintí i míreanna béaloidis a mbíonn an fhoclaíocht geall le seasmhach iontu ó leagan go chéile, agus leasaíodh go ciúin an fhoclaíocht i roinnt paidreacha agus orthaí de réir mar a bhí fáil orthu i dtéacsanna foilsithe.

(x) Glacadh de réir canúna leis na míreanna briathartha *ná* in áit *nach*, *ní* in áit *níor*, *go* in áit *gur* i dtéacsanna ó Chorca Dhuibhne.

(xi) Glacadh de réir canúna leis an bhfoirm *aige* den réamhfhocal *ag* i dtéacsanna ó Chorca Dhuibhne.

(xii) Sholáthraigh na heagarthóirí teidil nuair ba ghá do mhíreanna nach raibh a leithéidí orthu sa bhailiúchán.

(xiii) Ní dhearnadh infhilleadh ar roinnt ainmfhocal sa ghinideach de réir dul na Gaeilge in iardheisceart na Gaillimhe, na lagiolraí san áireamh, ná tar éis na bhfocal *cineál*, *sórt*, srl.

Sna nótaí a cuireadh le gach caibidil luaitear roinnt foilseachán a phléann go ginearálta le hábhar na caibidile sin agus soláthraítear freisin tagairtí d'fhoilseacháin a léiríonn an traidisiún atá i gceist i gceantar na bhfaisnéiseoirí, mar atá, i nGaeltacht iardheisceart Chontae na Gaillimhe nó i nGaeltacht Chorca Dhuibhne i gContae Chiarraí.

Gabhann na heagarthóirí buíochas ó chroí leis na bailitheoirí as an dúthracht a chaith siad ag soláthar an ábhair agus fógraíonn siad go beannachtach a gcomaoin ar na faisnéiseoirí a roinn a gcuid eolais agus a dtaithí saoil go fial. Tá buíochas faoi leith ag dul d'fhoireann Áras Uí Chadhain, faoi cheannas Pheadair Mhic an Iomaire, go háirithe Gearóidín Uí Loideáin agus Treasa Uí Lorcáin, a d'eagraigh na cúrsaí a raibh an modúl béaloidis mar chuid díobh, agus don eagraíocht FÁS, faoi cheannas Pat Bergin, a mhaoinigh na cúrsaí sin.

Ba mhaith linn freisin focal buíochais a ghábháil le gach duine eile a thug cúnamh le réiteach an tsaothair seo, go háirithe le Bríd Ní Dhonnchú, Raidió na Gaeltachta; Eddie Bheairtle Ó Conghaile, sagart paróiste Thír an Fhia; Tom Bheairtle Ó Flatharta, An Lochán Beag, Indreabhán; Ríonach uí Ógáin, An Coláiste Ollscoile, Baile Átha Cliath; agus ar deireadh, ár bhfoilsitheoir, An Sagart, agus an Moinsíneoir Pádraig Ó Fiannachta as a fhoighne agus a mholtaí tuisceanacha.

Bailitheoirí agus Faisnéiseoirí

Seo a leanas liosta de na bailitheoirí agus de na faisnéiseoirí ónar bhailigh siad an t-ábhar. Is as Contae na Gaillimhe iad go léir mura dtugtar a mhalairt le fios. Tugtar a n-aois ag an tráth a rinneadh an bailiúchán agus aon eolas ábhartha eile nuair a bhí a leithéid curtha ar fáil.

Cúrsa FÁS 1990–1

Máire Bhreathnach, An Tulach, Baile na hAbhann: bhailigh ábhar ó Pheig Uí Fhátharta (82), Na Criogáin, Indreabhán; ó Mháire Uí Chonghaile (80), Loch an Iolra, Baile na hAbhann (ach a rugadh agus a tógadh i mBéal an Daingin, Leitir Móir).

Áine de Paor, Bóthar an Chillín, An Cheathrú Rua: bhailigh ábhar ó Sheosamh Ó Laoi, Áras Mhic Dara, An Cheathrú Rua (ach a rugadh agus a tógadh i gCarna).

Cáit de Paor: bhailigh ábhar ó Bhríd Uí Fhlathartaigh, An Caorán Mór, An Cheathrú Rua.

Tríona Mhic Dhonnacha, Cuilleán, An Cheathrú Rua: bhailigh ábhar ó Bhairbre Mhic Dhonnacha (74), Loch Conaortha, Cill Chiaráin (ach a rugadh agus a tógadh i Ros an Mhíl, Baile na hAbhann); ó Thomás Ó Flatharta (60), Ros an Mhíl, Baile na hAbhann (ach a rugadh agus a tógadh ar an gCeathrú Rua); agus ó Stiofán Ó Cualáin (65), Maigh Cuilinn (ach a rugadh agus a tógadh i gCarna).

Eilín Uí Bhraonáin, Cor na Rón, Indreabhán: bhailigh eolas ó Dan Ó Concheanainn, Cor na Rón, Indreabhán (ach a rugadh agus a tógadh sa Spidéal); agus ó Mháirtín Ó Cualáin, An Teach Mór, Indreabhán.

Mairéad Uí Bhriain, Cladhnach, An Cheathrú Rua: bhailigh ábhar ó Phádraic Ó Máille, Doire Fhátharta, An Cheathrú Rua; ó Chóilín Ó Briain, Bríd Uí Bhriain agus Máirtín Ó Briain, Cladhnach, An Cheathrú Rua.

Margó Uí Chonghaile, An Cnoc, Indreabhán: bhailigh ábhar ó Shiobhán Uí Chonghaile, Na hAille, Indreabhán; ó Mháire Uí Ghríofa, Poll Uí Mhuirinn, Leitir Móir; ó Sheosamh Ó Gríofa, Leitir Móir; ó Mháire Uí Chonghaile, Indreabhán; ó Ghearóid Ó Gríofa, Indreabhán; ó Mhicheál Ó Donnacha, Leitir Móir; ó Mháirín Ní Chonghaile, Cor na Rón, Indreabhán; ó Mháire Uí Bhraonáin, Indreabhán.

Nóirín Uí Chonghaile, Na Doireadha, Baile na hAbhann: bhailigh ábhar ó Mhicheál Ó Ceallaigh (72), An Máimín, Leitir Móir.

Máirín Uí Ghadhra, Na Forbacha: bhailigh ábhar ó fhaisnéiseoirí nár theastaigh uathu go luafaí a n-ainm.

Caitríona Uí Loideáin, An Gleann Mór, An Cheathrú Rua: bhailigh ábhar óna máthair Mairéad Ní Fhátharta, Inbhear, Ros Muc.

Gearóidín Uí Loideáin, Bóthar na Páirce, An Cheathrú Rua: bhailigh eolas ó Mhairéad Ní Dhomhnaill, An Cheathrú Rua.

Peigí Uí Mhaoileoin, Baile an tSléibhe, Ros an Mhíl, Baile na hAbhann: bhailigh ábhar ó Bhríd Uí Thuathail (90), Tír an Fhia, Leitir Móir (ach a rugadh agus a tógadh ar an gCaorán Beag, An Cheathrú Rua).

Máire Uí Neachtain, Cor na Rón, Indreabhán: bhailigh ábhar ó Bhríd Uí Chadhain (71), Cor na Rón, Indreabhán (ach a rugadh agus a tógadh i Ros an Mhíl, Baile na hAbhann); ó Shéamas Ó Cearra (70), An Lochán Beag, Indreabhán; ó Mhaitiú Ó Diolúin (70), Cor na Rón, Indreabhán.

Hannah Uí Thuairisg, An Lochán Beag, Indreabhán: bhailigh ábhar ó Áine Mhic Dhiarmada (os cionn 60), Na hAille, Indreabhán (ach a rugadh agus a tógadh i Seanachomheas, Leitir Móir); agus ó fhaisnéiseoirí nár theastaigh uathu go luafaí a n-ainm.

Cúrsa C.Y.T.P. 1990–1

Brídín Ní Cheallaigh, An Trá Bháin, Leitir Móir: bhailigh ábhar ó Sheán Ó Ceallaigh, ó Sheosamh Ó Ceallaigh, ó Mháire Uí Ráinne, An Trá Bháin, Leitir Móir; agus ó Phádraig Seosamh Ó Conghaile, Snámh Bó, Ros Muc.

Mairéad Ní Churraoin, Ráth Cairn, Co. na Mí: bhailigh ábhar ó Shiobhán Uí Fhátharta, An Teach Mór, Indreabhán, agus ó Bheartla Ó Flatharta, An Teach Mór, Indreabhán.

Diane Ní Ghríofa, An Bóthar Buí, An Cheathrú Rua agus Colette Nic Eoin, Ros an Mhíl, Baile na hAbhann: bhailigh ábhar ó Mhicheál Ó Gríofa, An Bóthar Buí, An Cheathrú Rua; ó Mháire Seoighe, Béal an Daingin, Leitir Móir; agus ó Shiobhán Uí Fhátharta, An Teach Mór, Indreabhán.

Loretta Ní Mhainnín agus Bríd Ní Chorragáin: bhailigh ábhar ó Bheartla Ó Flatharta, An Teach Mór, Indreabhán; ó Nóra Uí Chualáin, An Leath-Mhás, Carna; ó Éamon de Búrca, Dumhaigh Ithir, Carna.

Máire Ní Scannláin, Dún Chaoin, Co. Chiarraí agus Áine de Búrca, Carna: bhailigh ábhar ó Nóra Uí Chualáin, An Leath-Mhás, Carna; ó Mháire Ní Cheannabháin, Carna; agus ó Sheán Mhaidhc Léan Ó Guithín, Dún Chaoin, Co. Chiarraí.

Ciara Ní Shéagha, Ros an Mhíl, Baile na hAbhann agus Bríd Nic Dhonncha: bhailigh ábhar ó Mháire Seoighe, Béal an Daingin, Leitir Móir.

Criostóir Ó Conghaile, Leitir Calaidh, Leitir Móir agus Máirtín Mac Donncha, An Tuairín, Béal an Daingin, Leitir Móir: bhailigh ábhar ó Shiobhán Uí Fhátharta, An Teach Mór, Indreabhán; ó Bheartla Ó Flatharta, An Teach Mór, Indreabhán; ó Mháire Seoighe, Béal an Daingin, Leitir Móir; agus ó Nóra Uí Chualáin, An Leath-Mhás, Carna.

Maria Ní Mhurchú, Baile Íochtarach, An Daingean, Co. Chiarraí: bhailigh ábhar ó Nóra Uí Chualáin, An Leath-Mhás, Carna; ó Joeen Ó Sé, Ceann Trá, Co. Chiarraí; ó Sheosamh Ó Dálaigh, Dún Chaoin, Co. Chiarraí; ó Cháit (Bab) Feirtéar, Dún Chaoin, Co. Chiarraí; ó Sheán Peats Tom Ó Cearnaigh, Dún Chaoin, Co. Chiarraí; ó Nóra Uí Mhurchú, Baile Íochtarach, An Daingean, Co. Chiarraí; ó Éamon de Búrca, Dumhaigh Ithir, Carna; ó Mháire Uí Mhurchú, Baile Íochtarach, An Daingean, Co. Chiarraí; ó Tom Martin, Na Ráithíní, Ceann Trá, Co. Chiarraí.

Bhailigh Tomás Ó Ráinne, Leitir Calaidh, ábhar béaloidis agus sholáthraigh Pádraig Seoighe, Bóthar na Foirnéise, Camas, ábhar freisin.

Sholáthraigh roinnt faisnéiseoirí ábhar ach níor mhian leo go luafaí a n-ainm.

Sholáthraigh roinnt bailitheoirí eolas dá gcuid féin ar an ábhar a bhí á fhiosrú.

Noda

APD Ó Laoghaire 1975: D. Ó Laoghaire, *Ár bPaidreacha Dúchais*, Baile Átha Cliath.

AT Aarne & Thompson 1961: A. Aarne, S. Thompson, *The Types of the Folktale: A Classification and Bibliography*. Folklore Fellows Communications 184, Helsinki.

CIR Hull & Taylor 1955: V. Hull, A. Taylor, *A Collection of Irish Riddles*, Folklore Studies 6, Berkeley.

TIF Ó Súilleabháin & Christiansen 1963: S. Ó Súilleabháin, R. Th. Christiansen, *The Types of the Irish Folktale*. Folklore Fellows Communications 188, Helsinki.

1 Cothú an Teaghlaigh

1.1 An Teach

1.1.1 ROGHNÚ SUÍMH

Beartla Ó Flatharta

Ní dhéantaí teach trasna ar chosán riamh – cheap daoine go mba leis an slua sí na cosáin chéanna. Thógtaí na tithe istigh i mbéal a chéile; bhíodh dó nó trí de thithe as fad a chéile. Ar leac go minic a thógtaí teach dá mbeadh sí ar fáil agus mura mbeadh, thógtaí an teach in áit a mbíodh gaineamh crua. Seans gur ag spáráil an talamh mhaith a bhíodh siad. Tá ballaí tithe fós le feiceáil ar an Lochán Beag, in íochtar an bhaile. Na Seanbhailte a ghlaoití orthu. Chuala mé i gcónaí gur in aice na farraige a tógadh na chéad tithe a tógadh thart anseo. Thógtaí teach ar an bhfoscadh dá bhféadfaí – ní raibh sé ádhúil teach a thógáil ar ard. Bhí leagan cainte ag na seandaoine faoi thrí rud nach raibh ádhúil: "Bean bhreá, bó bhán agus teach ar an ard."

Nóra Uí Chualáin

Bhíodh aghaidh an tí ar an mbóthar dá mbeadh bóthar ann ach chuala mé faoi aghaidh an tí – gan aghaidh an tí a bheith ar an reilig, an reilig a mbíodh na daoine curtha inti. Thógtaí tithe i ngleann go hiondúil mar tuí a bhíodh ar an teach. Ní fhágfaí cleith ná sop ar an teach mura dtógfaí é i ngleann, ar foscadh, agus théidís ar foscadh chomh fada agus a d'fhéadfaidís leis an teach. Dhéanaidís suas a n-intinn cén spota ba chóiriúla dóibh leis an teach a thógáil agus ghearraidís an mháithreach ansin. Bhíodh sé sin go maith ansin ach dá dtiocfadh rud ar bith rompu, chaithfidís stopadh. Bhuel, chuirtí dhá leachta ar fhad an tí ar fhaitíos go leagfaí na leacracha san oíche agus dá leagfaí, chaith-fidís athrú agus a dhul go dtí áit eile ar fhaitíos go raibh sé ag teacht ar chosán. Deir siad dá bhfeicfí fuil ann nach n-éireodh sé leat, ach ní raibh ansin ach seafóid: rudaí a mbíodh daoine eile a dhéanamh d'aon turas ar a chéile.

19

Éamon de Búrca

Feiceann tú tigh Mhicheál Aindriú agus tigh Bheartla Chonaire? Amach as an Oileán Máisean a tháinig siad sin agus sula dtáinig siad amach as an Oileán Máisean bhí Bord na nOibreacha ag déanamh na dtithe. Tithe Bhord na nOibreacha atá acu sin. An fear a bhí ag leagan amach na hoibre – an *contractor* a bhí air – le fáil amach an raibh an áit ádhúil, gheobhadh sé greim ar bhróg agus chaithfeadh sé suas san aer í chomh maith agus a bhí sé in ann, agus dá dtiocfadh an bhróg anuas ar a bonn bhí an áit le bheith ádhúil agus mura dtiocfadh, ní raibh aon fhonn air a dhul ag tógáil ann. Sa tseanaimsir thógtaí teach a raibh scraith le dhul air sa ngleann, le dhul ar an bhfoscadh, ach is iondúil gur timpeall an chladaigh a bhíodar á ndéanamh anseo.

Bhíodar ag iascach mórán i gcónaí, agus ní raibh mórán achair le dhul acu mar bhíodh an teach in aice an chladaigh acu. Bhíodar ag ithe bairnigh, faochain agus chuile rud an t-am sin. Bhíodar ag ithe na mbairneach agus na bhfaochan agus an chreathnaigh. Bhí na tithe sách gar dá chéile agus bhí go leor tithe sa tseanaimsir ann.

1.1.2 TÓGÁIL TÍ

Beartla Ó Flatharta

Chuirtí píosa croise i gceann de na ballaí. Séard a bhí ansin píosa dhá scilling sa seanairgead agus bhíodh crois air.

Tithe gabhal éadain is mó a bhí thart anseo ach bhí roinnt tithe ann le binn amháin freisin. Mar a deirtí fadó: "Tá teach beann aige agus capall srathrach; is furasta dó sin bean a fháil." Bhí a n-ainmneacha féin ar chlocha áirithe na binne: an chloch stuaice – sin í an chloch a bhíodh ar an gcolbha in íochtar, in aice an bhunsoip; an chloch sciatháin – sin í an chloch a bhíodh thuas ar a bharr uilig. Chaithfeadh an balla féin a bheith déanta go maith; bhíodh an balla in íochtar suas chomh fada leis an mbunsop, níos leithne ná an bhinn suas. Clocha móra a chuirtí sa mballa taobh amuigh ach leathchlocha beaga a chuirtí ar an taobh istigh. Balla feidín an t-ainm a thugtaí ar an mballa taobh istigh seo.

Chuirtí an taobh *level* den chloch in uachtar i gcónaí is cuma cén pháirt den bhalla a bhí á thógáil. Aon chloch a cheaptaí nach mbeadh feiliúnach deirtí: "Tá caitheamh an bhraoin inti." Cloigne cait a thugtaí ar chlocha ciorcalacha nach mbeadh feiliúnach le cur sa mballa.

Bhíodh caint fadó ar an nGobán Saor, agus bhíodh rann beag ag na saortha cloiche le cur síos a dhéanamh ar a gceird. Tháinig an Gobán Saor ar chúpla fear lá amháin agus iad ag tógáil balla. "Céard is féidir liomsa a dhéanamh?" ar seisean. "Gabh amach agus déan cat agus dhá dhrioball," a deir duine de na fir leis. Amach leis agus ghearr sé dealbh de chat agus dhá dhrioball air, as cloch. Ba duine é an Gobán Saor nár fhoghlaim aon cheird riamh ach a raibh de dhraíocht aige.

Nóra Uí Chualáin

Bhuel, chuirtí síos ceithre chúinne agus seo iad chomh maith na máithreacha agus an chéad rása den bhalla. Agus sin iad máithreacha an tí. Bhuel, dhéantaí an balla rása i ndiaidh rása nó go gceaptaí áirsí do na fuinneoga agus na doirse ann. Sin í an chaoi a ndéantaí an teach. Deir siad go gcuirtí píosaí airgid sna coirnéil, ach níl a fhios agamsa é sin agus níl a fhios agam anois céard eile a chuirtí sa mballa cé is moite de mhoirtéal a chur ann, agus bhíodh an moirtéal féin déanta suas le fuil mairt – sin fuil beithígh – agus aol agus gaineamh le haghaidh an teach a thógáil agus níorbh fhéidir aon spalla a bhaint as sin, an ceann a gcuirtí é sin ann, agus ní hé chuile theach é sin.

Bhaintí an chloch sa gcoiléar agus tharraingítí í ar áit an tí. Ghearrtaí an t-adhmad a bhíodh tagtha i dtír le haghaidh na rataí agus na dtaobhán, dá mbeadh adhmad le cur air. Ní raibh ballaí puitigh ar bith á ndéanamh anseo ach bhí ballaí fóid á ndéanamh faoi na sléibhte in áiteacha. Bhíodh brácaí ann le haghaidh mná a bhíodh ag tabhairt aire do bheithígh. Tá Sliabh na mBan soir ansin taobh thoir den Chnoc Bhuí. Tá Cnocán na mBan ann freisin agus tá Cnocán na Mná Marbh ann.

Ach is amhlaidh a bhíodh an áit sin ar fad fágtha faoi bhrácaí ag muintir na hAirde Thiar, b'fhéidir muintir na hAirde Thoir chomh maith céanna, ag déanamh lúibíní agus ag stopadh agus ag fuirseadh leo thoir ansin, agus bhíodh na beithígh tugtha amach acu sa samhradh agus sa bhfómhar. Bhíodh muintir an Mhása thuas in éineacht leo ann agus níl a fhios agamsa cá dtéadh muintir an bhaile seo. B'fhéidir go dtéadh siad ann agus go mbíodh brácaí eile déanta thíos ar chéibh Mhaírois agus soir ar Ghlinsce agus ag muintir Leitir Ard agus iad seo thuas anseo agus an chuid eile amuigh ar chéibh Mhaírois; brácaí ar chuile shliabh. Púiríní a thugtaí ar na tithe sin a bhí déanta as fód ach bhíodh siad déanta as clocha agus díon fóid orthu – scraitheacha. Bhíodh scraitheacha ar chuile theach fadó agus thógtaí na tithe ar fad as fóid.

Chuala mé le linn do m'athair a bheith ina ghasúr go raibh teach fóid ann fadó a raibh seandaoine éicint ann agus bothláinín fóid déanta dóibh. Bhí comhluadar eile ina dhiaidh sin ann agus sa mbótháinín céanna a tógadh bean Pheait a' Búrca agus d'athraigh siad amach ansin. Rinneadar teach nua, agus teach breá. Rinneadar áit bhreá de dhrocháit. B'iontach an dream iad sin faoi bhothán fóid. Bhí baile agus bailte suas sna sléibhte fadó de thithe fóid. Ní lenár linnse é, ach na céadta bliain siar ó aois na bPéindlithe agus chuaigh siad suas ansin sna sléibhte chuig Béal Chatha, áit a raibh baile. Bhí an-chuimse daoine ina gcónaí ansin. Cearraigh a bhí iontu ar dtús ach d'fhág siad ansin. Sin é an fáth Béal Chatha a bheith inniu ann.

Éamon de Búrca

Bhíodh moirtéal acu sa gcaoi agus nach mbeadh na clocha ag sciorradh. Bhídís ag rá go gcuiridís sliogáin oisrí anseo agus ansiúd tríd an gcloch a bhí taobh amuigh. Bhí ballaí an-leathan déanta an t-am sin ann.

Seán Mhaidhc Léan Ó Guithín

Lenár linn-ne anois, tithe peilte a bhí ann ach bhí tithe ceann tuí ann roimhe sin. Ba thigh ceann tuí a bhí ag Tomás Criomhthain go dtí gur thóg sé an tigh deireanach – chuir sé peilt air sin. Bhíodh na cearca ag dul in airde sna fraitheacha.

Siobhán Uí Fhátharta

Teach beag a bhí sa teach tuí – dhá sheomra agus cisteanach, cé go mbíodh cuid acu taobh le haon seomra codlata. Aol a bhíodh ar an taobh amuigh agus ar an taobh istigh den teach.

Seán Mhaidhc Léan Ó Guithín

Dhá sheomra a bhí sa chuid ba mhó acu ach bhí cuid mhór acu le haon tseomra amháin. Agus ansin bhíodh lochta ann – cúllochta a thugaidís ar an lochta thuas in aice na tine. Agus bhíodh lochta eile ar an dtaobh thíos den dtigh. Bhíodh lár an tí gan aon lochta – chífeá na maidí droma in airde. Agus chuiridís síleáil amuigh ar an lochta sin. Bhíodh lochta níos mó ar an dtaobh thíos agus dhéanaidís seomra codlata de sin. Bhí dhá sheomra sa tigh againne, seomra thíos agus seomra thuas agus dheineamar seomra eile den lochta ansin.

Beartla Ó Flatharta

Ar dtús ní bhíodh ach balla amháin taobh istigh: b'in é an spiara a bhíodh idir an chisteanach agus ceann de na seomraí codlata agus go minic ní bhíodh anseo ach clocha amháin. Ní bhíodh aon dóib idir na clocha. Balla fuar a thugtaí air seo. Thógtaí ballaí an tí in aon lá amháin go hiondúil. Bhíodh cúnamh mór ann: chabhraíodh muintir an bhaile ar fad leis an té a bhí ag tógáil an tí. Dream a bhíodh an-bhocht, ní chuiridís binn ar bith ar an teach. Teach gabhal éadain a thugtaí ar an gcineál seo tí. Ba chomhartha bochtanais teach mar seo a bheith ag duine, mar a deirtí fadó: "Nuair a théann bocht go nocht, téann sé go gabhal éadain." Bhíodh dhá sheomra codlata agus cisteanach sa gcuid ba mhó de na tithe ach iad siúd a bhí an-bhocht ní bhíodh acu ach seomra codlata amháin agus cisteanach. Ní chuireadh aon duine seomra siar as a theach – cheap daoine go mbeadh an mí-ádh ort dá gcuirfeá. Deirtí: "An té is láidre ná Dia cuireadh sé seomra siar as a theach."

Maitiú Ó Diolúin

Bhí teach ar an mbaile s'againne fadó agus tháinig bean feasa go dtí muintir an tí agus dúirt sí leo nár cheart dóibh aon chró a dhéanamh siar as an teach.

"Tá beithígh istigh agaibh ann," a deir sí.

"An dtarlóidh aon rud dóibh?" a deir siad.

"B'fhéidir go dtarlóidh."

Bhí an ceart aici. Chuaigh cuid den chlann ag an aifreann agus nuair a tháinig siad ar ais d'iarr an t-athair ar an mac na beithígh a chur siar sa ngarraí beag ard. Ní raibh siad ach thiar nuair a thit an cró.

1.1.4 DÍON AGUS URLÁR

Beartla Ó Flatharta

Maidir leis an díon, chuirtí scraitheacha ar dtús air agus d'fhuaití de na taobháin iad le rópaí súgáin. B'as tuí nó as cíb a dhéantaí na súgáin; ba chíb ba mhó a d'úsáidtí. Chuirtí fraoch ansin os cionn na tuí agus os a chionn sin arís chuirtí cóta amháin tuí – bhíodh sé sin féin le fuáil, b'fhéidir. Bhíodh sé seo ar fad le daingniú le scoilb – píosaí sailí iad seo a lúbtaí i bhfoirm "U" agus bhíodh barr géar ar bhior amháin díobh. Ní fhéadfaí na scoilb a bheith le feiceáil; níor mhór iad a bheith-chlúdaithe le tuí. Ar chírín an tí bhíodh na boibíní. Bhí siad seo mar a bheadh babóga beaga ann déanta as tuí agus iad trasna ar chírín an tí ar fad. Bhíodh péire acu ar aghaidh a chéile.

Maidir le rataí an tí, b'as giúsach nó as raic a dhéantaí iad seo. Cheanglaítí na taobháin leis na rataí le duail agus b'as giúsach freisin a dhéantaí iad seo. Dhaingnítí na rataí le chéile le moirtís agus tionúr agus scaoiltí thar a chéile iad. Chuirtí an maide droma, nó an maide mullaigh, mar a thugtaí air freisin, os cionn na rataí. Ní bhíodh síleáil ar bith, ar ndóigh, sna seantithe ach bhíodh lochta agus dhá lochta, scaití, i dteach. Ba le dréimire a théadh siad suas ar an lochta. Is beag teach a raibh staighre ann. Chaití chuile sheanrud suas ar an lochta: seanbhróga, cléibh agus ciseoga. B'fhearr cíb mar ábhar tuíodóireachta ná tuí:

mhairfeadh ceann cíbe gar do scór bliain agus mhairfeadh ceann tuí timpeall deich mbliana. Bhí tuíodóirí maithe agus drochthuíodóirí ann. Deirtí gur tuíodóir maith an té a bhí sách maith le tuí a chur ar thithe i nGaillimh.

Éamon de Búrca

Uair sa mbliain, amach sa bhfómhar i gcónaí, nuair a bhíodh an tuí gearrtha, a bhaintí ábhar don díon. Ghearraidís an tuí nó an t-arbhar nuair a bhíodh píosa maith den bhliain caite agus corrán a bhíodh acu ag gearradh an arbhair an t-am sin. Bhíodh go leor eorna ansin acu agus nuair a bhíodh go leor eorna acu, nó coirce, ba é an bealach ab fhearr é a thabhairt isteach sa teach. Bhí cisteanach bhreá mhór sna tithe. Chuirtí an preas agus chuile shórt siar sa seomra as an mbealach agus thugtaí an tuí isteach. Bhí clocha socraithe ar phleainceanna ansin agus bhíodh tú ag gabháil don tuí ar an gcloch go n-imeodh an grán as.

Nóra Uí Chualáin

Bhí ceird na tuíodóireachta riamh ann le fada an lá. Bhí an t-iomad tuíodóirí istigh ar an tír. Leagtaí an chíor mhullaigh ó bhinn go binn agus leagtaí anuas na rataí uirthi, agus ansin chuirtí an boimbéal orthu agus ansin chuirtí na taobháin orthu, ach bhíodh ceann níos ísle ná sin ar bhotháin na ndaoine bochta. Bhí lochta i chuile theach a bhí sách mór le lochta a bheith ann ach ní i chuile theach é sin ach an oiread – bhíodh tithe beaga ann nach mbíodh aon áit lochta iontu.

D'úsáidtí tuí le tuíodóireacht a dhéanamh agus d'fhaigheadh cuid acu cíb agus tharraingídís abhaile ó na sléibhte í agus phacálaidís í. Bhíodar ag ceapadh go gcoinneodh sí an braon anuas amach, go bpacálfadh sí go breá ceann an tí, agus chuirtí ansin tuí coirce os a cionn sin. Shocraítí an tuí uair sa mbliain nuair a dheisítí an teach, dá mb'fhéidir é. Chuirtí na súgáin air ó thaobh go taobh agus bhíodh pionnaí sa mballa, nó boltaí, leis an súgán a cheangal orthu. Sheasadh duine ar mhullach an tí ar an gcíor agus bhíodh cleith nó rud éicint fada aige nó aici. Chuireadh sé síos súgán ar an taobh seo, cheanglaítí an súgán ar an taobh seo agus chuireadh sé ar an taobh eile é agus bhíodh sé á gceangal ansin ó cheann go ceann go mbídís ar fad ceangailte suas aige. Ansin chuirtí mogaill ar na scraitheacha ar an teach agus bhíodh cleithíní súgáin acu – sin sórt súgán nó rópa tuí.

An té a bhíodh ag ligean timpeall anois fad na gcros, bheirtí ar an rópa sin agus leagtaí isteach í nó go mbíodh sí timpeall chomh tiubh sin, agus dhéanadh sí ciorcal as a dhá lámh chomh tiubh le béal muga, déarfaidh muid, agus ansin thosaítí ag casadh an tsúgáin nó go dtagadh an duine sin ar ais, agus bhíodh corrán aige á chasadh. Chuirtí ansin suas, faoi dheireadh, an súgán, an cloigeann. Bhídís á dhéanamh ansin ar feadh oíche fada agus chuirtí na rudaí a bhíodh acu le mogaill an tí isteach faoin súgán a bhíodh ag teacht trasna faoin stoith, agus thugtaí amach an taobh eile agus isteach an taobh eile agus amach an taobh eile, agus mar sin ó cheann ceann an tí nó go mbeadh an teach moglaithe suas. Dhéantaí sin le haghaidh na drochaimsire agus chuiridís cailleach ag bun an bhunsoip: seo rópa mór trom – an chailleach – a bhíodh ag dul ó cheann ceann an tí agus bhíodh trí nó ceithre ghóil rópa tuí sa gcailleach le go mbeadh sí in ann an aimsir a sheasamh. Ar ndóigh, bhíodh rópaí dá shórt á ndéanamh le haghaidh na mbád fadó, go sábhála Dia sinn!

Dhéantaí na hurláir as dóib nó as moirtéal gainimh agus as aol, nó sin as luaith bhuí mura mbeadh tada eile ann. Tá dhá chineál dóib ann ar féidir urláir a dhéanamh astu: dóib gharbh agus dóib mhín. An té a mbíodh urlár dóibe aige, ní raibh tada ann ach an dóib nó an luaith nó an moirtéal. Bhí urlár leacracha ag daoine eile, leacracha a tharraingídís agus a shocraídís i ndiaidh a chéile go ndéanaidís urlár díobh. Tá siad thoir ansin thoir sa teach ar tógadh m'athair ann agus tá siad sna sráideanna ann fós. Bhíodh an tsráid déanta ar an gcaoi chéanna. Tá cuid acu curtha síos amuigh ansin sa tsráid agus tá siad ag dul amach go lár an gharraí, ach go bhfuil fód os a gcionn. Fadó fadó anseo, trí nó ceathair de chéadta bliain ó shin, chodail an chlann ar an urlár mar nach raibh aon áit eile acu le codladh, ar thuí, ar chúl na hursaine. Chuala mé go dtéidís amach sa tseanaimsir agus go ngearraidís ualach luachra le haghaidh na hoíche, le codladh air.

26

Dhéanadh na daoine a bhí ann an t-am sin é sin agus ní raibh ann ach botháin fóid.

1.1.5 DOIRSE AGUS FUINNEOGA

Nóra Uí Chualáin

Bhíodh doirse péine dhearg ar chuma ar bith curtha ar an teach fadó acu mar gheall gur cheapadar go raibh tógáil níos fearr ar an aimsir ag an bpéine dhearg. Bhíodh díon péine dhearg chomh maith acu ar na tithe an uair sin nó péine bhuí nó péine dhubh. Dhéantaí an doras as adhmad. Chrochtaí é le hinsí agus le bocáin le hiad a chur faoi ghlas. Bhíodh stápla amuigh sa gcúinne agus bhíodh an laiste déanta agus bhíodh an stápla déanta agus bhíodh ceann eile san ursain. Chuirtí an stápla taobh amuigh isteach ar an stápla a bhíodh san ursain. Chuirtí laiste isteach ar an stápla a bhí san ursain, agus chuirtí an glas isteach sa stápla agus chastaí an glas air. Ar thaobh an dorais tosaigh den teach a bhíodh na fuinneoga.

Beartla Ó Flatharta

Bhíodh dhá dhoras ar an teach. Bhíodh ceann amháin acu mór sa gcaoi go bhféadfaí an capall agus an bhó a thabhairt isteach sa teach nuair ba ghá, go háirithe nuair a bhí bó le lao. Bhíodh an doras eile caol. Ní mórán pisreog a bhain leis an doras ach amháin go raibh ort a dhul amach an doras céanna ar tháinig tú isteach ann. Bhíodh an doras crochta ar bhocáin agus bhíodh maide curtha ina aghaidh taobh istigh san oíche le é a choinneáil dúnta. An maide éamainn a thugtaí air seo. An lindéar a thugtaí ar an gcloch a bhíodh os cionn an dorais agus an tairseach a thugtaí ar leic an dorais.

B'as péine dhearg a dhéantaí na doirse go hiondúil – bhíodh go leor de seo le fáil isteach mar raic fadó. Bhíodh boltaí adhmaid mar ghlais ar dhoirse – b'as giúsach ba mhó a dhéantaí iad seo. Laistí a bhíodh ar dhoirse na seomraí. Chuirtí glas ar an doras chuile oíche ach amháin Oíche Nollag. Ba mhinic le daoine crú a chur ar an taobh amuigh den doras mór: cheap daoine go mbeadh ádh ar an teach dá bharr.

27

Dhá fhuinneog, fuinneog ar chaon seomra, gan aon fhuinneog ar an gcisteanach. *Box window* an cineál fuinneog a bhíodh ann sa gcuid ba mhó, acu ní bhíodh an sais ach leagtha isteach sa bhfráma – ní raibh oscailt ar bith iontu. Troigh go leith go dtí dhá throigh an gnáthmhéid agus b'as péine dhearg nó as learóg ba mhó a dhéantaí iad. Is é an fáth ba mhó nach mbíodh mórán fuinneoga ar thithe mar go n-ardófaí an cíos de réir mar a bhí fuinneoga ar theach.

Bhíodh oscailt fágtha sa dá bhinn i gcomhair fuinneoige, ach ní minic a chuirtí fuinneog iontu. Chuirtí punann tuí iontu sa ngeimhreadh agus thógtaí as é sa samhradh. Thugtaí fuinneoigín mo dheaideo uirthi seo freisin Tá tomhais ann: "Bhreathnaigh mé amach trí fhuinneoigín mo dheaideo agus chonaic mé an rud marbh ag iompar rud beo."[1]

Seán Mhaidhc Léan Ó Guithín

Tithe a thóg Bord na gCeantar Cúng – aon doras amháin a bhí ar an gcuid ba mhó acu, ach na tithe nua seo a thóg Bord na gCeantar Cúng bhí dhá dhoras orthu sin. Agus fiú amháin na fuinneoga an t-am sin, ní fhéadfaí iad a oscailt – bhí plánaí iontu agus iad déanta istigh sa bhfalla, ach bhí fuinneog bheag ar sheomra, saghas fuinneoige ab ea í, plána inti agus d'osclófá isteach í. Ansin tháinig an fhuinneog dhúbailte amach agus bhíodar sin thar barr.

Máire Ní Cheannabháin

Dá dtiocfadh seanduine isteach chugatsa fadó, é a theacht isteach an doras thiar b'fhéidir, agus dá gcaithfeá an doras sin a dhúnadh ar an ngaoth agus an doras thoir a oscailt, ní ghabhfadh an seanduine sin amach duit nó go n-osclófá an doras a dtáinig sé isteach ann.

Éamon de Búrca

Fuinneoga an-bheag a bhíodh ar na tithe, beag bídeach, déanta as adhmad. Bhíodh trí cinn ann déanta ar an taobh ó

---

1. Rothar an freagra an an tomhais.

dheas de. Déarfainn gurbh é an fáth go raibl
gcaoi nach mbeadh torann mór ag an te
stoirm ann agus rudaí mar sin. Nuair a bhíoi
theach uair amháin chaití rátaí a íoc air. Sin

Siobhán Uí Fhátharta
Trí fhuinneog a bhíodh ar na tithe, ar tha
teach.

1.1.6 TROSCÁIN

Siobhán Uí Fhátharta
Ní raibh aon troscán sna seomraí codlata ach leaba nó dhó, ag brath ar an gcomhluadar a bhí ann. Ní raibh mórán troscán sa gcisteanach ach an oiread. Bhíodh sórt bord i chuile theach. Ní shílim go mbíodh mórán cathaoireacha ann: stólta ar fad a bhíodh acu an uair sin. Ba í an chiseog a bhí mar bhord acu; b'fhéidir go mbeadh fear an tí ag an mbord agus an chlann agus an mháthair ag an gciseog.

Seán Mhaidhc Léan Ó Guithín
Bhíodh drisiúr ina bhformhór. Sin í an deighilt anois, abair, a bhí idir an seomra leapan agus an chistin – an drisiúr. Cathaoireacha adhmaid a bhíodh acu, bhíodh súgán iontu, déanta le tuí choirce. Bhíodh leapacha breátha acu, leapacha sámha. Ansin bhí tocht lán de chlúmh acu: clúmh éan, clúmh géanna, clúmh éanlaithe farraige. Ní chuiridís aon chlúmh circe ann. Sin é an tocht a bhíodh acu. Thugaidís an t-éadach ón nDaingean. Bhíodh an rud céanna sa tocht agus sna piliúir: clúmh na n-éan a bhíodh istigh iontu.

Nóra Uí Chualáin
Sa seomra mór bhíodh dhá leaba agus cófra agus b'fhéidir go mbeadh bord ann. Bhíodh an chisteanach ann. Bhíodh bord inti ar chuma ar bith agus b'fhéidir go mbeadh cúpla cathaoir agus cúpla stóilín acu agus deabhal mórán thairis. Bhíodh seomraí beaga ansin ann. Fataí a bhíodh iontu sin – fataí sna seomraí

29

rud éicint agus mura raibh sé sin ann, san aimsir
e sin, isteach faoin leaba a chuireadh cuid acu iad, ach go
mhin ní fhaca mise aon fhata á chur faoin leaba riamh. Ach
d'fheicinn i gcoirnéal éicint eile iad mar bhí an seomra a bhí
againn sách fairsing agus bhí coirnéal le fáil ann seachas iad a
chur faoin leaba. Chuirtí balla cloiche rompu sa gcoirnéal agus
bhí sé thar barr, ach d'fhéadfadh sé go dtarraingeodh sé luchain
isteach.

1.1.7 TINE

Éamon de Búrca

Bhí an tine an t-am sin timpeall trí troithe ar leithead sa gcaoi
agus go mbeidís in ann clocha móra a chur isteach ann. Bhí
teallach an-oscailte ann. Bhí an teallach timpeall agus sé troithe
ar leithead. Bhíodh an tine thíos ansin agus rud a dtugaidís an
maide matail air, píosa de phleainc a bhíodh acu.

Nóra Uí Chualáin

Bhíodh an tine i lár an tí nó i gceann éicint de réir mar a
bhíodh an teach déanta. An áit a mbíodh an tine nó an teallach,
bhíodh crochán ann anuas ón simléar. Bhíodh maide trasna ar
cheann acu ansin i gcónaí. Bhíodh an crochán anuas air sin leis
an bpota a chrochadh isteach. Ba chomhartha fáilte í an tine dá
mbeadh tine mhór thíos agat agus pota ar an tine, cosúlacht na
beatha – ba chomhartha fáilte é sin roimh an duine.

Seán Mhaidhc Léan Ó Guithín

Croch adhmaid is mó a bhíodh ann. Adhmad a bhí againn
féin, ach na tithe nua seo a thóg Bord na gCeantar Cúng le deir-
eanas, croch iarainn a bhí iontu sin. Bhíodh iarta amach ansin os
cionn na tine; d'fhéadfá bróga a chur air. Tine oscailte anseo
agus oigheann agus citeal iarainn, corcán trí chos. San oíche,
nuair a théidís a chodladh, bhailídís amach an luaith agus na
splancanna dearga ar fad ansin le sluasaid na tine. Chuiridís na
sméaróidí dearga anuas ar an méid sin agus nuair a d'éireofá ar
maidin bhídís ag spréachadh. Nuair a bhídís ag coigilt na tine,
choisricídís iad féin agus deiridís:

Coiglím an tine seo,
Fé mar a choiglíonn Críost cách,
Muire ina himeall agus Bríd ina lár,
An Dá Aspal Déag in airde i dTalamh na nGrást,
Ag gardáil an tí seo agus gach a bhfuil ann go lá;
Ná dóitear ár dtigh, ná báitear ár ndaoine go brách brách.

Deiridís é sin i gcónaí nuair a bhídís ag coigilt na tine.

Siobhán Uí Fhátharta
Bhíodh, ar ndóigh, an tine mhór ar an teallach – bhíodh an citeal, an bácús, an pota á n-usáid le haghaidh duine agus beithíoch. As iarann a bhíodh siad sin déanta.

1.1.8 AINMHITHE SA TEACH

Éamon de Búrca
Bhíodh muis, le haghaidh foscaidh. Bhíodh agus na muca istigh acu ní blianta fada ó shin é. Nuair a bhí mise ag éirí suas ansin thiar, bhíodh trí cinn de bheithígh ceangailte ar an spiara agus bhíodar tigh Choilm taobh thíos agus bhíodar i dtithe go leor, agus bhí sciobóil acu. Bhí iontas ormsa, ach bhíodar ag iarraidh an-aire a thabhairt do na beithígh san am sin. Bhíodh faitíos orthu go bhfaigheadh an bhó fuacht, mar bhí an t-airgead an-ghann agus dá gcaillfí na beithígh orthu bheidís bánaithe ar fad. Bhíodh cearca istigh san áit acu ar a dtugaidís an cúb air: sórt bosca fada a bhíodh ann. Bhíodh na cearca ansin ag breith níos mó uibheacha istigh ann. Taitníonn an teas leo. Tá sé go maith acu.

Nóra Uí Chualáin
Bhíodh na hainmhithe istigh sa teach mar ní bhíodh aon áit eile lena gcur. Bhí roinnt daoine nach raibh stábla ná scioból acu. Chaitheadh na beithígh a bheith istigh sa teach ag daoine nach raibh aon scioból acu. Bhíodh rudaí sna seomraí beaga acu agus bhíodh na beithígh istigh sa teach acu agus bhíodh cuid acu

31

nach mbíodh seomra beag ar bith acu ach na beithígh curtha ó thaobh go taobh an tí, maide nó rud éicint socraithe ansin agus rópaí air. Ba deas an chaoi a mbíodh sé agus na beithígh ag teacht ag an doras tráthnóna – doras na cisteanaí – agus iad á scaoileadh isteach ina n-áit. B'fhéidir go mbeadh duine os a gcionn ag tarraingt fhéir agus á thabhairt anuas den lochta chucu.

Siobhán Uí Fhátharta

I gcuid de na tithe bhíodh dhá bhó bhainne ceangailte i gcoirnéal an tí agus i gcoirnéal eile bhíodh cúpla scór cearc in áit a dtugtaí an cúb air.

1.1.9 RATH AN TÍ AGUS SEO SIÚD

Beartla Ó Flatharta

Deirtí freisin nach raibh sé ádhúil bean a bheith ag déanamh ceann tí di féin. Rud eile, bhíodh bean rua rófheiceálach, rud nach raibh ró-ádhúil riamh, go mór mór nuair a bhíodh sí ag iompar clainne. Seo mar a deir an file:

> Má théann tú chun an aonaigh bíodh an chaora agat agus
> a huan,
> Má théann tú ag déanamh tí bíodh do bhean agat ar dtús,
> Bíodh sí múinte macánta agus í molta as a cliú;
> Ní barr suntais a thabharfas chun tíobhais thú
> Ach ná mealltar le sraoill thú.

Bríd Uí Thuathail

Nuair a chuirtí síos uibheacha faoin gcearc fadó chuirtí uisce coiscreacain agus gráinne salainn agus smeachóid as an tine síos leo. Dhéantaí é seo le haghaidh áidh. Bhídís ag faire na farraige freisin. Dá gcuirfidís síos iad agus é a bheith ag trá bheadh cearca acu as na huibheacha, ach dá ngabhfaidís síos agus é ag tuile, coiligh a thiocfadh as an ál.

Chaití uisce coisreacain ar na chéad sciolláin a chuirtí.

Bhíodh seanfhocal acu dá mbeadh drochbhliain le bheith ann: "Má ghlaonn an chuach ar chrann gan duilliúr, díol do bhó agus ceannaigh arbhar."

Cearc a bheadh ag glaoch ar nós coiligh (cábún) ba é an leigheas a bhí uirthi sin í a chaitheamh thar an teach.

Tá mí-ádh ag baint le salann a dhóirteadh. Dhóirt Iudás an salann ag an Suipéar Deireanach.

Ní chaití amach an t-uisce salach nó go dtugtaí isteach an t-uisce glan.

Bhídís ag rá dá mbeadh airgead croise i do phóca agat nach dtiocfadh an deabhal in aice leat.

Bhí daoine ann freisin a mb'fhearr leo seanéadach a chaitheamh i gcónaí. Bhídís ag rá gur le haghaidh áidh é seo.

Fóidín mearaí: má thagann sé ort iompaigh do chóta amach.

Bhíodh daoine ag cur ceithre huibhe sa ngarraí – ceann i chuile choirnéal – nuair a bhíodh na sciolláin curtha. Dhéantaí é seo le haghaidh na fataí a thógáil amach as do gharraí agus iad a thabhairt isteach i ngarraí an té a dhéanfadh é. Is é an té nach mbeadh mór leat a dhéanfadh é seo.

Dan Choilm Ó Concheanainn

Nuair a níodh an gabha a lámha in uisce na ceártan d'imíodh an tuirse de. Sin mar gheall gur bheannaigh an Mhaighdean Mhuire an t-uisce.

Siobhán Uí Chonghaile

Dá ndéanfá torann [fead] le sop is báisteach a thabharfá ort féin.

Bríd Uí Thuathail

Chuirtí fual ar bhréidín le haghaidh é a ghlanadh, é a bhogadh amach, an t-úr a bhaint as. Choinnídís é seo thíos i gcíléar go mbeadh sé lán: ansin chuirtí an bréidín ar bogadh ann. An máistir a thugaidís ar fhual.

33

1.2 An Bhó agus Bainne

1.2.1 BLEÁN

Bríd Uí Thuathail

Nuair a bhíodh an bhean ag bleán na bó bhíodh sí ag canadh amhráin ionas go mbeadh neart bainne ag an mbó.

Nóra Uí Chualáin

Nuair a bhíodh bó blite fadó choisricítí an bhó agus chuirtí comhartha na croise leis an mbainne ar chorróg na bó.

Bás bó nó an duine a leanfadh bainne a dhóirteadh fadó. Ach tá sé fíor nach rud maith do dhuine nó do bheithíoch an bainne a dhóirteadh.

Seosamh Ó Laoi

Nuair a bhíodh an bhó blite chuireadh siad crois ar an mbó chun a chinntiú go mbeadh neart bainne ag an mbó le haghaidh an chéad uair eile.

Peig Uí Fhátharta agus Máire Uí Chonghaile

RANN BHEAN NA BUAILE

Huirde amach leat, a sheóín sheó bháin,
Faigh dom canna agus faigh dom buarach,
Ach huirde amach agus téigh chun na buaile.

1.2.2 MAISTREADH

Peig Uí Fhátharta agus Máire Uí Chonghaile

Bhíodh aingilín – splanc dhearg ón tine – faoin gcuinneog nuair a bhíodh maistreadh á dhéanamh. Choinneodh sé sin na sióga ón im a ghoid den bhainne. Dá dtiocfadh comharsa isteach sa teach agus an maistreadh á dhéanamh, chaithfeadh an chomharsa breith ar an loine agus trí nó ceathair de bhuillí a thabhairt don mhaistreadh ar fhaitíos go dtógfadh seisean barr an bhainne leis.

Chuirtí ceirt dhearg ar dhrioball na bó tar éis di lao a bhreith. Mura mbeadh sé sin uirthi ba *fair game* do na daoine maithe an bainne a ghoid uaithi. Dá mbeadh fiabhras an bhainne ar bhó tar éis breithe di is iad na daoine maithe a bheadh ag iarraidh an bhainne dóibh féin.

Bríd Uí Thuathail

Nuair a bhídís ag tosú ar an maistreadh chuiridís splanc ón tine isteach faoin gcuinneog. Dhéantaí é seo sa gcaoi nach ngoidfeadh na daoine maithe an t-im aisti. Nuair a bhíodh an maistreadh déanta acu fadó chaití an chéad chuid de amach ar na crainnte – bhídís ag tabhairt an chéad bhraon de do na daoine maithe.

Bhí iascaire ar cuairt sa teach seo lá agus bhí bean an tí tar éis maistreadh a bheith déanta aici. D'iarr sé cuid den bhláthach uirthi agus thug sí buicéad bláthaí dó. Chuaigh sé abhaile agus dúirt sé lena bhean go raibh bainne aige féin anois le haghaidh maistridh agus fuair sé féin agus a bhean an chuinneog agus thosaigh sé ag bualadh na bláthaí ach ní raibh aon im ag teacht air.

"Tá a fhios agamsa céard atá mícheart," ar seisean, "níor chuir muid aon splanc faoin gcuinneog."

Chuir bean Chonamara splanc faoin 'ringilí' – seo é an t-ainm a thug sé ar an gcuinneog – agus chuir sí faoin gcuinneog í ach ní raibh aon im ag teacht air. Choinnigh siad orthu ag bualadh agus ag cur splancracha faoin gcuinneog go dtí gur thit an tóin as an gcuinneog. Ní raibh bláthach ná cuinneog acu ansin. Ní raibh mórán scile sa maistreadh aige nuair a bhí sé ag iarraidh im a fháil ón mbláthach.

Siobhán Uí Chonghaile agus Máire Uí Ghríofa

Dá mbeifeá i bhfad ag déanamh maistreadh, gan aon im ag teacht air, déarfaí gurbh iad cailleacha Chondae an Chláir a bhí ag goid an ime.

Meaig Uí Dhomhnaill

Chuiridís splanc faoin gcuinneog nuair a bhídís ag déanamh maistreadh. Dá dtiocfadh aon duine isteach sa teach agus an maistreadh á dhéanamh chaithfidís lámh a chur sa maistreadh le go dtiocfadh an maistreadh amach ceart. Is cuimhneach liom féin é sin a dhéanamh ar an mBóthar Buí i dteach a raibh seanchúpla ann agus an bhean ag déanamh maistreadh nuair a chuaigh mé isteach.

Maitiú Ó Diolúin

Bhí teach thoir sa mbaile s'againne a raibh an caipín sonais seo ann. Chuaigh bean feasa thart ansin – sin bean nach bhfaca aon duine riamh roimhe sin.

"Tá teach sonaí agaibh," a deir sí leis an teach seo, "ach tá droch-chomharsa agaibh. An mbíonn an t-im ag imeacht uaibh?"

"M'anam go mbíonn," a deir bean an tí.

"An bhfuil bainne ramhar ansin agaibh?" a deir an bhean feasa.

"Tá."

Chuir sí cipín síos sa mbainne ramhar agus leag sí timpeall in uachtar ar an gcuinneog é.

"Ní ghoidfear an t-im níos mó uaibh," a deir sí.

Micheál Ó Ceallaigh

Bhí bean cheana ann agus bhíodh sí ag imeacht le moch maidine san áit a mbíodh beithígh ag daoine. Bhíodh corrán aici agus bhádh sí an corrán síos i gcac bó. Is éard a deireadh sí: "Im bó ar mo chorrán." Bhí an bhean as an teach ag déanamh maistreadh agus ní bhíodh im ar bith aici. Cúr uilig a bhíodh ar bharr an bhainne. Bhí sé seo ag dul ar aghaidh ar feadh píosa fada. Tháinig fear siúil thart lá amháin agus é ag dul an bealach. Caoladóir a bhí ann. Bhí tart air agus d'iarr sé deoch. Thug an bhean deoch dó ach nuair a bhí an deoch ólta aige d'inis sí an scéal dó faoin mbainne.

Chuaigh sé amach agus fuair sé slat chaorthainn agus rinne sé lata de timpeall ar an gcuinneog. Bhí sé ag greadadh an lata seo le casúr nó máilléad de réir mar a bhí sé ag greadadh na cuinneoige i gcónaí. [Mhothaigh an gadaí é.]

"Ná buail, ná buail níos mó," a deir sí, "tá mo chloigeann scoilte agat. Tá deich gcróca de do chuid ime agamsa," a deir sí, "agus tabharfaidh mise chugat é," a deir sí.

"Níl mise ag iarraidh do chuid ime," a deir sé, "coinnigh é," a deir sé, "ach ná déan arís é."

Bhí neart ime ag an mbean as sin amach agus ní fhaca sí bean an chorráin ní ba mhó.

Peig Uí Fhátharta agus Máire Uí Chonghaile

"Im na bó seo ar mo chuinneogsa," a deir an chailleach phisreogach agus í i ngarraí na comharsan ag cartadh cac bó le corrán. Bhí sé seo déanta aici le gach fear nó teach ar an mbaile agus níl a fhios cén t-im a bhí ar a maistreadh féin agus ní bhíodh a dhath féin ar mhaistrí na gcomharsan. D'fhair an fear seo í oíche agus nuair a dúirt sí an achainí thuas d'fhreagair seisean agus dúirt: "Cac na bó seo ar do chuinneogsa." An chéad uair eile a rinne sí maistreadh, bualtrach bó a bhí ag snámh ar bharr an bhainne.

Seosamh Ó Laoi

Uisce a chur i mbuidéal bainne sula dtabharfadh siad do na comharsana é sa gcaoi is nach mbeadh an t-im imithe leo.

1.3 Báid

1.3.1 IOMPAR LASTAIS

Pádraic Seosamh Ó Conghaile

Sa tseanaimsir ba ar an bhfarraige ba mhó a dhéantaí taisteal agus iompar. Mar sin, bhí báid ag go leor daoine agus ba dream an-mhór le rá iad na bádóirí. Bhídís ag tarraingt mhóna, ag tabhairt stuif chuig siopaí agus ag iompar daoine chomh maith. Bhí cáil freisin ar an té a rinne agus a choinnigh caoi ar na báid – an saor báid.

Bhí bád ann ar a dtugtaí bád Chonroy. Thugadh an bád seo plúr, tae agus siúcra chuig an siopa a bhí ag muintir Chonroy i nGairfean. Bhí daoine ar nós Choilm Uí Ghríofa as an gCladach ó Dheas agus Pádraic Mhicheál Ó Griallais as Cill Bhreacáin mar bhádóirí acu ar feadh blianta. Lean siad ag tarraingt as Gaillimh go dtí blianta beaga tar éis aimsir an chogaidh. Bhí báid ag daoine ar nós Joe Mhicil agus Cóilín Chóil Antaine ag tarraingt mhóna go hÁrainn agus freisin ag tarraingt mhóna ó na portaigh a bhí ag muintir Ros Cíde i Leacán in aice le Doire Iorrais. Thugadh daoine an mhóin anuas go dtí an chéibh ansin agus thugadh na báid abhaile chuig na daoine í. Báid mhóna agus gleoiteoga ba mhó a bhí le feiceáil.

Bhí bádóir mór i Snámh Bó, Maitias Ó Máille. Chaith sé seo i bhfad ag tabhairt stuif as Gaillimh chuig siopa Uí Mháille. Thugadh sé an stuif i dtír ag céibh an tSrutháin Bhuí agus thugtaí as sin é go dtí an siopa. Bhí a cháil i bhfad agus i ngearr mar gheall ar a chuid seoltóireachta. Uair amháin thug siad breosla as Gaillimh agus chuir siad thíos faoin deic é. Tháinig lasair ón tine a bhí acu faoin deic agus las sé taobh an phróca. Níor bhac siad le breosla uaidh sin amach. Chonaic sé soineann agus doineann ar farraige. Nuair a d'éirigh sé as, fágadh an bád mór le caladh nó gur thit sí.

Fear tréan seoltóireachta ab ea Micheál Breathnach nó Michael Labhráis. Ba é ba mhó a thug móin as Ros Muc go hÁrainn. Thug sé an mhóin as an gCriathrach Mór mar a thugtaí air. Thug sé móin go Gaillimh freisin. Bhí sé ina chónaí in Inis Eilte. Bhí an-cháil air ag meas na haimsire ó na taoillí.

Maidhcilín Shéamais Ó Nia as an Turlach an saor báid ba mhó a bhí i Ros Muc sa gcéad seo. Rinne sé go leor báid móra agus choinnigh sé báid i gcaoi. Rinne sé cónraí freisin. Bhí sé siúlach scéalach, fear an-láidir a bhí ann. Ní raibh a bhualadh le fáil maidir le tomhais agus tál.

Pádraic Ó Máille, Cóilín Ó Briain, Bríd Uí Bhriain agus
Máirtín Ó Briain

Tá sé suimiúil sna blianta ina mbíodh an *Lady* ag tarraingt
mhóna sa gcéad seo caite gurbh iad na mná a dhéanadh an
luchtadh. Bhídís ag faire na mbád ag teacht aníos an cuan agus
thosaídís ag iompar na móna i gcléibh go dtí go mbíodh na báid
luchtaithe acu. Is minic go mbíodh orthu a dhul trasna ocht
mbád in Aill na Graí. Thógadh na báid móin freisin ag béal na
habhann thuas ag Teach Mór Chasla.

Sa Sruthán, bhí bád Neachtain. Bhí siopa ag Pádraic
Neachtain agus bhí cúpla bád aige ag tarraingt stuif. Múinteoir
scoile a bhí i Neachtain agus b'as Cinn Mhara an bhean a bhí
aige. Comhairleoir Condae a bhí ann freisin. *Ganners* a thugtaí
ar Chomhairleoirí Condae an uair sin. Bhí an *Hunter* ag
Neachtain freisin an t-am sin. Sin í an bád a bhíonn á gabháil ag
Seán Cheoinín as Carna na laethanta seo. Fuair an saol go dona
agus chuaigh bád Neachtain síos.

1.3.2 BÁID, ÚINÉIRÍ AGUS SAORTHA

Pádraic Ó Máille, Cóilín Ó Briain, Bríd Uí Bhriain agus
Máirtín Ó Briain

Bhí Cladhnach lán le báid mhóra fadó. Bhí bád i mbeagnach
chuile theach agus ba sa gcuid thiar den bhaile a bhí muintir Uí
Bhriain. Sa tseanaimsir bhí trí bhád ag na Brianaigh: an *Lady
Mór* agus an *Lady Beag* agus an *Seanlady*. Tá an staid ina
mbíodh an *Lady Beag* feistithe le feiceáil fós i gCladhnach.
Nuair a thosaigh na báid seo ag éirí craite shocraigh siad bád nua
a chur á dhéanamh. Lady O'Brien a thugtaí ar mháthair na
mBrianach an uair sin mar go raibh sí beagáinín ardnósach. Bhí
seachtar mac aici agus sula raibh deis acu a dhul ag iarraidh
ábhar báid don bhád nua, tháinig drochaimsir. Nuair a bhí an
drochaimsir caite fuair siad sail daraigh a bhí tagtha i dtír in aice
leis an áit a raibh an bád nua le déanamh agus rinne sé seo an
chuid is mó den bhád ach amháin an craiceann. Tamall ina
dhiaidh sin bhí an *Seanlady* ag teacht as Cinn Mhara nuair a

casadh sail eile orthu: learóg a bhí sa gceann seo agus chuir sé an craiceann ar an mbád. Nuair a tugadh anoir an tsail b'éigean í a chur sa láib thuas sa gcrompán faoi tigh Faherty mar gheall ar lucht an chustaim – rud ar bith a fuair tú ar bharr na farraige an t-am sin bhí ort é a inseacht do lucht an chustaim. Chaithfeá airgead a íoc air dá mbeifeá ag iarraidh é a choinneáil.

Is é Pádraig Mhicil Rua as Cuilleán a rinne an *Lady* thíos faoin nGarraí Rua i gCladhnach. Tá cuid de chlais an tsáibhéara le feiceáil ann fós chomh maith leis an gcrompán inar dearnadh í. Trí seachtaine a thóg sé air í a dhéanamh. An *Lady* a baisteadh uirthi nuair a bhris an mháthair buidéal poitín ar a graidhp. Tús an phota a bhí sa bpoitín. Bhí sé ráite riamh go raibh na daoine maithe ag breathnú i ndiaidh an *Lady*.

Uair amháin chuaigh sí ar na Mulláin Bhána ag teacht anuas as an Sruthán di le lucht móna. Nuair a tháinig an taoille tosaíodh ag tarraingt an bháid anuas le í a thabhairt i dtír ach bhris an téad agus chuaigh sí suas ar charraig eile in aice le Carraig Phádraic Risteaird. Fágadh ansin an oíche sin í. Tráthnóna lá arna mhárach chuaigh Pádraic Pheaitsín Ó Briain agus triúr eile in éineacht leis suas i mbád iomartha le súil a thabhairt uirthi. Chuala siad sáibhéireacht, tairní á dtiomáint agus corcáil á déanamh. Cheap siad ar dtús gur ar thaobh Ros an Mhíl nó ar thaobh Chladhnaigh a bhí an obair seo á déanamh ach nuair a stop siad ag iomramh thuig siad gur istigh sa *Lady* a bhí an torann. Siúd leo abhaile arís. Lá arna mhárach nuair a tháinig siad ar ais bhí an *Lady* ina suí thuas ar an gcarraig agus ní raibh stró ar bith orthu téad a chur aisti agus í a thabhairt i dtír. Bhí sé socraithe roimhe sin go raibh sí le deisiú ag saor mar go mbíodh siad seasta á taoscadh ar a gcuid turais go hÁrainn agus go Cinn Mhara. Nuair a thaosc siad amach í an uair seo fuair siad amach go raibh sí chomh tirim le buidéal. Chuaigh sí go Cinn Mhara lá arna mhárach agus níor dearnadh aon deisiú uirthi arís go ceann cúig bliana déag.

Bhí sé ráite freisin go raibh an t-ádh ag baint leis an *Lady*. Chuaigh sí go hÁrainn lá eile nuair a casadh drochlá uirthi. Chríochnaigh an *Lady* suas amach ó Shráid na Cathrach i gCondae an Chláir agus í féin agus a criú slán sábháilte. Bhí sí féin agus *An Tónaí* oíche eile ceangailte i gCéibh an Chroisín agus é ina stoirm agus í ag ceann an chábla. Tharraing *An Tónaí* na postaí as an gcéibh, d'imigh le gaoth agus chuir poll sa mbinn tigh Phádraic Pheige Uí Dhomhnaill i nDoire an Fhéich. D'fhan an *Lady* san áit ina raibh sí agus níor chorraigh sí as.

D'fhan an *Lady* i lámha na mBrianach go dtí thart ar 1969. Díoladh ansin í le Colm Ó hUiginn as Baile Átha Cliath. Dhíol seisean í le Ceallach as Baile Locha Riach. Dhíol sé sin arís í le Mick Hunt as Binn Éadair i mBaile Átha Cliath agus tá sí ina cailín óg arís tar éis do Cholm Ó Maoilchiaráin as Carna a bheith ag obair uirthi.

Bád eile na mBrianach *An Tónaí*. Deirtear gurbh é Tónaí Sheáin Mhaolra a rugadh in Inis Airc, ach a bhí pósta agus ina chónaí in Inis Oírr, a chuir *An Tónaí* á déanamh. Brannelly a rinne í ar an gCarna Dhubh in aice le Cinn Mhara. Cúig phunt a chosain sí le déanamh. Ag an am sin bhí bád ar a dtugtaí an *Máire Bheag* ag tabhairt an phosta as Gaillimh go hÁrainn agus bhí sí le n-éirí as. Is í *An Tónaí* a bhí lena háit a thógáil. Aon lá dhéag a thóg sí, idir bhád, sparraí agus seolta a dhéanamh. Bhí beirt sháibhéirí agus saor, chomh maith le Brannelly féin, ag obair uirthi. Thugtaí an *Máire Bheag* ar an mbád ina dhiaidh sin, go mór mór in Árainn, ach ó tharla gur ag Tónaí a bhí an bád, thugtaí *An Tónaí* ar an mbád sa taobh seo tíre, agus sa deireadh d'fhan an t-ainm seo uilig uirthi. Bhí sí roinnt blianta ag obair as Árainn go Gaillimh leis an bposta nuair a briseadh go dona í oíche amháin ag trá Inis Oírr.

Nuair a tharraing sí ancaire chuaigh Peadairín Ó Briain agus an saor, Pádraic Mhicil Rua, isteach agus dheisigh Pádraic í. Cheannaigh Peadairín í ar chúig phunt. Is é Micil Mháire Ó Gríofa – Brianach a bhí ina mháthair – agus é ina fhear óg, a bhí inti nuair a tugadh go dtí an Sruthán í. Bhí dath bán ar thaobh di agus ar chuid mhaith den taobh eile freisin nuair a sheol sí aníos Cuan Chasla, mar nach raibh sí cótáilte fós. Bhuaigh sí rása i gCuan Chasla thart ar 1908. Bhí rása an-chrua idir í féin agus bád Phatsy. Sa rása freisin bhí bád Mharcaisín, *Camper* Mhicil

Pháidín, bád Chóil Mhóir as Ros an Mhíl agus *Billeachaí* as Ros an Mhíl freisin. Cheannaigh Séamaisín, mac dearthára le Peadairín, leath den *Tónaí* ar chúig phunt arís am éicint le linn na tréimhse sin. Bádh Séamaisín ina dhiaidh sin sna duganna i nGaillimh aimsir na *Tans*. Ceapadh ag an am gurbh iad na *Tans* a bháigh é. Thart ar 1930, nuair a bhásaigh Máirtín Stiofáin, b'éigean an bád a fhágáil istigh ar feadh cúpla bliain mar go raibh an chlann ró-óg le í a oibriú. Sa deireadh chuir Micheál Mór Ó Nia as Ros Muc caoi uirthi agus chuaigh Pat Deairbe Ó Flatharta ag obair inti. Cúpla bliain ina dhiaidh sin chuaigh Maidhc Mháirtín Stiofáin agus a chuid deartháireacha ag obair inti ag tarraingt mhóna go hÁrainn agus go Condae an Chláir, go mór mór go dtí an chéibh nua. Chuaigh deartháireacha Mhaidhc go Meiriceá ansin agus bhí Maidhc ag obair inti ina dhiaidh sin. Nuair a bhásaigh Maidhc i 1970 d'fhan an bád ag a mhac, Máirtín, agus tá sí ag Máirtín fós.

Bhí an *Connnacht* i gCladhnach píosa den tsaol freisin. Cheannaigh Taimín Mac Donncha í ó fhear darbh ainm Loideáin as Gaillimh. Go deimhin ba Loideáin an t-ainm a bhí ar an mbád nuair a tháinig sí go Cladhnach ar dtús. Bhí sí ar cheann de na báid ba shine ar fad. Déanadh thiar i Leitir Mealláin í. Chaith sí roinnt mhaith blianta ag Taimín gur dhíol sé í le Pat Deairbe as an Sruthán. Ina dhiaidh sin cheannaigh Pádraic Sheáin an *American Mór* ina háit. Ag Con McCann as Béal Feirste a bhí sí go deireadh – fear a thagadh timpeall le cósta léi chuile bhliain le páirt a ghlacadh sna geallta bád anseo san Iarthar. Cailleadh é féin agus an *Connacht* amach ó chósta Chondae an Dúin i 1989. Níor fríothadh corp Chon riamh, go ndéana Dia grásta air.

Bhí an *Miller* ag Seán Foley, fear a tháinig as Carna go Cladhnach. Cathasach as Maínis a rinne í. Deirtear gurbh í an bád ba ghéire í dár dearnadh riamh.

Bhí an *Black Ladder* ag Peadar Mheaic. Cailleadh ise ag Ceann Boirne nuair a chas an *stern post* agus ó tharla gur gró a bhí sa stiúir ní raibh siad in ann í a shábháil go dtí gur bhuail sí na carraigeacha thoir ag Ceann Boirne. D'éirigh leis an dá bhádóir a theacht slán sula ndeachaigh an bád go tóin poill. Ní bhíodh *weatherboards* ar bith ar an mbád seo. Ina dhiaidh sin bhí an *Mayflower* ag Peadar Mheaic. Cheannaigh sé ó mhuintir Sheáin Terry as Doire Fhátharta í. Blianta ina dhiaidh sin cheannaigh Micil Sheáin Terry ar ais arís í ach dódh í féin agus an *Mount* maidin Domhnaigh i nDoire Fhátharta am éicint sna daichidí.

Bhí an *Camper* ag Micil Pháidín. Dhíol sé leath di le Seán Faherty agus ina dhiaidh sin cheannaigh Faherty amach uilig í. Mac barrúil a bhí i Micil Pháidín. Chaith sé blianta fada i gcabhlach Shasana agus bhíodh scéalta an-suimiúil le n-inseacht aige faoi eachtraí a tharla dó le linn an chogaidh. Ceann amháin de na scéalta a bhíodh aige faoin oíche a ndeachaigh sé a chodladh i bpíopa mór (mar a cheap sé) agus nuair a dhúisigh sé ar maidin bhí a dhá lámh timpeall ar *channonball* aige agus é ar a bhealach trasna na farraige go Sasana. Gunna mór a bhí sa bpíopa!

Bhí bád Phatsy ag Murchadh Ó Conghaile, athair Mháirtín Mhurchadh. Ag Patsy Keane a bhí sí roimhe sin. Bhíodh sí ag tarraingt phlúir chuig na siopaí áitiúla. Cheannaigh John Keane ina dhiaidh sin í agus thit sí sa deireadh i gCaladh Thaidhg.

Bhí saor báid i gCladhnach ar a dtugtaí Marcaisín Ó Conghaile agus rinne seisean roinnt mhaith báid sa gcrompán thíos faoin nGarraí Rua – an áit chéanna ar dearnadh an *Lady* – ina measc bád Neachtain, bád Mharcaisín féin agus an *Mount*. Ba í an *Mount* ceann de na báid ba dheireanaí a déanadh. Seo í an bád a bhí ag Pádraic Ghriallais as Muiceanach ar feadh roinnt mhaith blianta. Chríochnaigh sí suas ag fear darbh ainm Diskin as Gaillimh agus thit sí i mBearna. Is í *An Tónaí* a tharraing ar théad go Bearna í. Fear as Ros an Mhíl a bhíodh ag sáibhéireacht do Mharcaisín. Is é an nós a bhíodh ann ag an am go dtagadh an sáibhéir go dtí an áit a raibh an bád le déanamh, thugadh sé leis roinnt mhaith sábh a bhí géaraithe aige agus d'fhanadh sé ann nó go mbíodh na saileanna uilig gearrtha aige. Deirtí go mbíodh go leor de na sáibhéirí caoch i ndeireadh a saoil mar gheall ar dhusta an adhmaid. Nuair a bhásaigh Marcaisín bhí a mhac, Marcas, ag deisiú báid ar feadh tamaill. Ina dhiaidh sin chuaigh sé go Meiriceá. Bhí Marcas agus a dheartháir, Johnny, ag troid sa gcogadh cathartha agus maraíodh Johnny thiar sa gClochán.

43

Bhí an *Fancy* ag Micil Ó Ceallaigh. Bhí sí ag Peaits Ó Gríofa as Tír an Fhia roimhe sin. Ina dhiaidh sin cheannaigh Paddy Mhaidhc as Doire Fhátharta ó na Ceallaigh í. Cheannaigh fear as an taobh ó thuaidh d'Éirinn í ina dhiaidh sin agus dhíol seisean arís í le John Healion as Baile Átha Cliath. Seo é an fear a bhfuil an *Morning Star* aige anois. Bhí sí freisin ag Coistealach as Árainn am éicint le linn na tréimhse sin. Tá an *Fancy* anois san Ulster Folk Museum i mBéal Feirste.

Tar éis do mhuintir Uí Cheallaigh an *Fancy* a dhíol roinnt mhaith blianta ina dhiaidh sin, cheannaigh Tom Mhicil Uí Cheallaigh an *Caolach* ó Sheoigigh Inis Bearachain. Bhí sé féin agus Maidhcilín Phádraic Mhicil as Ros Muc ag bádóireacht inti ar feadh ceathair nó cúig de bhlianta. Tráthnóna amháin agus í ag teacht as Árainn bhí fear Sasanach ina phaisinéir inti. Thit an Sasanach i ngrá leis an mbád is cosúil agus sula raibh siad chomh fada amach le Carraig an Riain bhí úinéireacht athraithe ar an mbád! Thug an Sasanach leis í le tabhairt go Sasana ach chuaigh sí ar charraig ar an taobh ó dheas d'Éirinn agus cailleadh í.

Bhí an *Diúilicín* ag muintir Choilm Mhóir. Ainm eile a bhí ar an mbád seo an *Maorach*. Bád mór le paisinéirí a bhí sa mbád seo. Thugadh sí easpaig agus sagairt go hÁrainn. Bhí sí ag tarraingt stuif freisin chuig siopaí Chladhnaigh: tigh Choilm Pheaits agus tigh Tom Pheaits. Thit sí sa Sruthán sa deireadh. Bhí sí ina bád láidir go dtí thart ar 1970.

Bhí an *Erin's Hope* ag Pat Deairbe. Ceann de bháid Mhonica as Tír an Fhia a bhí inti seo. Cathasach as Maínis a rinne í. Bhí sí ag tarraingt mhóna go hÁrainn ar feadh roinnt mhaith blianta. Tarraingíodh suas sa Sruthán í sna caogaidí agus mar chruthúnas ar cé chomh láidir agus a bhí sí, níl sé ach cúpla bliain ó briseadh an chuid deiridh di.

Bhí an *Máire Ní Nia* ag Peadar Mór, seanathair Phetie Sé as an gCistin. Deirtear gur dearnadh í do chailín óg as Ros Muc ar dtús agus gur baisteadh an bád ina diaidh.

Bhí an *Crúdán* tigh Bhaibín. Bhí sí seo ag Murchadh Ó Conghaile as Cladhnach níos deireanaí agus thit sí sa Sruthán.

Bhí an *Mary Jane* ag Cóil Mhaitiais as Muiceanach agus ag Pádraicín Bhríd Rua as Cuilleán i bpáirt. Thit sise i gCuilleán sna seascaidí.

Bhí an *Féinne* ag na Catháin i nDoire Fhátharta agus thit sí ann.

Bhí *An Chorainn* ag Máirtín Tom Deairbe Ó Flatharta as an Ros. Dhíol seisean í le Denis Aylmer as Baile Átha Cliath. Briseadh í go dona i nDún Laoghaire i dtús na seascaidí agus úsáideadh cuid dá cuid blocanna agus iarainn ar an *American Mór* ina dhiaidh sin. Brannelly a rinne *An Chorainn* – an fear céanna a rinne *An Tónaí*.

Bhí an *Greaner* ag Johnny Pheaitsín John as Cuilleán. Bádh aisti é agus níor fríothadh a chorp riamh. Bhuail an búm sa gcloigeann é agus cuireadh i bhfarraige é.

Rinneadh *An Mhaighdean Mhara* do Johnny Chuilleáin. Pádraic Mhicil Rua a rinne í agus d'fhan sí acu ó shin. Tá sí ag an gclann anois agus bíonn siad ag glacadh páirte sna geallta bád léi. Bád eile a bhí ag Johnny Chuilleáin, an *Beaut*.

Bhí *Billeachaí* ag Festy Mháirtín John as Cuilleán. Roimhe sin bhí sí ag fear ar a dtugtaí Billeachaí air as Ros an Mhíl. Bhí sí ag Seán Ó Riada ina dhiaidh sin, an ceoltóir cáiliúil. Bhí sí i ndroch-chaoi ag an am agus tugadh siar ag Michael Willie í le deasú ach bhásaigh Seán Ó Riada sula raibh sé sin déanta agus thit an bád.

Bhí bád Chonroy, nó mar a thugtar anois uirthi an *Saint Patrick*, ag Maidhcilín Mháirtín John. Cathasaigh Mháinse a rinne í seo do Chonroy Ros Muc. Tá sí anois ag Paddy Barry as Baile Átha Cliath agus tá cáil bainte amach aici lena cuid turais go Meiriceá agus don Rúis. Glacann sí páirt sna geallta bád chuile bhliain.

Ag Jackie Sheáin Mhóir a bhí an *American Mór* ar dtús. Bhí sé ag obair ag Monica as Tír an Fhia agus thug sé sin an-deis dó an bád a chur á dhéanamh. Cheannaigh muintir Uí Dhomhnaill as an gCeathrú Rua ina dhiaidh sin í. Bhí sí acu le haghaidh stuif a tharraingt as Gaillimh i gcomhair an tsiopa a bhí acu. Bhí sí ag na Taimíní i gCladhnach ina ndiaidh sin. Oíche amháin bhris sí a cuid téadracha agus d'imigh sí as an Sruthán agus chuaigh sí ar charraigeacha amach ó Ros an Mhíl. Tharraing muintir Chladhnaigh suas ag an Teach Mór i gCasla í. Thug Máirtín Tom Deairbe Ó Flatharta as sin í agus dheisigh sé í. Chuaigh sé ag tarraingt mhóna go hÁrainn léi. Dhíol sé í le fear darbh ainm Needham as Béal Feirste. Nuair a thosaigh na rástaí bád i lár na seachtóidí, cheannaigh Brian Hussey í agus bhí sí aige ar feadh cúpla bliain. Tá sí ag Tom Deairbe as Doire Fhátharta anois le roinnt blianta. Chuir deartháir Tom, Pádraic Deairbe, agus Colm Labhráis as Ros Muc caoi uirthi agus tá sí ina cailín óg anois. Tá sé suimiúil gur dhá phunt agus fiche a d'íoc muintir Uí Dhomhnaill uirthi nuair a cheannaigh siad í agus gur cúig phunt agus fiche a d'íoc Máirtín Tom Deairbe uirthi nuair a cheannaigh seisean í blianta fada ina dhiaidh sin.

Seosamh Ó Laoi

Maidir leis na saortha báid, bhí na Cathasaigh ann agus bhí comhluadar de na Clochartaigh ann freisin ag obair leis an gceird sin, ach is iad na Cathasaigh is mó a bhí ag plé leo. Rinneadar chuile chineál. Bhíodar ag plé le báid mhóra, gleoiteoga, púcáin mhóra, púcáin bheaga agus chuile chinéal, agus tá mé ag ceapadh go raibh ceathrar acu ann ina saortha. Bhí fear amháin acu ina shagart, an tAthair Colm, agus cailleadh san Astráil é sin, agus bhí Máirtín agus Pádraic agus Johnny agus Joe ann.

Bhí na Cathasaigh ina an-saortha bád. Bhíodar iontach mar shaortha. Bhí an teach inar tógadh iad, bhí an teach thíos ar an gcladach. Ach bhí aill ansin, Aill na gColm, agus bhí teach ann ina ndéantaí na báid. Chonaic mé féin é sin agus dhéanaidís na báid istigh ann. Níl a fhios agam cén airde a bhí aici – cúpla stór nó trí ar airde – agus b'fhéidir nach ndéanfaidís na báid mhóra ach dhéanaidís na báid cosúil le gleoiteoga agus na cineálacha sin. Ach ní raibh aon bhlas ann ansin ach bhí maidí nó deisealacha áirithe socraithe acu istigh ansin agus shuífeá síos agus í a chur amach ar an bhfarraige amach go hAill na gColm. Aill na gColm a thugtar ar an aill sin – áit sin na gCathasach.

Seán Ó Ceallaigh

Tá sé ráite, más fíor, gurbh in í an chaoi ar bádh Micil Pháidín, an fear a raibh púcán Mhicil Pháidín aige. Chuaigh Micil Pháidín go dtí Cailleach na hAirde Móire agus dúirt sise leis go mbuafadh an púcán an chéad rása, rud a bhuaigh, agus ag an am sin nuair a bhuadh bád rása, chuirtí brat bán ar an mbád sin, agus dúirt Cailleach na hAirde Móire go mbáfaí an púcán nuair a chuirfí an brat bán uirthi; agus bádh an púcán an lá céanna a cuireadh an brat bán uirthi; agus sin í an chaoi ar bádh púcán Mhicil Pháidín agus Micil Pháidín é féin.

1.4 Iascach

1.4.1 ÁDH AGUS MÍ-ÁDH IASCAIGH

Siobhán Uí Chonghaile

Dá mbeadh rud agat in aghaidh duine éicint agus nach mbeifeá ag iarraidh go bhfaigheadh siad aon bhreac agus iad ag iascach de charraig, déarfá an rann seo a leanas:

Sionnach ar do dhuán,
Giorria ar do bhaoite,
Nár mharaí tú aon bhreac,
Go dtaga Lá 'le Bríde.

Bhí mí-ádh ag baint le coinín nó sionnach nó bean rua a fheiceáil sula dtiocfá amach ar an bhfarraige. Théadh go leor daoine ar ais abhaile mar ní ligeadh an faitíos dóibh a dhul ag iascach tar éis na rudaí seo a fheiceáil.

Níor cheart a bheith ag feadaíl sa gcurrach. Tharraingeofá stoirm leis seo.

Dan Choilm Ó Concheanainn

Dá gcasfaí bean rua ar iascairí ar maidin, ní ghabhfaidís ag iascach. Dá mbeadh fear ag dul ar an aonach agus dá gcasfaí bean rua dó, chasfadh sé ar ais abhaile. Agus níor mhaith le hiascairí sionnach a fheiceáil agus iad ag dul ag iascach. Sin an bunús atá leis an mallacht "sionnach ar do dhuán".

Seosamh Ó Laoi

Níor mhaith le hiascaire aon duine a chastáil leis agus é ag dul amach ag iascach.

Bríd Uí Thuathail

Níor mhaith le hiascaire éirí ar an gcéad ghlaoch coiligh ar maidin ná níor mhaith le hiascaire giorria a chastáil air agus é ag dul ag iascach ach oiread.

Chuirtí an Mharthain Phádraig ar an té a bhíodh ag dul ar an bhfarraige, chun é a thabhairt slán. Bhíodh an paidrín ar iompar acu ag dul chun farraige chomh maith.

Níor mhaith le daoine a bheith ag feadaíl fadó: bhídís ag rá go mbeifeá ag tarraingt bháistí. Ní bhídís ag feadaíl ar an bhfarraige: bhídís ag rá go mbeifeá ag tarraingt stoirme.

Peig Uí Fhátharta agus Máire Uí Chonghaile

Ba mhí-ábharach an rud bean rua a chastáil do dhuine a bheadh ag dul ag iascach nó ar a bhealach chun aonaigh.

Meaig Uí Dhomhnaill

Níor mhaith le hiascaire go gcasfaí bean rua air agus é le dhul ar an bhfarraige ar maidin. Chasfadh sé abhaile arís dá gcasfadh. Níor mhaith le bádóirí go mbeadh bean sa mbád acu ach oiread agus iad ag dul ag iascach ná aon duine a bheith ag feadaíl sa mbád. Cheapfaidís go dtarraingeodh an fheadaíl drochaimsir.

Ní ghabhfaidís ag iascach dá gcasfaí sionnach orthu ar maidin.

Dá gcaillfidís a gcaipín ar an bhfarraige ní chasfaidís ar ais á iarraidh ná rud ar bith eile ach an oiread.

Faisnéiseoir gan ainm

Tá sé ráite chomh maith dá mbeadh fear ag cur currach á dhéanamh, go ngabhfadh sé go dtí cailleach a bhí thiar i gCarna, san Aird Mhóir, go bhfeicfeadh sé an mbeadh an bád seo ádhúil nó nach mbeadh.

Siobhán Uí Chonghaile
Nuair a thagadh bláth ar an seileastram, nó an bláth buí mar a thugtaí air, ba chomhartha é go raibh séasúr an éisc tagtha. Deirtí: "Tá bláth buí ar gharraí an iascaire."

Máire Uí Ráinne
Dá mbrisfí píosa den adhmad as a raibh an churrach déanta, bháfaí an churrach sin.

Seosamh Ó Gríofa
Nuair a bhítí ag tóraíocht duine a bhíodh báite scaoiltí amach punann tuí ar an uisce; stopadh sé ag snámh os cionn an áit a mbíodh an corp. Bhí sé ráite dá mbáfaí duine as bád gurbh í an bád céanna a gheobhadh an corp arís.

2 Beatha an Duine

2.1 Iompar agus Saolú Clainne

2.1.1 IOMPAR AGUS SAOLÚ CLAINNE

Maitiú Ó Diolúin
Dá mbeadh bearna mhíl i ngasúr ag teacht ar an saol, déarfaí gur mar gheall go mbeadh muintir an tí ag fiach giorriacha é.

Peig Uí Fhátharta agus Máire Uí Chonghaile
Dá gcasfaí giorria sa gcosán le bean agus í ag iompar clainne bheadh bearna mhíl sa leanbh sin.

Bríd Uí Thuathail
Ní théadh bean a bhíodh ag súil le páiste isteach sa reilig, mar bhídís ag rá go mbeadh cam reilige ar an bpáiste. Tá an nós seo ag daoine fós.

Bairbre Mhic Dhonnacha
Dá gcuirfeadh bean dúil i rud ar bith ba cheart é a thabhairt di nó mura dtabharfaí, déarfaí go mbeadh teanga an pháiste amuigh nuair a bhéarfaí é, le dúil sa rud sin. Nuair a chuirfeadh siad blas den rud ar chuir an mháthair dúil ann ar theanga an pháiste, bheadh sé ceart go leor.

Faisnéiseoir gan ainm
Ní raibh sé ceart riamh múisiam a chur ar bhean a bhí ag iompar, go háirithe dá mbeadh sí i bhfoisceacht cúpla mí d'am an luí chuige.
Ní raibh cead aithris a dhéanamh ar bhean a bhí ag iompar – d'fhéadfadh go bhfillfeadh an aithris ar an té a bhí á déanamh. Ná ní raibh cead caidéis a dhéanamh di ach an oiread.

Dan Choilm Ó Concheanainn

Bhíodh rudaí faoi leith le déanamh ag an mbean lena chinntiú go mbeadh an leanbh slán. Níor chóir di a bheith i láthair nuair a bheadh duine ag fáil bháis; b'fhearr di fanacht i leataobh. Bhídís ag rá, le hanó agus le pian an té a bheadh ag fáil bháis go dtabharfadh sé leis an páiste

Dá dtitfeadh bean sa reilig agus í ag súil le páiste déarfaí go mbeadh spota ar an bpáiste nuair a bhéarfaí é. Páiste a bheirtí le ball dobhráin, deirtí gur chomhartha dathúlachta é.

Bríd Uí Chadhain

Ní raibh cead ag bean a bhí ag súil le páiste aon rud a bheith le déanamh aici leis an gcorp. Ní raibh cead aici marbhán a fheiceáil, a bheith ag breathnú ar an gcorp á chur sa gcónra, aon bhaint a bheith aici leis an leagan amach, ná a dhul isteach sa reilig.

2.1.2 SAOLÚ PÁISTE

Máirín Uí Ghadhra

Ba í Lady Rachel Dudley a mhol scéim banaltrachta a bhunú sna ceantair Ghaeltachta agus i gceantair bhochta eile i dtús an chéid seo, thart ar 1902. Ba í Lady Dudley bean chéile an Tiarna Leifteanant Dudley. Roimhe sin ní bhíodh de chabhair ag bean ina luí seoil ach bean chabhrach nó cnáimhseach. Ní raibh cáilíocht ar bith acu sin, ach amháin go raibh siad stuama le cabhrú le bean a mbuaileadh tinneas clainne í. Ba ar chúlóg capaill a thugtaí an bhean chabhrach chun an tí.

Ba í Bríd Uí Fhlatharta as barr an Spidéil an bhean chabhrach ba mhó a raibh glaoch uirthi. I gcarr cliathánach a théadh Bríd thart agus cé go raibh dúil mhaith fholláin ag Bríd sa mbraon crua, ní raibh sé ag cur isteach ar a cuid oibre. Ba é an cúram ba mhó a bhíodh ar fhear an tí a bheith ag fiuchadh uisce. Ní feasach d'aon duine dár labhair mise leo cé le haghaidh an t-uisce fiuchta ar fad. Ní théadh fear an tí [athair an naíonáin] sa seomra le linn an tsaolaithe ar chraiceann a chluaise.

Dá dtarlódh timpiste do bhean agus í seacht mí imithe bhí seans maith ag a páiste, ach dá mbeadh na hocht mí bailithe, ní raibh mórán dóchais don pháiste sin.

Peig Uí Fhátharta agus Máire Uí Chonghaile

An Mharthain Phádraig … Sin í an phaidir a bhíodh ag athair an linbh agus é ag iarraidh na mná maithe. Na mná maithe a thugtaí ar an mbeirt bhan, nó ar an mbean, a thugadh an páiste isteach sa saol. Leaba ghlan tuí a bhíodh faoin máthair. Is as sin a tháinig an ráiteas "ó caitheadh ar an sop tú".

Ar an bpointe agus a thagadh an leanbh ar an saol bheirtí ar dhá chaolchois air le leathláimh, leidhce maith a thabhairt ar an tóin dó leis an lámh eile le go gcuirfeadh sé scréach as. Bhí an leanbh ag cur an deabhail amach as a anam leis an scread sin.

Maitiú Ó Diolúin

Chun a chinntiú go dtiocfadh an leanbh slán ar an saol dhéantaí comhartha na croise i lár chnámh droma na mná agus dhéantaí é seo trí huaire. Leagtaí crois Bhríde freisin ann. Bhí an-chumhacht ag an ngabha. Bhí an-mhuinín acu i gceirt na ceárta. Chaitheadh an bhean an cheirt seo faoina muinéal agus ní bheadh aon duine in ann an páiste sin a thógáil uaithi, beo ná marbh.

Nuair a bhíodh an bhean i dtinneas linbh, théadh an fear ag iarraidh mná, bean a raibh scil aici i saolú linbh. Théadh an bhean sin go dtí bean eile ag iarraidh braillín uirthi a d'úsáid sí féin nuair a rugadh clann di – chaití braillín a úsáid a úsáideadh cheana i saolú linbh.

Dá mbéarfaí gasúr ar uair an mheán oíche déarfaí go bhfeicfeadh an gasúr sin síóga Lá Bealtaine, go mbeadh pisreoga ag an duine sin. Bhíodh na daoine ag faire ar cén t-am a gcasfadh an taoille. Taoille trá – ádh maith. Tá taoille trá níos fearr ná taoille tuile – gach rud a gcuirfeadh an páiste sin a lámh ann bheadh an t-ádh air.

Nuair a thagadh an páiste ar an saol, chuirtí píosa beag de chláirín siar ina bhéal chun an piobán a ghlanadh. Píosa beag de chláirín a bhíodh anseo a bhíodh i dtuirne, áit a mbíodh tú ag sníomh an tsnátha. Bheadh an t-ádh ar an bpáiste ansin agus ní phlúchfaí ná ní chaillfí ina chodladh é.

Dan Choilm Ó Concheanainn

Is é an jab a bhíodh ag an bhfear nuair a bhíodh a bhean i dtinneas páiste, a dhul ag iarraidh cabhrach. Níor theastaigh aon dochtúir mar bhíodh bean chabhrach ar chuile bhaile: sin bean den bhaile a mbíodh cleachtadh aici cuidiú le páistí a thabhairt ar an saol. Bhíodh mná eile an bhaile istigh ag tabhairt cúnaimh freisin – máthair na mná a bhí ag súil le páiste agus daoine eile – ach chaithfeadh an bhean chabhrach a bheith ann ar aon nós. Máthair Tónaí Lydon a bhíodh á dhéanamh i gCor na Rón agus bhíodh Kate Choilm Uí Ghríofa á dhéanamh freisin.

An té a bheirtí i mí an Mhárta deirtí gur duine an-chrua a bheadh ann – bheadh sé in ann anró a sheasamh nach seasfadh daoine eile, anró intinne nó coirp. Deirtí go raibh sé sin fíor faoi ainmhí chomh maith leis an duine.

Bairbre Mhic Dhonnacha

Dá mbeadh tinneas páiste ar an mbean nó dá mbeadh deacrachtaí aici ag cur an pháiste ar an saol, bhí sé ráite dá mbeadh rud ar bith cruinn ar nós fáinne nó rud gan tús ná deireadh uirthi, chaithfí é a bhaint di. Ní bheadh aon snaidhm ar an bpáiste agus thiocfadh sé ar an saol go héasca.

Beartla Ó Flatharta

Bhíodh corrbhean ann a mbíodh leigheas nó bua ar leith aici. Is cinnte go raibh mná a bhí in ann páiste a thabhairt ar an saol chomh maith le haon dochtúir nó banaltra sa lá atá inniu ann.

Bríd Uí Fhlathartaigh

Ní raibh aon bhanaltra ann fadó. Ba bhean as an mbaile a thagadh isteach nuair a bhíodh páiste ag teacht ar an saol. Mo mháthair féin, bhí naonúr páistí aici – seisear mac agus triúr iníon – agus ba í Máire Ní Churraoin a bhí aici le chuile dhuine acu agus ba í a bhí ag chuile bhean eile sa mbaile freisin. Bhí bean eile ann freisin, Peige Nuala, bhí sise ag dul timpeall mar bhean chabhrach. Ba mhinic go mbíodh bean ann a bhíodh i bhfad tinn ach ní chuirtí fios ar dhochtúir ach amháin nuair a bhí sé an-phráinneach go deo mar bhí sé an-deacair dochtúir a fháil. Dá gcuirfeá fios air le práinn mhór ar maidin bheadh an t-ádh ort dá mbeadh sé agat an oíche chéanna.

Fiú amháin i bhfad amach sa saol chonaic mé féin Michael Saile thíos i mBarr an Doire. Bhí sé an-dona agus b'fhear láidir a bhí ann. Cuireadh fios ar an dochtúir. Cuireadh fios air ar maidin Dé Luain ach níor tháinig sé go dtí tráthnóna Dé hAoine, agus sin é an uair a chonaic mé ag dul suas an garraí é. Cé mhéad bás a bheadh faighte aige sin ar an mbealach go Gaillimh chuig an ospidéal? Ní raibh aon dochtúir ann ach dochtúir páistí. An duine a bhíodh bocht nó a mbíodh tinneas fada orthu nó nach mbíodh aon duine le haire a thabhairt dóibh, chuirtí go Teach na mBocht in Uachtar Ard iad.

Bríd Uí Thuathail

Chaithidís smugairle ar pháiste freisin fadó. Nuair a thagadh duine as an mbaile isteach ag breathnú ar an bpáiste chaithidís smugairle air agus deiridís: "Bail ó Dhia fliuch ort". Dhéantaí é seo sa gcaoi nach ndéanfadh aon duine drochshúil de.

Nóra Uí Chualáin

Tá sé ráite an té a thiocfas ar an saol tar éis a dó dhéag a chlog nó i ngar don trí a chlog nó mar sin – tá réalt áirithe ar an spéir ag an am sin – is féidir leis an té sin na mairbh a fheiceáil agus na daoine maithe, ach an té a thiocfas sa lá níl tada le feiceáil aige.

2.1.3 BUACHAILLÍ SEACHAS CAILÍNÍ

Dan Choilm Ó Concheanainn

B'fhearr le daoine go mór buachaill a bhreith ar dtús mar go gcoinneodh sé ainm an athar ag imeacht, le breathnú i ndiaidh na talúna. Deirtí nár bhean cheart í an bhean go mbéarfaí mac di.

Ach ag an am céanna bheadh fáilte i gcónaí roimh an gclann iníne freisin dá mbeadh beirt nó triúr mac roimpi.

Bhí scéal ann faoi lánúin ar an mbaile agus bhí triúr cailíní acu. Nuair a rugadh an ceathrú cailín dóibh, d'fhiafraigh fear ar an mbaile den athair céard a bhí ann agus dúirt an t-athair: "Ceann eile de na rudaí sin atá fairsing ar an saol." Ní raibh fáilte ar bith aige roimpi. Rugadh ceathrar mac dóibh ina dhiaidh sin.

Bhíodh ar an mac ba shine a bheith amuigh in éineacht leis an athair ag obair agus ag foghlaim uaidh, ar fhaitíos go mbuailfí suas an t-athair féin agus bheadh an mac in ann a áit a thógáil.

Maitiú Ó Diolúin

Bhí níos mó measa ar bhuachaillí beaga ná ar chailíní. Ba é an fáth a bhí leis seo go ndéanfaí múille díobh. Bhí obair chrua i ndán dóibh, go mór mór san earrach ag cur fhataí. Choinnítí na gasúir sa mbaile ón scoil nuair a bhíodar an-óg leis an obair seo a dhéanamh. Ba iad *police* Shasana a bhí i gcumhacht an uair sin agus ní raibh siad an-ghéar. Ní raibh meas ar chailíní, mar ní raibh siad in ann obair fir a dhéanamh.

2.1.4 BREITH AINMHÍ

Maitiú Ó Diolúin

Dá mbéarfaí ainmhí óg ag an am céanna agus a bhéarfaí leanbh bhí ádh agus mí-ádh ag baint leis sin. Dá mbéarfaí lao baineann b'in ádh maith ach lao fireann, mí-ádh. Dá mbéarfaí cúpla lao ag an am céanna le páiste bheadh mí-ádh sa teach sin agus chaillfí an páiste sin.

Peig Uí Fhátharta agus Máire Uí Chonghaile

Dá mbéarfaí lao fireann an lá céanna le mac, bheadh an t-ádh ar an bpáiste sin. Dá mbéarfaí ar an lá is faide sa mbliain ba é an scéal céanna é.

Dan Choilm Ó Concheanainn

Dá mbéarfaí ainmhí óg ag an am céanna leis an bpáiste

bheadh an t-ainmhí sin geallta leis an bpáiste. Nuair a dhíolfaí an t-ainmhí ghabhfadh an t-airgead sin i mbealach an pháiste.

2.1.5 CAIPÍN SONAIS

Maitiú Ó Diolúin

Páistí a bhéarfaí le caipín sonais, bheadh an t-ádh ar an bpáiste agus ar an teach sin. Chuirtí isteach i neadracha damháin alla é agus chuirtí faoi na rataí é. D'fhágtaí ansin é.

Peig Uí Fhátharta agus Máire Uí Chonghaile

Bheirtí corrdhuine i bhfad ó chéile le caipín an áidh, nó caipín an tsonais mar a thugadh daoine eile air. Choinnídís é sin agus chuirtí i gcurrach nó i mbád é agus ní raibh aon bhaol báite ar an mbád sin, chomh maith le hádh éisc a bheith uirthi.

Dan Choilm Ó Concheanainn

Deirtí go mbeadh sonas ar ghasúr a bhéarfaí agus caipín sonais air. Bhí sé ráite gurbh é uisce an pháiste nach mbristí, agus go ndéantaí scannán ronnach de timpeall chloigeann an pháiste.

2.1.6 BAISTEADH

Bairbre Mhic Dhonnacha

Caras Críost nó cara i gCríost [a théadh chun baiste le gasúr]. Nós a bhíodh acu – dhóidís sop nó deis sa tine agus chuiridís é leis an bpáiste ag dul amach agus an phaidir a deiridís le haghaidh an páiste a chosaint nó go mbíodh sé baiste: "Aingeal Dé leat."

Nuair a thaispeáin Dia é féin fadó tháinig sé i bhfoirm thine. Labhair sé le Maois as na tomacha. Sin é an fáth ar úsáid siad an tine agus na lasracha.

Roimh an mbaisteadh dá ndéanfadh an páiste snaofairt ní déarfaí "Dia linn agus Muire" ach "Baisteadh leat."

Meaig Uí Dhomhnaill

Nuair a bhíodh páiste ag bean, bhaistí an páiste sin lá arna mhárach, sin mura mbeadh sé tinn, agus an uair sin bhaistí é sa teach agus baisteadh urláir a thugtaí air sin.

Bríd Uí Thuathail

Ní cheannaíodh máthair an t-éadach baiste ná an cliabhán don chéad pháiste; is ar iasacht a d'fhaigheadh sí iad.

2.1.7 COISREACAN NA MÁTHAR

Bairbre Mhic Dhonnacha

Tar éis chuile pháiste ní fhéadfadh an mháthair a dhul amach go mbeadh sí beannaithe ag an sagart ar dtús. Ní fhéadfadh sí a dhul ar cuairt ná a dhul isteach in aon gharraí mar ní bheadh aon fháilte roimpi; deir siad nach mbeadh an t-ádh ar an áit sin agus nach bhfásfadh na fataí níos mó dá ngabhfadh sí isteach sa ngarraí.

Peig Uí Fhátharta agus Máire Uí Chonghaile

Níor cheart do bhean gan choisreacan a dhul amach taobh amuigh den tairseach. Ní fhásfadh an féar san áit a shiúlfadh sí dá ngabhfadh sí amach.

Meaig Uí Dhomhnaill

D'fhanadh an bhean sa leaba ar feadh naoi lá agus ní raibh cead aici obair an tí ná tada eile a dhéanamh. Ní raibh cead aici a dhul taobh amuigh den doras agus níor mhaith le haon duine go gcasfaí orthu í. Go deimhin níor mhaith le haon duine go dtiocfadh an bhean isteach sa teach chucu ach oiread. Chaithfeadh an bhean a bheith coisricthe sa séipéal sula mbeadh sí in ann a dhul i measc an phobail arís. Séard a bhíodh anseo go dtéadh an bhean go dtí an séipéal agus thugadh an sagart coinneal di ina lámh agus deireadh sé paidreacha os a cionn. Bhí an coisreacan déanta ansin agus chaitheadh sí airgead an bhaiste a thabhairt don sagart ansin. Píosa corónach a bhíodh anseo.

Faisnéiseoir gan ainm

Cé go mbíodh an-imní faoi pháistí go dtí go mbaistí iad, ní bhíodh cead ag máthair an linbh a bheith i láthair ag an mbaisteadh. Ní raibh cead aici a dhul amach sa bpobal ar chor ar bith nó isteach sa séipéal de réir dhlí na hEaglaise nó go mbeadh coisreacan déanta uirthi. Ní raibh sí glan go dtí sin – tuairim is mí ama.

2.1.8 PÁISTE AR AN MBROLLACH

Faisnéiseoir gan ainm

Ba ar bhrollach na máthar a bheathaítí na naíonáin ar fad an uair sin agus chreid na mná go láidir go mba fearas frithghiniúna ann féin a bhí i bpáiste a bheith ag diúl ar an mbrollach. Deirtí go raibh leigheas sa mbainne cíche freisin. Mar shampla, bhaintí úsáid as chun gaineamh a bhaint ó shúil duine agus ba mhinic a thagadh fear strainséara chuig bean chun streall bainne cíche a fháil ina shúil.

Maitiú Ó Diolúin

D'fhágtaí páistí i bhfad ar bhrollach na máthar sa seansaol. Bhí gasúr ar an mBaile Láir [Cor na Rón Láir] agus bhí sé ag dul ar scoil. Chaitheadh a mháthair fanacht leis ag ceann an bhóithrín nuair a bhíodh sé ag teacht abhaile ón scoil mar go gcaitheadh sí brollach a thabhairt dó. Bhí sé ceithre bliana déag an t-am sin. Níor cheart páiste a bhaint den bhrollach nó go mbeadh sé bliain.

Bainne bó gamhnaí: sin é an bainne ab fhearr agus dhéanadh sé fear de dhuine – sin é a tharla don Bhodach thoir sna Forbacha. Ar chuala tú caint ar Chnocán an Bhodaigh? Bhí sé ina chónaí ansin. Bhí seisean ag diúl nó go raibh sé bliain agus fiche. Ní raibh aon bhodach ní ba láidre ná é agus ní raibh aon duine in ann é a bhualadh. Thagaidís as chuile áit ag corcharaíocht leis. Ach bhíodh an bua aige i gcónaí.

Peig Uí Fhátharta agus Máire Uí Chonghaile

D'fhágtaí cíoch ag páiste chomh fada agus ab fhéidir é. Ní

raibh sé sin rófhada, mar bhíodh páiste chuile bhliain ann ach d'fhágtaí seacht mbliana ag an bpáiste ab óige é. Chastaí seál ar a droim agus bhíodh an páiste sa seál agus an mháthair ag obair léi. Is amhlaidh a chaitheadh sí an chíoch siar thar a gualainn aige. B'in é an peata nó "croitheadh an tsacáin" mar a thugtaí air.

Dan Choilm Ó Concheannain

Bhíodh mná ann nach dtugadh brollach ar bith don pháiste fadó agus bhíodh mná eile ann agus an páiste ag diúl orthu go mbíodh sé a sé nó seacht de bhlianta. Bhí bean ar an mbaile seo agus thug sí brollach dá mac nó gur rugadh an dara páiste trí bliana ina dhiaidh sin. Bhíodh an leaid beag ag leanacht na máthar amach ag an tobar agus nuair a bhuaileadh an t-ocras é chaitheadh sí seasamh ansin i lár an chnocáin agus brollach a thabhairt dó.

Ach mná a chaitheadh a bheith ag obair taobh amuigh agus an tseanmháthair, b'fhéidir, nó duine éicint eile ag tabhairt aire do na gasúir, ní fhaigheadh an gasúr sin ach brollach scaití, am dinnéir nó a leithéid, nó tráthnóna agus ar maidin. D'fhaighidís bainne buidéil an chuid eile den lá – bainne bó a bhruití ar dtús.

Nuair a bhaintí an páiste den bhrollach ní chuirtí ar ais arís é mar d'imíodh an bainne ón máthair de réir nádúir.

2.1.9 SMACHT AR LEANAÍ

Dan Choilm Ó Concheanainn

Bhíodh smacht an-dian ar na gasúir sa seanam. Chuirtí amach ag spraoi iad nó chuirtí i seomra dóibh féin iad nuair a thiocfadh duine isteach. Bhíodh na seandaoine ag teacht ar cuairt chuig a chéile go minic an t-am sin agus bhíodh comhráite acu faoi chúrsaí an tsaoil. Chuirtí na gasúir amach sa gcaoi is nach mbeidís ag éisteacht leis an gcomhrá.

Ba mhór an faitíos a bhíodh roimh an athair fadó. Ní raibh ar an máthair a rá ach: "Fan go dtiocfaidh d'athair isteach," agus bhí chuile shórt caite thart. Ní raibh ar an athair ach breathnú ar na gasúir dá mbeidís ag déanamh aon cheo as an mbealach. An pionós is mó a chuirtí ar na gasúir, iad a chur a chodladh agus dá mbeadh na gasúir ag caoineadh d'fhágfaí ansin iad nó go dtit-fidís ina gcodladh. Nuair a d'éirídís an lá arna mhárach chuimh-nídís ar an méid sin.

Bhíodh na gasúir ag obair go crua, ag tabhairt isteach mhóna, ag níochán na bhfataí, ag gearradh chuid na mbeithíoch: gabáiste, fataí, meaingil, svaeideanna – rudaí nach ndéantar anois ar chor ar bith. Chaithidís tosú á dhéanamh chomh luath is a bhídís in ann béile a réiteach agus na hurláir a ghlanadh agus a scuabadh.

Ní bhíodh bata ná maide sa mbaile – slaitín saile a bhíodh ann – agus í sin leagtha ar chúl an tinteáin nó ar bharr an drisiúir. Bhí an slaitín sin an-ghéar ach ní dhéanfadh sí aon ghortú.

Bríd Uí Fhlathartaigh

Bhíodh an-smacht orainne. Dá bhfaigheadh muid míle punt ní osclódh muid ár mbéal nuair a bheadh aon duine istigh. Go hiondúil ba í an mháthair ba mhinice a bhí istigh agus bhíodh slat bheag shailí nó dhó leagtha ar an matal agus dá ndéanfaidís aon rud as bealach nó aon trioblóid a tharraingt, gheobhaidís corrbhuile ar na calpaí. Ba mhinic a chuirtí mar phionós orthu a dhul suas a chodladh go luath sa tráthnóna nó dá mbeadh an chuid eile den chomhluadar amuigh ag spraoi ní ligfí amach an duine a bhí dána. Uaireanta eile, chuirtí i do sheasamh leis an mballa tú ag breathnú isteach ar an mballa.

Bhí máistir scoile ag m'athair fadó agus nuair a dhéanadh duine rud as bealach, is é an pionós a chuirtí air a dhul suas agus féachaint isteach ar an mballa ar feadh dhá uair an chloig, agus dúirt m'athair go mb'fhaide an dá uair ná an saol ar fad, ag breathnú ar an spota céanna sa mballa. Uaireanta eile, chuirtí isteach i seomra dorcha muid agus gan cead againn an choinneal féin a lasadh nó go gcuirfeadh an dorchadas faitíos orainn.

2.2 Pósadh

Bríd Uí Thuathail

Dá mbeadh bean ar an mbaile a mbeadh sé in am pósta aici agus gan í ag pósadh, d'íosfadh sí úll a bheadh gearrtha suas ina naoi gcuid aici. D'íosfadh sí ocht bpíosa agus a droim leis an scáthán, agus an naoú píosa, d'iompódh sí. Dá bhfeicfeadh sí éadan fir os a comhair sin é an fear a dtéadh sí ar a thóir. Mura bhfeicfeadh sí ach í féin ní phósfadh sí ar chor ar bith.

Beartla Ó Flatharta

Tagann Máirt na hInide ar an Máirt roimh Chéadaoin an Luaithrigh agus bhí sé ráite fadó, bean ar bith nach mbeadh a cleamhnas déanta i rith na hInide go mbeadh smut uirthi, agus dá bhrí sin Domhnach na Smut a thugtar ar an gcéad Domhnach den Charghas. Tá gnás ann anois go ndéantar pancóga ar an lá seo.

Bhí fear i chuile pharóiste a bhíodh ag déanamh cleamhnais agus dá mbeadh teach ann a mbeadh go leor clann iníonacha ann bheadh a n-athair ag iarraidh iad a phósadh le feilméara nó le fear a mbeadh neart airgid aige. Ghabhfadh athair na mná go dtí an fear cleamhnais seo agus d'iarrfadh air fear a fháil do na hiníonacha. Nuair a gheobhadh sé seo fear deisiúil, ghabhfadh sé féin agus an fear go dtí teach an chailín agus bheadh buidéal fuisce nó poitín acu agus bheadh siad ag déanamh margaidh mar a bheadh duine ag díol beithíoch sa lá atá inniu ann.

Chaithfeadh an t-athair airgead a thabhairt don chailín a bheadh ag dul ag pósadh agus mura mbeadh an oiread sin airgid acu chaithfeadh sí bó nó dhó a fháil mar spré. Ghabhfadh athair an chailín ag breathnú ar an teach agus ar an talamh agus tá sé ráite gur minic a thomhais athair an chailín an fheilm lena choiscéim lena fháil amach an raibh an oiread acraí ann agus a bhí ráite. Ní raibh aon chaint ar fháil geallta ag an am sin.

Tomás Ó Flatharta

Bhí sé go forleathan sa dúiche seo mura raibh na tuismitheoirí sásta leis an bhfear a raibh a n-iníon ag pósadh, dhéanfadh siad cleamhnas don iníon le fear a raibh neart rachmais aige. Ba chuma leo faoi mhothúcháin an duine féin nó faoi chúrsaí grá. Ní raibh stádas dá laghad ag bean sna cúrsaí seo. Is minic nach bhfaca sí an fear go dtí an mhaidin ar bhuail sí isteach doras theach an phobail, ach bhí sé de rogha ag an bhfear í a fheiceáil ag cruinniú nó ar aonach. Is cosúil nach raibh cearta ar bith ag na mná.

Ba é an meon a bhí ag cuid mhaith fear an uair sin: "Mura bpósfaidh mé an t-earrach seo ceannóidh mé asal." Ansin i ndáiríre ní raibh sa mbean ach uirlis. Ba mhó an meas a bhí ar an asal.

Dan Choilm Ó Concheanainn

Duine de na comharsana is mó a dhéanadh an cleamhnas ach bhíodh athair an chailín in éineacht leis. Dá ndéanfaí an cleamhnas, ghabhfadh an cúpla agus a muintir go Gaillimh an lá ina dhiaidh ag ceannacht an fháinne agus bheidís pósta an tseachtain ina dhiaidh sin.

Nuair a bhíodh fear ag déanamh cleamhnais níor mhaith leis go gcasfaí bean air. B'fhearr leis go mór dá gcasfaí fear leis.

Stiofán Ó Cualáin

Fadó thugadh an fear comharsa agus buidéal poitín leis agus théidís go dtí teach na mná agus d'iarraidís ar an athair í. Dá mbeadh an t-athair sásta thabharfadh sé a iníon dó agus d'ólfadh siad an buidéal poitín idir iad. Shocrófaí dáta agus lá an phósta ansin. Thugtaí cleamhnas ar an gcineál seo pósta. Aisteach go leor, bhíodh torthaí maithe ar na póstaí seo. Níor chuala mé riamh gur scar aon cheann óna chéile. Ní hionann is an lá atá inniu ann, tá póstaí ag briseadh suas chuile lá. Sa tseanaimsir ba chuma le bean é ach teach dá cuid féin a bheith aici.

Nuair a d'eitítí fear cúpla uair agus bhí a fhios aige nach raibh aon mhaith dó a bheith ag caint, théadh sé amach agus cheannaíodh sé asal, go mórmhór i dtús an earraigh.

Bríd Uí Thuathail

Thagadh beirt fhear go dtí an bhean. Bhíodh buidéal fuisce ag teacht acu. Bhíodh an fear a bhíodh in éineacht leis an bhfear a bhíodh ag iarraidh na mná le pósadh, ag moladh a charad agus ag inseacht di cé chomh maith agus a bhí sé. Chuirtí ceist ar an mbean ansin an bpósfadh sí é. Is faoi mhuintir an chailín a bhí sé ansin. Chaithfeadh sí é a phósadh dá n-iarrfadh siadsan uirthi é.

Meaig Uí Dhomhnaill

Cleamhnas a bhíodh sa gcuid ba mhó de na póstaí fadó. Chaitheadh spré a bheith ag an mbean, is é sin, airgead, beithígh, pluideanna nó leaba, b'fhéidir. Is ar éigean gur phós bean mura mbeadh spré le dhul léi. Bhíodh an-mheas ar na mná a bhí tar éis Mheiriceá: bean a bhíodh tar éis ceathair nó cúig de bhlianta a bheith caite aici ansin. Margadh a bhíodh sa bpósadh i ndáiríre an uair sin. Nuair a théadh fear ag cuartú mná le pósadh, thugadh sé fear eile in éineacht leis agus d'fhanaidís go mbeadh muintir na mná ina gcodladh. Bhíodh buidéal poitín acu agus go minic chaitheadh an cailín éirí agus b'fhéidir an tae a dhéanamh agus bhíodh an fear in ann súil mhaith a bheith aige uirthi. Amanta, ní fheicidís a chéile go dtí lá a bpósta; b'fhéidir go dtiocfadh fear as an áit seo siar go Carna ag iarraidh mná. Fíor-chorruair a mbíodh pósadh ann nach cleamhnas a bhíodh déanta.

Máire Seoighe

Phósadh daoine fadó mar gheall ar thalamh agus ar shaibhreas. Ach ní phósann anois, ceapaim. Go minic phós daoine a raibh gaol acu lena chéile mar beagnach chuile dhuine a bhí ar an mbaile, bhí gaol acu lena chéile mar ba daoine ar an mbaile céanna ba mhó a phós.

Faisnéiseoir gan ainm

Is dóigh gur rud maith a bhí sa gcleamhnas socraithe ach níor mhaith liom a bheith ag cur daoine le chéile nach dtaitneodh lena chéile. Is iad muintir an chailín ba mhinice a shocraíodh an pósadh. Cleamhnas a thugtaí air seo. Bhíodh comóradh i dteach mhuintir an chailín. Ag an am sin ba mhinic nach mbíodh aithne ar bith acu ar a chéile go dtí seachtain roimh an bpósadh. Bhíodh an chuid ba mhó de na mná thart ar ceithre bliana nó cúig bliana fichead d'aois nuair a phósadh siad agus bhíodh na fir idir tríocha agus tríocha cúig bliain d'aois. Bhuel, phós triúr ban isteach i dtithe i nDumhaigh Ithir agus ní raibh ceachtar den triúr ban ach ceithre bliana déag.

Siobhán Uí Fhátharta

Silím gur mó baint a bhí ag an athair ná ag an máthair leis an gcleamhnas a shocrú. Bhíodh siad ag súil go mba fear maith a bheadh ann agus go mbeadh neart airgid aige. Sílim gur fearr mar atá rudaí inniu, mar pósann an cailín an fear is fearr léi féin. Sílim nár cuireadh mórán suime cén aois a bhíodh duine, ó cúig bliana fichead go dtí an leathchéad.

Is minic a briseadh cleamhnas. An bhean óg go minic, d'athraíodh sí a hintinn agus ní phósadh sí. Is minic a d'imigh an bhean óg le fear eile tar éis cleamhnas a bheith déanta.

2.2.3 SPRÉ

Stiofán Ó Cualáin

D'fhaigheadh na mná spré óna n-athair. D'fhaigheadh cuid acu airgead agus cuid acu beithígh, cúpla bullán nó éadach leapan. Ní raibh airgead ag an seandream ach bhí beithígh acu. San am sin bhí an-tóir ar na *Yanks* mar chreid siad go raibh airgead acu. Is iomaí bean a phós tar éis a theacht abhaile as Meiriceá. Dá dtiocfadh an bhean isteach i dteach a mbeadh neart troscán ann, éadach leapan srl., déarfaí go raibh iarmhais sa teach sin.

"Bean a thógann agus bean a leagann" – is iomaí bean a tháinig isteach i dteach bocht nach raibh tada roimpi agus tar éis bliana bhí an teach lán le troscáin agus le héadach. Sin í an bhrí atá le "bean a thógann". Is iomaí bean, freisin, a tháinig isteach i dteach a raibh iarmhais ann agus tar éis bliana ní raibh tada ann. Sin í "an bhean a leagann".

1. Seileastram, An Lochán Beag, Indreabhán. Lch 49.

2. An Trá Bháin. Lgh 170–2.

3. Tobar Cholm Cille, Bánrach Bán, Baile na hAbhann. Lgh 121–2.

4. Bád Cholm Cille, Bánrach Bán, Baile na hAbhann. Lch. 122.

Bríd Uí Thuathail

Is iad muintir na mná a chaitheadh spré a thabhairt don fhear. Bhí sé de nós acu pluid, leaba, bó agus lao, nó airgead a thabhairt.

Siobhán Uí Fhátharta

Bhí tábhacht mhór ag baint le spré cé go mb'fhéidir nach mbeadh ann ach cúpla scór punt, agus bhí talamh i gceist freisin. Má bhí teach agus talamh ag fear agus beagán airgid bhí chuile shórt ceart.

Faisnéiseoir gan ainm

Bhuel, is dóigh gur phós go leor daoine mar gheall ar airgead agus ar thalamh. Bhí an spré go maith le haghaidh an saol a choinneáil. Dá mbeadh aon airgead acu féin, tada eile a gheobhaidís bheadh beagán á chur ina cheann.

Faisnéiseoir gan ainm

Ba chuma cé chomh deas agus a bhí an cailín féin, mura raibh spré mhaith le fáil aici, bheadh sí ar an ngearradh díobh. B'fhiú cuid mhaith an spré. B'fhéidir go mbeadh céad punt le fáil ag cailín óg agus beithíoch ceithre chois – budóg go hiondúil – agus dá mbeadh sí sin le lao, b'amhlaidh ab fhearr é. Ní híoctaí an spré ar fad le chéile. Ba mhinic nach n-íoctaí an spré ar feadh bliana, ach chomh luath agus a bheadh oidhre óg ar an mbealach, d'íocfaí an spré láithreach.

Máire Seoighe

Ba iad an mhuintir a shocraíodh an pósadh. Sin tuairim seachtó nó ochtó bliain ó shin. Ní bhídís ag dul amach lena chéile ach b'fhéidir fíor-chorruair. Bhíodh fir go leor nach bhfaca an bhean nó go raibh siad ag an altóir. Bhíodh cuid acu in aois an phinsin nuair a phósaidís. Phósadh cuid acu ag ocht mbliana déag – sin b'fhéidir duine as an gcéad. Daoine a raibh aithne acu ar a chéile ba mhó a phós.

Hannah Uí Thuairisg

Bhí mí-ádh ag baint le lá fliuch lá an phósta. Ba dhroch-chomhartha é don am a bhí le theacht i do shaol pósta, dá mbrisfeá gloine. Bhí sé de nós i gcónaí nithe a chaitheamh i ndiaidh na lánúine tar éis dóibh pósadh. Chonaic mé féin rudaí ar nós ceaintíní á gceangal taobh thiar de ghluaisteán lánúineacha óga sna seascaidí. Ní fhaca mé a leithéid ó shin. Níl a fhios agam an bhfuil an nós fós ann.

Maitiú Ó Diolúin

Lá fliuch – ní bheadh an t-ádh leis an lánúin. Gloine a bhriseadh ar an lá – ní bheadh an t-ádh leis an lánúin. Lá breá – bheadh an t-ádh leo. Dá mbéarfaí lao baineann ar an lá sin ba chomhartha maith é.

Máire Seoighe

Phósadh daoine go fíormhinic Dé Domhnaigh ag a dó agus a trí a chlog tráthnóna. Ní raibh cead pósadh i rith na Nollag ná sa gCarghas.

Peig Uí Fhátharta agus Máire Uí Chonghaile

San Inid a bhíodh an pósadh ann, nó an cleamhnas. Ní raibh cead pósta sa gCarghas ach amháin Lá Fhéile Pádraig – bhí sé sin amach as an gCarghas. Chaití seanbhróga agus seanstocaí amach an doras i ndiaidh an fhir agus é ag dul i gcoinne na brídeoige, leis an ádh a chur air. Is í an bhrídeog an duine deireanach a thagadh chuig an séipéal lá a bpósta. Bhíodh crú capaill nó tairne crú capaill i mbalcais éadaigh leis an ádh a chur uirthi. Ba é an chéad duine den lánúin nuaphósta a chuirfeadh a chloigeann amach doras an tséipéil, an chéad duine a gheobhadh bás. Dá mbuailfeadh braon báistí orthu, b'in mí-ádh; ach dá mbeadh an ghrian ag scaladh bheadh an t-ádh orthu.

Dan Choilm Ó Concheanainn

Tráthnóna is mó a bhíodh an pósadh agus ní bhíodh aifreann ar bith leis an bpósadh an t-am sin. Bhíodh an bhainis i dteach na mná ar maidin, ó timpeall a deich a chlog go ham an phósta tráthnóna. Ansin bhíodh oíche go maidin ann. Ní raibh aon chaint ar aon mhí na meala.

Bhí laethanta na seachtaine leagtha amach le haghaidh pósta: "Luan soir, Máirt siar, Déardaoin sona soir agus siar." Bhí sé ráite go mbeadh an mí-ádh ar an mbeirt dá mbrisfí scáthán lá an phósta. Bheadh an t-ádh ar an lánúin dá mbeadh an ghrian ag scaladh an lá a bpósfaidís: "Lá breá do do phósadh, lá garbh do do thórramh."

Faisnéiseoir gan ainm

Ar lá an phósta féin, bhíodh pléaráca i dteach na brídeoige go ham dinnéir. Bhíodh cúpla galún poitín ann agus muintir an bhaile istigh. Thart ar a ceathair tráthnóna a bhíodh an pósadh ann. Ní bhíodh aon aifreann ann. Théadh an comhluadar chuig an séipéal, agus bhíodh an pósadh ann. Ansin, bhíodh oíche go maidin i dteach an fhir óig. Bhíodh bean phósta leis an bhfear óg ag dul ag bailiú na brídeoige dó. Nuair a thagadh an cúpla óg abhaile, bhíodh cáca rísíní ag bean mhuinteartha leis an bhfear roimpi ag an doras. Bhuailtí an cáca seo anuas sa gcloigeann ar an mbrídeog. Ba chomhartha fáilte isteach sa gclann é seo.

Maitiú Ó Diolúin

Dhéantaí dhá leath den cháca anuas ar chloigeann na mná nuaphósta chun go mbeadh ádh maith uirthi. Bhíodh an cáca scoilte cheana agus ba bhean phósta éicint eile a dhéanadh an jab seo.

Dan Choilm Ó Concheanainn

Nuair a thagadh an bhean óg isteach i dteach an fhir, tar éis an phósta, bhriseadh máthair an fhir cáca ar chloigeann na brídeoige le sonas a chur ar an lánúin.

Bríd Uí Thuathail

An bheirt a bhíodh tar éis pósadh, thagadh siad chuig an teach tar éis an tséipéil. Bhíodh ól sa teach agus bhíodh cáca baile déanta. Bhristí an cáca ar chloigeann na mná a bhíodh tar éis pósadh. Dhéantaí é seo le haghaidh áidh.

Faisnéiseoir gan ainm

Is i dteach mhuintir an fhir a bhíodh an bhainis. Bhíodh suas le leathchéad nó trí scór duine ann. Bhíodh cáca baile agus tae ar fáil agus bhíodh neart le n-ól acu. Bhíodh oíche go maidin ann. Ní raibh aon chaint ar an gcúrsa réamhphósta ná ar ghúna pósta geal don chailín. Bhíodh gnáthéadach uirthi; b'fhéidir go gceannódh sí rud éicint nua le caitheamh. Bhí sé de nós freisin go gcaitheadh an cailín rud éicint a bhí sean ionas go n-éireodh go maith léi ina saol.

Dá mbeadh cailín ag pósadh fir as an taobh aniar bheadh an pósadh ar an Máirt. Dá mbeadh cailín ag pósadh fir as an taobh anoir bheadh an pósadh ar an Luan. Mar sin bhí sé ráite: "Luan soir, Máirt siar."

Ní an-mhinic a tharlaíodh go bpósfadh daoine a mbeadh gaol acu le chéile. Chaithfeadh an gaol a bheith i bhfad amach, col seisir nó col seachtair.

Bhíodh bainis i dteach an fhir ar lá a bpósta, agus an oíche roimh an bpósadh bhíodh an bhainis i dteach na mná. Ní bhíodh aon bhlas ann ach braon pórtair agus braon poitín agus nuair a bhíodh tae ann, chuirtí thart tae. Thosaigh siad ansin ag fáil níos galánta, ag fáil cácaí le cuiríní.

Phóstaí an bhean i séipéal an phobail, sa séipéal a mbíodh sí ag dul chomh fada leis an sagart ann. Chaitheadh an fear nó an bhean athrú, ag brath ar an teach pobail a mbíodh siad ag dul ag pósadh ann.

Ní théadh an lánúin nuaphósta in aon áit ar mhí na meala. Amach sa ngarraí ag obair a théidís.

Faisnéiseoir gan ainm

Ní bhíodh aon chuireadh scríofa i gcomhair bainise an t-am

sin ach cuireadh béil. Ba mhasla uafásach cuireadh cosáin a fháil, is é sin, dá gcasfaí duine ar an mbealach ort agus cuireadh bainise a thabhairt duit. Chiallódh sé seo nach raibh duine sásta an trioblóid a chur air féin a dhul chun an tí leis an gcuireadh. Ní raibh aon chruthú riamh ann go raibh na póstaí seo tada níos measa as ná póstaí an lae inniu.

Beartla Ó Flatharta
Is sa mbaile a bhíodh an bhainis agus bhíodh siad ag fáil sicíní agus á ramhrú. B'fhéidir, go minic, go marófaí muc mar bhíodh muca i chuile theach an t-am sin. Bhíodh cácaí baile acu mar ní raibh mórán creistiúint ag na seandaoine in aon cheo eile ach san arán baile. Thugtaí cuireadh do chuile dhuine de na comharsana agus ní ghabhfadh aon duine chuig an mbainis mura bhfaigheadh sé nó sí cuireadh. Ní raibh aon chártaí á gcur thríd an bpost an t-am sin, ach an fear a bhí ag pósadh ag dul thart chuig chuile theach á n-iarraidh agus an bhean ag déanamh an rud céanna ina baile féin.

Nuair a bhíodh siad pósta bhíodh an bhainis ina dteach féin – is é sin i dteach an fhir. Ní raibh éadach bán ar an mbrídeog ach sciorta dearg nó glas agus culaith cheanneasna ar an bhfear. Is minic nach bhfaca an fear ná an bhean a chéile riamh nó go mbeadh siad ag an altóir. Ar ndóigh, ní raibh aon easpa óil ar aon bhainis mar bhí poitín á dhéanamh i chuile bhaile.

Bhí sé de nós, freisin, chuile shórt dá raibh ag an mbrídeog a thabhairt go dtí a teach féin an lá sin – is é sin a cuid éadaigh agus má bhí aon bhall troscáin aici.

Is ar charr capaill a théadh siad go dtí teach an phobail, agus is minic a shiúil daoine é mar bhíodh nós ann nár mhaith leo fios a bheith ag aon duine cén t-am den lá a mbeadh siad ag pósadh ar fhaitíos go mbeadh go leor daoine i láthair agus go ndéanfaí drochshúil díobh. Bhíodh oíche go maidin ar an mbainis agus ní raibh aon chaint ar mhí na meala ach a dhul amach ag obair ar an bhfeilm lá arna mhárach. Bhíodh na comharsana istigh agus bhíodh oíche go maidin acu ag ithe agus ag ól agus ag damhsa – bhíodh bainis bheag acu.

Bíonn daoine inniu ag dul amach lena chéile agus tosaíonn siad ag fáil réidh le haghaidh na bainise bliain roimhe nó ar a laghad sé mhí. Caitheann siad an oiread seo airgid ar éadach agus ar óstán agus, ar ndóigh, mí na meala. Is é an chaoi a mbíonn chuile dhuine ag iarraidh a bheith níos fearr ná an ceann eile. Ach tar éis an méid sin, cheapfainn go raibh na seandaoine i bhfad níos sona ná iad agus ní raibh aon chaint ar cholscaradh an t-am sin. Ní chloisfeá aon duine acu ag gearán faoi chruatan an tsaoil cé go raibh obair fhíorchrua le déanamh acu. Bhí ardmheas acu ar a chéile go lá a mbáis.

Máire Seoighe

Ní raibh caint ar bith ar fháinne an t-am sin, agus maidir le bronntanas, ní thagadh an smaoineamh isteach ina gcloigeann. Bhíodh ceiliúradh maith acu san am sin. Bhíodh banna ceoil beag ann agus neart le n-ithe agus le n-ól. Bhíodh an ceiliúradh sa teach. Bhíodh chuile dhuine ar an mbaile ann agus iad siúd nach raibh rófhada ó bhaile.

Siobhán Uí Fhátharta

Ní raibh costas na bainise rómhór, cúig phunt cheapfainn – b'iad muintir na mná óige a d'íocadh an costas sin.

Ní raibh aon chaint ar mhí na meala; cheapfainn gur ag baint fheamainne a chuaigh siad nó b'fhéidir ag cur fhataí.

2.2.5 CUAIRT MHÍOSA

Peig Uí Fhátharta agus Máire Uí Chonghaile

Ní raibh cead ag an mbean nuaphósta filleadh abhaile go ceann míosa. Cuairt mhíosa a thugtaí ar an gcéad chuairt sin.

Dan Choilm Ó Concheanainn

Ní thagadh an bhean óg ar ais abhaile go dtína muintir féin go mbeadh siad mí pósta, fiú dá mbeadh an teach an taobh eile di. Ansin bhíodh lá mór eile acu ar a dtugaidís an chuairt mhíosa air agus bhíodh an lá sin níos fearr ná lá na bainise.

Faisnéiseoir gan ainm

Ní raibh sé de chead ag an mbean óg a dhul abhaile ansin go ceann míosa agus ansin bhíodh pléaráca ag muintir na brídeoige arís. Ní bhíodh cead ag máthair na brídeoige bheith ag bainis a hiníne. Cuairt mhíosa a thugtaí ar an bpléaráca. Ba deis é seo freisin ag muintir na brídeoige cuireadh a thabhairt do dhaoine nach bhfuair cuireadh chuig an mbainis féin.

2.2.6 ÉALÚ AGUS FUADACH

Dan Choilm Ó Concheanainn

Dá mbeadh fear agus bean in áit éicint agus dá leagfaidís súil ar a chéile d'imeoidís an oíche sin nó an lá sin agus d'fhanfaidís in áit éicint agus taobh istigh de sheachtain bheidís pósta. Tá seanchró i gCor na Rón agus níl a fhios cé mhéad lánúin den sórt sin a d'fhan ann nó go bhfuair siad áit dóibh féin. B'in iad na brácaí nó na tithe beaga – is iad an cineál sin lánúin a thóg iad agus is iondúil gur le taobh mhuintir an fhir a thógaidís iad. Dhéantaí na rudaí seo an-sciobtha ar fhaitíos go bhfaigheadh fear nó bean eile greim ar cheachtar acu féin.

Bhí cúpla thart anseo ar tharla an t-éalú dóibh. Bhí an fear féin pósta le seanbhean agus ní raibh aon mhuirín orthu. Bhí sé ag cuartaíocht i dteach oíche amháin – fear breá a bhí ann – agus thug cailín an tí *fancy* dó. Lean sí abhaile é – ní raibh sé á hiarraidh ach lean sí é dá bhuíochas – agus d'fhan sí sa teach agus an tseanbhean beo. Bhí muirín orthu agus nuair a bhásaigh an tseanbhean phós an cailín óg agus fear an tí agus bhí tuilleadh muiríne orthu, gasúir bhreátha freisin.

Bhí fear a raibh céilí sa teach aige agus thaitnigh an bhean seo go mór leis. Ach nuair a bhí chuile shórt thart agus na daoine uilig ag dul abhaile choinnigh sé an bhean a thaitnigh leis agus ní ligfeadh sé abhaile í. Phós siad ina dhiaidh sin agus thóg siad muirín bhreá agus bhí siad an-chompóirteach.

Tomás Ó Flatharta

D'imigh duine de mhuintir Chatháin le fear de Thuairisg. Bhí cleamhnas déanta ach bhí an bhean i ngrá le fear eile. D'éalaigh sí amach tríd an bhfuinneog, agus bhíodar á cuardach. Is éard a rinne siad ná dul isteach go Gaillimh agus rinne siad fáinne as brobh agus phós siad.

Bhí imní ar mhuintir na mná. Ní raibh a fhios acu cá ndeachaigh sí. Tháinig comharsa isteach i dteach ósta lá agus d'fhiafraigh sé ar chaula siad uathu nó meas tú cá ndeachaigh sí, agus dúirt sé:

"An bhfuil tuairisc ar bith uirthi?"

D'fhreagair fear é agus dúirt sé:

"Bhí Tuairisg aréir uirthi!"

Maitiú Ó Diolúin

Fadó sa seanreacht bhí bean ar iarraidh ar feadh ceithre lá. B'as an gCloch Mhóir í. Chuirtí a tuairisc chuile lá. Bhí fear barrúil ina chónaí ar an mbaile. D'fhiafraítí chuile lá de an raibh táisc ná tuairisc ar an mbean úd. Ar an gceathrú lá dúirt sé: "Tá. Tá Tuairisg ó aréir uirthi." Bhí sí tar éis éalú agus phós sí fear a raibh Tuairisg mar shloinne air.

Faisnéiseoir gan ainm

Dá mbeadh bean ag siúl aniar nó anoir an baile agus dá dtaitneodh sí le fear a raibh bean ag teastáil uaidh, tharraingeodh sé isteach ina theach í. Chaitheadh sí é a phósadh ansin mar ní raibh aon fhear eile á hiarraidh, mar dúradh go raibh sí coilleáilte.

Máirtín Ó Cualáin

Bhí ortha ag na daoine fadó le bean a thabhairt leo. Bhí bean ar an Lochán Beag fadó – cailín fíordhathúil go deo a bhí inti – agus bhí fear thiar anseo sna Mine agus bhíodh sé ag carraeireacht i nGaillimh. Bhí sise ag sliseáil – ag níochán éadaí – thoir sa Sruthán Beag, taobh thiar den Phoitín Stil anois, áit a dtugtaí Srutháinín an Chinnéidigh air agus tá sé ar an mapa thoir sa mbaile. Ach bhí an fear ag teacht as Gaillimh agus chuir sé caidéis uirthi agus is dóigh gur chuir sé an ortha uirthi agus, dar Dia, lean sí siar é. Fear an-sean a bhí ann, ach más ea, phós an cailín breá óg seo é. Bhíodh sí thiar ar an leaba léi féin agus an tseanbhitse é féin ag coigilt na tine. Tharraingíodh sé amach an leaid agus théadh sé leis an tine é agus d'fhógraíodh sé siar uirthi féin: "Bí réidh nuair a ghabhfas mé siar," mar ní bhíodh aon mhaith leis an leaid gan teas na tine. Déantar fonóid anois agus gáire faoi na scéalta seo ach bhíodh sé amhlaidh mar bhíodh an ortha acu.

Bhí fear eile thiar sna Criogáin agus bhí ortha aige agus lá amháin chonaic sé bean álainn ag sochraid a mhná féin sa reilig. Nuair a chuaigh sé abhaile tar éis deoch a ól bhí an bhean óg ag doras an tí roimhe ag fanacht leis.

2.3 Bás

2.3.1 COMHARTHAÍ BÁIS

Margó Uí Chonghaile

Ba chomhartha báis é dá bhfeicfí préacháin ag dul timpeall an tí. Bhí mo sheanathair ag plé le coirce sa ngarraí lá amháin. Thug sé faoi deara na préacháin ag eitilt thart. Thriail sé iad a dhíbirt; níor éirigh leis. An tráthnóna sin fuair sé scéala tobann báis sa gclann.

Blao chluaise: cineál ceol i do chluais, go hiondúil sa gcluais dheas. Deir mo mháthair go bhfuair sí féin é chuile uair a bhfuair duine muintearach léi bás. Bhí sí ar cuairt oíche amháin nuair a fuair sí é. Bhí a fhios aici go mbeadh drochscéal roimpi an oíche sin. Fuair sí scéala go raibh a deartháir básaithe.

Faisnéiseoir gan ainm

Cloistear an bhean sí ag ólagón le linn bás a bheith ag teacht i dteaghlach.

Comhartha báis é má thagann cearc isteach i dteach agus sop tuí á tharraingt ina diaidh aici.

Cuir i gcás go mbíonn duine ag plé lena chuid oibre gan torann ná gleo in aice láthair, is minic a thagadh seabhrán nó torann bodhar i gcluais duine agus tugtar gleo cluaise air sin. Nuair a tharlaíonn sin deireann an duine a dtarlaíonn sé dó: "Tá gleo cluaise agam. Cloisfidh mé faoi bhás duine éicint. Go mb'as Baile Átha Cliath an anachain."

Bríd Uí Thuathail

> Uan dubh ar dtús,
> Searrach agus a chúl leat,
> Má labhrann an chuach ar chúl do chinn,
> Ní éireoidh an bhliain sin leat.

Bhí tuiscint ag daoine an t-am sin dá dtarlódh na rudaí seo duit go gcaillfí an bhliain sin tú.

Stiofán Ó Cualáin

Bhí Cualánach ina chónaí san Aird Mhóir. Fuair sé bás ar maidin Dé hAoine. D'éirigh sé aniar sa leaba an tráthnóna sin agus thosaigh ag comhrá lena mhuintir. Dúirt sé:

"Gheobhaidh mé bás arís ar ball agus cuirfear i reilig Mhaínse mé Dé Domhnaigh. Gheobhaidh m'athair bás seachtain ó inniu agus cuirfear seachtain ó Dé Domhnaigh é."

Fuair sé rogha fanacht scaitheamh eile ar an saol ach ní fhanfadh sé. Dúirt sé go raibh na flaithis go hálainn. Thit gach rud amach mar a dúirt sé.

Éamon de Búrca

Bhí fear anseo thiar, col ceathrar do m'athair, Tommy a' Búrc – an lá seo d'iarr sé ar m'athair a dhul i gcoinne an tsagairt dó. Cheap m'athair gur seafóideach a bhí sé faighte. Dúirt sé go raibh sé ag dul ag fáil bháis. Ní dheachaigh m'athair i gcoinne an tsagairt dó. Cheap sé go raibh sé seafóideach. Ní dhearna sé féin ach a dhul soir ansin de shiúl cos, trí mhíle bealaigh, sé mhíle soir agus anoir. Chuaigh sé isteach ag an sagart i gCarna san áit a bhfuil Father Delaney anois. Bhí teach eile ó dheas de ach déarfainn go raibh tigh Father Delaney déanta ag an am sin. Dúirt sé leis an sagart go raibh sé á iarraidh siar le haghaidh an ola a chur air.

"Agus an bhfuil tú tar éis é a shiúl aniar?" a deir an sagart.

"Tá," a deir sé.

"Agus an bhfuil tú ag dul siar á shiúl?" a deir an sagart.

"Tá," a deir sé.

"Bhuel, ní fhéadfainn an ola a chur ort ó tharla tú a bheith chomh maith sin," a deir sé, "ach rachaidh mé siar i gceann cúpla lá," a deir sé, "go bhfeice mé cén chaoi a mbeidh tú."

"Ó, beidh mé caillte an t-am sin," a deir Tommy a' Búrc leis.

"Bhuel, tá go maith mar sin," a deir an sagart, "beidh mé siar i do dhiaidh."

Chuaigh sé isteach anseo thiar agus chuir sé an ola air agus ní raibh an sagart i gCarna arís nuair a cailleadh Tommy a' Búrc agus chaillfí ina sheasamh suas é murach gur shíneadar é. Nárbh aisteach an rud é. Bhí mo mháthair ann nuair a cailleadh é. Ach bíonn daoine go leor ann a fhaigheann fios, ach níl a fhios agamsa cén chaoi a bhfuil an fios seo le fáil ar chor ar bith.

Micheál Ó Ceallaigh

Dá mbeadh duine go dona in aon áit a bhain leat, agus an doras á bhualadh, bheadh scéala a bháis le cloisteáil agat.

Torann cláracha, baraillí … d'aireofá an torann seo sa lá chomh maith leis an oíche agus b'in comhartha an-mhór sa gceantar seo.

Nuair a chloiseann tú an charóg liath ag grágaíl os do chionn san aer, má chónaíonn sí i do dhiaidh, níl an bás i bhfad ó dhuine éicint a bhaineann leat.

Clochar an bháis – ba tarraingt nó cársán láidir i bpíobán an duine a bhí go dona é. Bhí sé ráite go mbíodh an bás ag cosa an duine nuair a bhíodh an clochar seo le cloisteáil.

Bíonn daoine ag caint ar rudaí agus ar dhaoine atá caillte le fada, bíonn siad ag iarraidh a dhul abhaile, feiceann siad rudaí ina súile, feiceann siad daoine muintearacha leo atá caillte le fada; bíonn a fhios ag go leor acu nach bhfuil an bás i bhfad uathu.

Máirtín Ó Cualáin

Dá dtiocfadh múr préacháin agus luí ar an teach bheadh scéala báis le cloisteáil.

Bhíodh na mná sí ag casadh go mór freisin agus fuaimeanna uaibhreacha uathu, go mórmhór dá mbeadh bean tamall ag fáil bháis agus na daoine á faire.

Dá dtiocfadh an giorria toinn le teach, anuas ón sliabh, déarfaí gur drochshúil a bhí ann agus go gcloisfí faoi bhás dhuine éicint: "Giorria toinn nó breac ar linn ..." Dá dtiocfadh breac, nó go leor éisc isteach sa snáth mara, chloisfeadh duine scéala faoi bhás duine éicint.

Frog ag teacht isteach sa teach: deir daoine gur comhartha stoirme é agus deirtear thiar sna hOileáin gur comhartha báis é – chaití an frog isteach sa tine mar gheall air sin, níos túisce ná é a ligean amach as an teach arís.

Bhíodh caint freisin ar mhíshuaimhneas na circe áil. Bhíodh na cearca áil istigh sa teach ag daoine fadó. Thugtaí an-aire dóibh agus chuirtí a chodladh san oíche iad. Ach dá mbeadh míshuaimhneas orthu chloisfí faoi bhás duine éicint. Tá sampla amháin sa mbaile taobh thiar dúinn féin: bhí an bhean seo a raibh cearc áil istigh sa teach aici ach bhí an chearc ag éirí den ál. Chuir an bhean ar ais ar na héanacha í, ní uair amháin ach go leor uaireanta, ach faoi dheireadh chuaigh an bhean amach as an teach le breacadh an lae agus céard a chonaic sí ach a mac le taobh na binne, an mac a bhí thall i Meiriceá. An lá dár gcionn fuair siad scéala as Meiriceá go raibh sé básaithe thall. Deirtear go bhfuil an scéal seo fíor.

Eilín Uí Bhraonáin

Bhí scata beag gasúir ag spraoi thiar sna hOileáin uair amháin agus chualadar torann ard aisteach cláracha agus é an-trom sa ngarraí ó dheas dóibh. Deich nóiméad ina dhiaidh sin chualadar faoi bhás a n-uncail. Bhí mé féin ar dhuine de na gasúir sin.

Hannah Uí Thuairisg

I gceantar Chois Fharraige, má fheictear ceithre shnag breac le chéile deirtear gurb in comhartha báis. Tuar báis eile é cnagadh a chloisteáil ar an doras agus gan aon duine a bheith ann. Chuala mé é seo freisin faoin mbean sí, chomh maith le scéal faoi fhear ar an mbaile a bhfacthas a thaise ag binn an tí, agus a chorp ag fágáil ar a bhealach chun na reilige. Bhí tagairt don chóiste bodhar freisin i mbéaloideas an cheantair. Ní raibh aon cheangal díreach idir an giorria agus an bás, ach amháin maidir leis an bhfarraige agus leis an iascach. Is cuimhneach liom féin gur minic a deireadh mo mháthair gur comhartha báis é dá mbreathnódh an cat ort le linn dó a bheith ag níochán a éadain.

Peig Uí Fhátharta agus Máire Uí Chonghaile

Dá bhfeicfeá francach ag dul thart nó ag dul trasna romhat sa tslí nó easóg a fheiceáil sa snámh, b'in comhartha báis. Deirtear go bhfaigheann mada boladh an bháis, go mbíodh a fhios aige é roimh an dochtúir.

Ba droch-chomhartha é biseach an Domhnaigh.

Maitiú Ó Diolúin

Dá bhfeicfí giorria ba chomhartha báis a bhí anseo agus cinnte gheobhadh duine éicint a bhain leat bás.

Cat ag scríobadh uait – chaillfí duine a bhain leat.

Snag breac amháin – drochscéal; ceithre cinn – bás.

Dá bhfeicfeadh duine dhá fhiach dhubha ar chrann ag grágaíl b'in bás ar an mbaile. Dá bhfeicfeá ar maidin iad agus a n-aghaidh ort, bhí duine éicint tinn ar an mbaile an uair sin.

Dá gcloisfeá mada ag tafann nó ag caoineadh ar uair an mheán oíche, chaillfí gaol leat.

Dan Choilm Ó Concheanainn

Dá mbeadh snag bhreac ag imeacht aisti féin agus í ag grágaíl ba dhroch-chomhartha é. Nuair a d'airíodh na seandaoine í fadó is é a deiridís léi: "Bás d'athar agus do mháthar i do bhéal féin." Is éard a bhíodh i gceist acu: "Nár mhaire an coileach agus an chearc ar leo tú."

2.3.2 UAIR AN BHÁIS

Stiofán Ó Cualáin

Nuair a bhí an t-othar go dona, is minic a fuair duine boladh na huaighe ón duine seo. B'in comhartha go raibh an duine le bás a fháil. Nuair a d'fhaigheadh an duine bás dhúntaí doras an tseomra ar feadh uair an chloig ar a laghad mar chreideadar go raibh sé ag dul tríd an gcéad bhreithiúnas. Nuair a bhíodar ag leagan amach an choirp chuiridís marbhfháisc timpeall ar an gcloigeann, go mórmhór ar a smig, chun an béal a choinneáil dúnta.

Máirtín Ó Cualáin

Duine a ghabhfadh sna céadéaga: duine a bheadh i bhfad ag fáil bháis, bheadh sé síoraí i bpian an bháis. Cheapfaí go mbeadh sé básaithe ach ní bheadh. Ansin, deirtear, tar éis sé huaire an chloig go n-éireodh sé aniar agus d'iarrfadh sé deoch – "chuaigh sé sna céadéaga".

Is fearr a throideann an bhean an bás ná an fear. Tugann an fear suas an-sciobtha. Is í an bhean is mó a chuir suas le pian de réir nádúir agus is í is mó a d'fhulaing pian.

Fanann an t-anam sa gcorp sé huaire an chloig tar éis bháis agus chaitheadh an liodán a bheith léite taobh istigh de na sé huaire an chloig sin. Léití an liodán tar éis an phaidrín, agus bean a léadh é go hiondúil. Leagtaí an leabhar ar chliabhrach an mharbháin. Deirtí go mbeadh an t-anam in ann imeacht as an gcorp le tinneas mór agus an duine tinn a bheith beo i gcónaí.

Dan Choilm Ó Concheanainn

Bhíodh sé ráite go bhfanfadh an t-anam thart sa teach go deo go dtiocfadh an sagart agus an ola a chur ar an marbhán, mura n-éireodh leis sin a bheith déanta aige sular cailleadh an duine.

Nuair a bhíodh an duine ag fáil bháis ar leaba chlúmhaigh – ní raibh aon chineál eile ann an t-am sin – tharraingítí an leaba chlúmhaigh uaidh agus d'fhágtaí an duine tinn ar na cláir. Nuair a chaillí duine leagtaí an marbhán amach ar an mbord sa gcisteanach. Chuirtí as an tine ar fhaitíos go mbeadh an iomarca teasa ann agus go lobhfadh an marbhán.

Máirtín Ó Cualáin

D'fhantaí in éineacht leis an té a bhíodh ar a chailleadh. Dá mbeadh tine san áit a mbeadh an té sin, mhúchtaí í nuair a chaillí é ach d'fhágtaí tine sa gcisteanach.

Micheál Ó Ceallaigh

Mura mbeadh an sagart i láthair nuair a bheadh duine ar tí bás a fháil, bheadh muintir an tí ag rá paidreacha isteach ina chluais – gníomh dóláis.

Hannah Uí Thuairisg

D'éiríodh an t-othar lag agus chloistí clochar an bháis ina scornach – is é sin le rá go mbíodh sé ag iarraidh a anáil a tharraingt agus é ag cinneadh air. Uaireanta, dá mbeadh an t-othar ag saothrú an bháis ar feadh tamall fada, leagfaí amach ar an urlár é le tocht faoi le é a dhéanamh míchompóirteach le go mbeadh sé in ann sleamhnú ón mbeatha níos éasca. Uaireanta leagfaí amach ar chlár ar an urlár an t-othar céanna, chun go séalódh sé níos sciobtha, dá mbeadh sé ag tógáil scaithimh air bás a fháil. Chuala mé seo go dtógtaí sa tseanaimsir na piliúir chlúimh a bhíodh faoi chloigeann an mharbháin uaidh nuair a d'fhaigheadh sé bás, mar go ndeirtí go gcoinneodh an clúmh beatha sa duine.

Tomás Ó Flatharta agus Stiofán Ó Cualáin

D'osclaítí an fhuinneog chun an t-anam a scaoileadh amach agus is minic nach bhfuair an duine bás nó gur osclaíodh an fhuinneog.

Peig Uí Fhátharta agus Máire Uí Chonghaile

Nuair a d'fhaigheadh duine bás stoptaí an clog agus ní chuirtí ag imeacht arís é nó go dtiocfadh lucht na sochraide abhaile ón reilig.

Bríd Uí Fhlathartaigh

I dtaobh an bháis sa tseanaimsir, bhíodh go leor dindiúirí ag baint leis an mbás agus bhídís an-chúramach faoi, go mórmhór dá mbeadh seanduine ann, chinnteoidís nach bhfaigheadh sé bás i ngan fhios dóibh. Ní thiocfadh dochtúir chuig duine ná chuig seanduine ach an oiread mar ní raibh na dochtúirí ann. Bhídís ag faire an duine go bhfeicfidís an raibh siad ag dul síos nó suas.

79

Bhíodh go leor seandaoine agus bhídís ag ligean orthu féin go raibh siad in ann scil a bhaint as an gcuisle. Bhídís ag scrúdú na cuisle go minic go bhfeicidís an mbeadh an t-othar ag dul i ndonacht nó ag dul i bhfeabhas. Agus [bhíodh a fhios acu] dá bhfeicfidís ag dul chun donachta é, mar a deir siad féin, dá n-air-eofá clochar an bháis: bheadh an cliabhrach ag bualadh isteach agus amach go sciobtha agus bheadh sórt cáirseán sa gcliabh-rach agus sa muinéal, agus ansin, dá n-athródh sé, bheadh sé sin ag laghdú agus ag imeacht.

Bhíodh leabhar urnaithe faoi réir acu a mbíodh liodán na marbh ann. Théidís síos ar a nglúine agus ba é fear an tí i gcónaí a deireadh na liodáin. D'fhreagraíodh an chuid eile de mhuintir an tí é agus na comharsana. Deiridís an paidrín páirteach agus bhídís á fhaire ar feadh na hoíche. D'fhanadh duine nó beirt ina suí ar fhaitíos go bhfaigheadh sé bás i ngan fhios dóibh. Nuair a bhíodh a fhios acu go raibh sé ar an dé deiridh uilig agus é ag éalú leis go dtí an saol eile, deiridís liodán na marbh agus an paidrín páirteach. Agus ansin nuair a bhíodh an duine básaithe bhídís á chuimilt nó go mbeadh sé fuaraithe ar fad. Nós eile a bhí acu scáthán a chur amach os a chomhair agus mura raibh scáile na hanála ar an scáthán bheadh a fhios acu go raibh sé fuaraithe.

Maitiú Ó Diolúin

Thugtaí coileach Márta isteach sa teach nuair a bhíodh an t-othar i mbaol báis. D'fhágtaí istigh é nó go bhfaigheadh an t-othar bás. Ghlaodh sé i gcónaí ag leathuair tar éis a ceathair agus ansin d'fhéadfaí é a chur amach mar d'imeodh na drochs-pioraid amach as an teach. Mura mbeadh coileach Márta sa teach chaillfí duine eile.

2.3.3 TAR ÉIS BHÁIS

Bríd Uí Chadhain

Uaireanta, tar éis bháis don othar, thagadh fuil as a shrón agus deirtí gur le cion agus gean don duine a bhí ag paidreoireacht os a chionn ag an am é.

Maitiú Ó Diolúin

Nuair a d'fhaigheadh an t-othar bás d'osclaítí an fhuinneog ó dheas, ar thaobh na farraige ionas go dtiocfadh an drochaer amach agus nach gcaillfí aon duine eile sa teach. Thugtaí aire mhaith don tine tar éis bháis d'othar: choiglítí í agus chaití an luaith os a cionn.

B'fhearr leo gur fear a gheobhadh bás i dtosach sa teach. Bhí sé ádhúil don teach. Fanann an t-anam sa gcolainn ar feadh ocht n-uaire agus dhá fhichead. Tá an cholainn ag lobhadh ina dhiaidh sin agus bíonn an tséideog ann go dtí sin. Beidh an t-anam ag imeacht leis ansin ag dul ar scáth na copóige ar feadh aimsir áirithe. Iarrann an t-anam ar dhaoine ansin a mbíonn misneach acu é a chur in áit mhaith. Cuireadh daoine ar chúl na haltóra in áiteacha agus bheadh an t-anam sin ceart. Fanann an t-anam timpeall an tí le nádúr, ar feadh laethanta.

Peig Uí Fhátharta agus Máire Uí Chonghaile

Chomh luath agus a shéalaíodh an duine stoptaí an clog agus mhúchtaí an tine, ansin chuirtí na hordóga ar na súile agus ansin an mharbhfháisc leis an mbéal a choinneáil dúnta.

2.3.4 LEAGAN AMACH AN CHOIRP

Bríd Uí Fhlathartaigh

Bhíodh siad an-chúramach faoi na cosa a shíneadh go díreach agus na súile a dhúnadh go deas sa gcaoi is go mbeadh cuma dheas ar an gcorp, agus chuirtí an dá lámh ar an gcliabhrach agus chuirtí paidrín an mharbháin ar a chuid lámha i bhfoirm chomhartha na croise agus d'fhágtaí tamall ansin é, agus nuair a bhíodh an oiread seo uaireanta caite, dhá uair an chloig nó mar sin, d'fhaigheadh siad faoi réir leis an marbhán a chur os cionn cláir.

Bhíodh bord nó leaba agus braillín gheal agus piliúr le cur faoi ansin ar an leaba. Ansin braillín bhán eile le cur os a chionn. Bhíodh éadach freisin le cur ar an marbhán, nach mbíodh ann ach aon phíosa amháin lena lámha a chur isteach ann. Bhíodh

81

deis lena dhúnadh ón tosach. Nuair a bhíodh sé curtha air chuiridís ar an mbord nó ar an leaba é, ar an mbraillín bhán agus ar an bpiliúr, agus ansin ar an mbraillín bhán eile os a chionn, agus anuas air sin ar fad bhíodh cuilt bhán acu agus chuirtí í sin air freisin agus d'fhágtaí ansin é os cionn cláir. Bhíodh bord beag in aice leis an marbhán ar a mbíodh trí choinneal lasta agus uisce coisreacain.

Peig Uí Fhátharta agus Máire Uí Chonghaile

Deiridís go mbíodh leigheas sa mbraillín ina gcastaí an corp. Bhaintí na coirnéil den bhraillín agus deirtí ag cur an leighis:

> Leigheas ar ghalra trua agus cam,
> Ar chorp is ar mheall.

Bhaintí na ceithre choirnéal den bhraillín a bhíodh ar an gcorp agus choinnítí iad le homós dó.

An t-uisce ina nití an corp, ní chaifí amach é nó go mbeadh an corp imithe as an teach.

Meaig Uí Dhomhnaill agus Bríd Uí Bhriain

Nuair a d'fhaigheadh duine bás fadó chuirtí os cionn cláir é sa leaba nó ar an mbord agus chuirtí braillín bhán faoi agus os a chionn. Thagadh beirt isteach sa teach le haghaidh an corp a níochán agus a réiteach amach. Ní hiondúil gur mhuintir an tí a dhéanadh é. Fear agus bean nó beirt bhan a bhíodh anseo. Chuirtí an t-uisce a nigh an marbhán isteach faoin leaba nó faoin mbord ina mbíodh an corp leagtha, agus ní chaití amach é go dtí go mbíodh an corp curtha sa reilig. Is iad an bheirt sin a nigh éadaí an mharbháin freisin. Ní bhíodh cead ag aon duine eile lámh a leagan orthu.

Bríd Uí Chadhain

Ba mhaith leo fear agus bean a bheith i láthair. Dhéantaí an corp a níochán. I gcás na bhfear, bhearrtaí iad. Ansin cheanglaítí carabhat nó píosa de bhraillín chrua ar smig an mharbháin lena bhéal a dhúnadh. Chuirtí an ceangal seo ón smig go dtí mullach a chinn. D'fhágtaí mar sin é nó go mbeadh an corp reoite. Dhéantaí dhá ordóg na coise a cheangal freisin le haghaidh na cosa a choinneáil díreach.

Maidir leis an uisce agus an ghallúnach a d'úsáidtí leis an gcorp a níochán, dhéantaí é a fhágáil faoi leaba an choirp nó go mbíodh an corp tógtha as an teach. Daoine eile, dhéanaidís é a chaitheamh amach faoi chrann sa gcaoi nach mbeadh duine ná ainmhí ag siúl air arís. Ba chomhartha ómóis don mharbhán é seo. Maidir leis an rásúr nó aon uirlisí eile, bhíodh duine éicint i gcónaí ag iarraidh iad seo a choinneáil.

Ar an mbord sa gcisteanach is mó a leagtaí amach an corp. Chuirtí braillíní bána timpeall ar an mballa ar chúl an choirp. Bhíodh dhá choinneal, crois adhmaid agus uisce coisreacain ar bhord beag nó ar chathaoir le hais an choirp. I gcás fir, leagtaí an dá bhróg ag cois na leapan. Ní chuirtí air iad.

Maidir leis an éadach a bhíodh ar an gcorp, cineál amháin a bhí ann: drár bán flainín agus báinín ar na fir. Na mná a bhíodh sa Child of Mary, bhíodh siad ag iarraidh aibíd bhán.

Hannah Uí Thuairisg

Is é an cúram a bhíodh ar an bhfear an marbhán a bhearradh, dá mba fear an marbhán. Nití an corp ansin, agus thairis sin ní dóigh liom go raibh aon chúram faoi leith ar fhir ná ar mhná i leagan amach an choirp. Dúirt faisnéiseoir amháin liom gur cuimhneach léi a bheith i dteach ina raibh marbhán á leagan amach agus duine éicint ag cur ceiste faoi céard a rinneadh leis an uisce inar níodh an corp. Dar léise, bhí sé de nós ag na seandaoine an t-uisce a choinneáil faoin leaba. Ní raibh a fhios aici cé chomh fada, nó cé le haghaidh, a choinnítí an t-uisce. Ní raibh aon eolas ag ceachtar de na faisnéisneoirí ar aon difríocht idir bás fir agus bás mná ná go bhfanann an t-anam timpeall an tí ar feadh tamaill.

Maitiú Ó Diolúin

Nití an corp le huisce agus gallúnach – scaoiltí le sruth iad sa sruthán. Ní raibh cead ag aon duine as an mbaile a dhul in aice leis ná a lámha a chur ann. Dhéantaí an rásúr a dhó i dtine ghualaigh.

Nuair a bhíodh an corp leagtha amach sa teach, chrochtaí braillíní ar pheigeanna ar an mballa. Go hiondúil bhíodh crois Bhríde crochta ar na peigeanna seo freisin. Bhíodh daoine ag iarraidh píosaí a bhaint den bhraillín a bhíodh ar an gcorp; bheadh ádh ar an duine sin ach bheadh an t-ádh bainte de lucht an tí. Sin é an fáth a dtugtaí an-aire don bhraillín sin le nach n-imeodh an t-ádh maith amach as an teach.

Micheál Ó Ceallaigh

Níl sé ceart tada a dhéanamh leis an marbhán nó go mbeidh sé trí huaire caillte. Deir siad go bhfuil a fhios ag an marbhán chuile shórt atá ag tarlú timpeall air ach nach bhfuil sé in ann corraí ná labhairt nó go gcaithfear trí shluaiste an bháis san uaigh air. Nuair a bhíodh na trí huaire thuas leagtaí an corp ar an urlár agus nití an corp.

An t-uisce a nigh an corp, leagtaí i bhfoghadh sa seomra é ar feadh tamaill, ansin dhóirtí ar chlaí teorann é, áit nach siúlfaí air. Stopadh an clog i go leor tithe mar nach raibh siad ag iarraidh coinneáil leis an am. Clúdaíodh an fhuinneog i seomra an mharbháin agus an scáthán, má bhí ceann ann. Phiocadh muintir an tí cúpla duine de mhuintir an bhaile leis an gcorp a réiteach. Dá gcaillfí duine agus a bhéal a bheith ar oscailt cheanglófaí a ghiall. Ní raibh aon aibídí thart sa gceantar seo go dtí na caogaidí nuair a stop daoine ag déanamh a gcónraí féin.

Leagtaí an corp ar bhord an t-am sin; chuirtí boscaí os cionn a chéile sa gcaoi is go mbeadh sé sách fada. Chuirtí braillín bhán síos go talamh ar an mbord, leagtaí an corp ar an mbord ansin agus piliúir faoina chloigeann. Chuirtí braillín eile os a chionn agus cuilt bhán os a chionn sin arís. Chuirtí lámha an mharbháin le chéile ar nós duine ag guibhe agus chuirtí paidrín ina lámha. Deirtí an paidrín ansin agus na liodáin a bhain leis an bpaidrín. Bhíodh an duine os cionn cláir ar feadh dhá oíche agus ansin thugtaí díreach chuig an reilig iad. Ní raibh aon chaint ar dhul chuig an séipéal an uair sin.

Rud eile a dhéantaí fadó – ach tá sé seo uilig imithe le blianta fada – chrochtaí braillíní mar chábán os cionn an mharbháin; chuirtí i bhfostú thuas sna rataí iad le dorú láidir nó sreangán.

Máirtín Ó Cualáin

Cineál cábán a bhíodh ann, déanta le maidí rámha agus braillíní. Chuiridís na maidí ina seasamh agus dhéanaidís cábán astu féin agus as na braillíní agus an chrois chéasta istigh ann: comhartha a bhí sna braillíní go raibh an t-anam geal. Bhíodh na glambaí iompaithe isteach ar na maidí rámha sa gcaoi is nach mbeidís le feiceáil. Bhíodh campa slachtmhar déanta acu.

Nuair a d'fhaigheadh duine bás stoptaí an clog agus ní chuirfí aon tochras ann arís go mbeadh an marbhán imithe as an teach.

Tar éis uair go leith nó dhá uair an chloig nití an corp le huisce thobar na bhfuillte. Ní tobar fíoruisce é sin ach uisce as áit ghlan. Chuirtí síos an t-uisce agus bhaintí fiuchadh as. Nuair a bhíodh sé fuaraithe, sin é a níodh an marbhán.

Dá mba fear a bheadh sa marbhán, fear a bhearrfadh é ach is iad na mná a dhéanadh an níochán. Chuirtí an t-uisce agus an rásúr agus chuile shórt eile isteach faoin leaba nó go mbeadh an tsochraid thart. D'fháisctí an t-éadach ansin agus chaití ar chúl na tine é agus dhóirtí an t-uisce a nigh an marbhán ar chlaí na teorann – an claí a bheadh idir dhá bhaile.

Seosamh Ó Laoi

Tar éis do dhuine bás a fháil, é a níochán agus an t-uisce a choinneáil faoin leaba. Níor cheart an t-uisce a chaitheamh amach. Bhí an t-uisce sin beannaithe. An rud céanna lena chuid éadaigh – gan iad a chaitheamh amach ach iad a níochán agus a chur ar dhuine éicint eile. Bhí an té a bhí básaithe ina naomh.

Faisnéiseoir gan ainm

I dtús an chéid seo bhí go leor nósanna ann ag baint le bás duine. Dá mba seanduine a bheadh ann, bheadh nós ar leith leis. Bhíodh tórramh dhá oíche agus dhá lá ar an marbhán. Sa gcisteanach a dhéantaí an corp a leagan amach os cionn cláir.

Shocraítí bord ar dtús le balla taobh ó dheas na cisteanaí. Ní dhéantaí aon chorp a leagan amach ar thaobh ó thuaidh na cisteanaí.

Chuirtí ceithre phíosa adhmaid ina seasamh agus chuirtí bannaí orthu sin le iad a choinneáil le chéile. Scartaí na braillíní geala ar an adhmad ach choinnítí taobh amháin oscailte. Bhíodh sé ar nós pubaill nó campa. Leagtaí an corp ar an mbord istigh sa bpuball sin agus chuirtí braillíní timpeall air cé is moite dá éadan agus a lámha. Bhíodh píosa éadaigh ar leith le taobh an bhoird le tobac agus píopaí cailce a leagan air.

Bríd Uí Thuathail

Thagadh duine as an mbaile le cabhrú le haghaidh an marbhán a leagan amach os cionn cláir. Bhíodh bean i chuile bhaile a thagadh le haghaidh é seo a dhéanamh. Nuair a bhíodh an marbhán nite, chuirtí an t-uisce isteach faoin leaba agus d'fhágtaí ansin é go dtí go mbeadh an marbhán san uaigh. Is thar chlaí teorann a chaití an t-uisce seo; níor mhaith leo é a chaitheamh i gcosán ná in áit a mbeadh daoine nó beithíoch ag siúl. Cheapaidís go mbeidís ag siúl ar na marbháin.

Nuair a bhíodh an marbhán os cionn cláir bhíodh trí bhraillín air. Bhíodh ceann faoi, ceann os a chionn agus ceann eile crochta suas ar nós cábáin thimpeall an mharbháin. An bhraillín a bhíodh crochta suas, bhaintí trí choirnéal di. Bean a dhéanadh é seo, agus an fhad agus a bhíodh sise ag gearradh na bpíosaí seo le siosúr, bhíodh bean eile ag glaoch amach leigheasanna. Nuair a bhíodh sé sin déanta, chuirtí síos i stoca iad agus chuirtí i bhfolach é in áit éicint sa teach. Deirtí go raibh leigheas ann le haghaidh duine nó beithíoch.

2.3.5 AN TÓRRAMH

Peig Uí Fhátharta agus Máire Uí Chonghaile

Ní chaití aon rud amach as an teach an fhad agus a bhíodh an corp á thórramh – luaith, tae ná uisce ar bith. Dá mbeadh iasacht gréithre, éadaí ná aon rud mar sin ag teastáil ó theach an tórraimh, chaithfeadh triúr a dhul á n-iarraidh agus chaithfeadh an triúr céanna iad a fhágáil ar ais.

Chaitheadh na mná caointe rabharta a chaoineadh os cionn an mharbháin le hómós dó. Bhíodh mórchuid olagóin ann ach ní shiltí deoir ar bith. Bhíodh an-omós do na mairbh ag an seandream. Chaití an marbhán a chaoineadh agus é a fhaire ar feadh dhá oíche, fiú murarbh fhiú é.

Chaitheadh ól, tobac agus snaoisín a bheith ar an tórramh. Is é an fáth a bhí leis an snaoisín, má bhí dúiseacht i ndán don mharbhán is í an tsnaofairt a dhéanfadh é. Bhí galar éicint ann i dtús an tsaoil agus cuireadh daoine nach raibh marbh ar chor ar bith. B'in an fáth céanna a bhí leis na mná caointe agus is as sin a tháinig an tórramh ar dtús.

Stiofán Ó Cualáin

Sa tseanaimsir, bhíodh tórramh dhá oíche agus dhá lá ar an marbhán. Ní thugtaí chuig an séipéal é mar a dhéantar anois. Thagadh na comharsana isteach idir shean agus óg, go mórmhór san oíche, agus chuiridís paidir bheag le hanam an mharbháin. Deirtí an paidrín páirteach ag a dó dhéag meán oíche agus deirtear é seo i gcónaí, go mórmhór i gConamara. Ansin, ba mhór an rud an oíche a chaitheamh; mar sin chaithidís an oíche ag inseacht scéalta taibhsiúla agus scéalta fiannaíochta, agus bhí na scéalaithe ann an uair sin.

Bhíodh píopaí fada cailce agus tobac ar an tórramh. Bhíodh tobac gearrtha suas mion ar phlátaí agus bhíodh toitíní acu chomh maith. Roinntí iad seo thart ar lucht an tórraimh ó am go ham. Bhíodh neart le n-ithe acu freisin: arán, im agus subh. Sa tseanaimsir, bhíodh go leor poitín ag an tórramh agus ar lá na sochraide chomh maith. In áiteacha bhíodh an comhluadar ag caitheamh caoráin agus fataí beaga lena chéile.

Máirtín Ó Cualáin

Leagtaí tobac ar cholbha an bhoird ar a mbíodh an marbhán. Dá mba seanduine a bheadh sa marbhán a mbeadh a mhuintir uilig básaithe, duine a mbeadh a threibh bailithe, d'fhéadfadh oíche spóirt a bheith ag an tórramh sin. Bhíodh cluiche ann a dtugtaí "Faic" air – súgán mór a bhíodh sa bhfaic agus é déanta cruinn crua as seasclach. Chuiridís thart faoina gcosa é: "Ligí tharaibh an faic, tharaibh í!" Dá mbuailfí thú, chaithfeá a dhul isteach i lár báire agus thosódh chuile dhuine ag caitheamh leat. Dá mbéarfá uirthi bhí tú glan arís agus d'fhéadfá a dhul amach. Bhí an oiread réabtha ag tórramh amháin gur clúdaíodh an marbhán le sopanna féir.

Bhíodh go leor deabhlaíochta ag na tórraimh. Chuaigh fear amháin suas ar theach tórraimh agus chuir sé scraith ar bharr an tsimléir agus, ar ndóigh, b'éigean do chuile dhuine imeacht leis an deatach. Bhí uair eile ann agus bhí tórramh i dteach mór le rá agus níor ligeadh isteach leaids na háite. Chuadar sin soir sa gcró go bhfuair siad cearc agus scaoil siad isteach an chearc i lár an tí. Bhíodh troid ag an tórramh amanta – baile in aghaidh baile ag troid faoi fheamainn.

Dá mba fear píopa a bheadh sa marbhán chuirfí an píopa i gcaolach an tí, ar chúl an tsimléir. Ní bhíodh tada an t-am sin ach scraitheacha, scoilb agus tuí. Sa gcaolach freisin a chuirtí go leor d'fhuílleach an tórraimh, go háirithe an tobac.

Faisnéiseoir gan ainm

Ar thórramh seandaoine bhíodh cleasa á n-imirt ach ní bhíodh sin coitianta ar thórramh daoine óga.

Le linn an tórraimh bhíodh duine amháin gaoil leis an té a bhí os cionn cláir ag freastal, ag roinnt píopaí agus tobac ar lucht an tórraimh. An té a chaithfeadh toit as an bpíopa bhí paidir áirithe le rá aige mar seo:

> Seacht lán reilig Phádraig,
> Tuama Chríost, Brat Bhríde, Teampall na nDeor,
> De dhá bheannacht déag le hanam na marbh,
> Agus lenár n-anam féin an Lá Deireanach.

Micheál Ó Ceallaigh

Chuaigh duine den bhaile nó comharsa chuig an siopa ag iarraidh ábhar an tórraimh: tobac, toitíní, cipíní solais, píopaí cailce, arán, tae agus im. Bhíodh go leor leor daoine ag triall ar an teach; ansin d'fhanadh siad go maidin le homós don mharbhán. Bhíodh coinnle lasta sa seomra ar feadh an achair. Bhíodh neart pórtair agus poitín le fáil ar feadh an tórraimh agus tae do na mná. Bhíodh seomra amháin leagtha amach le haghaidh an tae a réiteach ann.

Rud eile a dhéantaí fadó nuair a thógtaí an marbhán amach as an seomra, an leaba nó an bord a mbíodh an marbhán os cionn cláir air, bhaintí ó chéile an leaba agus leagtaí an bord ag an taobh agus ní bhíodh cead ag aon duine a dhul sa seomra an oíche sin. Fadó, i go leor áiteacha, dódh éadach an mharbháin agus éadach na leapan dá mbeadh aon tinneas air. Uaireanta eile thugtaí ball éadaigh leis an marbhán do na gaolta nó do chomharsana a raibh go leor omóis acu dó.

Meaig Uí Dhomhnaill agus Bríd Uí Bhriain

Bhíodh tórramh dhá oíche sa teach acu agus deirtí an paidrín an dá oíche ar uair an mheán oíche. Paidrín mór fada a bhíodh anseo agus deirtí paidir do chuile dhuine a bhain leis an marbhán, idir bheo agus mharbh. Bhíodh neart tobac agus poitín acu freisin. Bhíodh beirt fhear ag líonadh na bpíopaí cailce a bhíodh ceannaithe ag muintir an tí ar chúpla pingin an ceann don ócáid. Bhíodh snaoisín ann freisin do na mná. Dá mbeadh cion nó meas mór ag aon duine a bheadh ag an tórramh ar an té a bhí tar éis bháis, bheadh sé ag iarraidh na píopaí sin a thabhairt abhaile leis agus iad a choinneáil, agus bhí cead aige é sin a dhéanamh. Dá mbeadh aon phíopa fanta ansin thabharfaí é do dhuine éicint a cheapfaí a bhainfeadh úsáid as.

Bríd Uí Thuathail

Bhíodh an corp trí oíche sa teach á thórramh. Ní thugtaí chuig an séipéal é ar chor ar bith sa tseanaimsir. Bhíodh neart tobac agus snaoisín agus óil sna tithe. Poitín is mó a bhí acu. Thugtaí tobac agus snaoisín do chuile dhuine a thagadh chuig an tórramh. Bhíodh píopaí cailce acu freisin. Nuair a bhíodh an tórramh thart, d'fhágtaí an méid a bhíodh fágtha ag an té ba bhoichte a bhíodh ar an mbaile – na píopaí cailce agus an tobac. Thagadh chuile dhuine ar an mbaile chuig an tórramh. Sula dtéadh an fear amach as an teach, chuireadh an bhean gráinne salainn síos ina phóca; dhéanadh sí é sa gcaoi nach ndéanfaí drochshúil de. Bhíodh a lán cleasanna á n-imirt ag an tórramh fadó agus chasadh siad amhráin freisin. Bhíodh scéalta barrúla á n-inseacht faoi dhaoine as an mbaile a mbíodh rudaí barrúla nó seafóideacha ar bun acu.

Maitiú Ó Diolúin

Bhíodh neart óil sa teach agus is minic go mbíodh troid sna tithe tórraimh sa seanreacht agus bhíodh neart amhráin le cloisteáil. Bhíodh neart píopaí cailce ar an tórramh. Bhíodh ceann do chuile dhuine. Píopa ar bith a bhíodh fágtha, chuirtí isteach i leacht domhain é agus d'fhágtaí ansin é. Shéidtí tobac ar an gcorp le taispeáint go raibh fuíoll na bhfuíoll ar an tórramh agus gur cuireadh go gnaíúil é. Snaoisín ar bith a bhí fágtha sa teach tar éis an tórraimh, bhí leigheas ann. D'fhágtaí sa teach é agus thagadh daoine ann a mbeadh anró orthu. Chuimlítí orthu é agus leigheastaí iad.

Bhí fir agus mná áirithe ann i gcónaí a bhreathnaíodh i ndiaidh theach an tórraimh. Bhí gá leo seo mar bhí daoine éisealacha ann an uair sin freisin.

Bríd Uí Fhlathartaigh

Dá mba duine fásta é d'fhágfaí sa teach é ar feadh dhá oíche ach dá mba páiste a bhí ann ní fhágfaí páiste ach aon oíche amháin. Ansin théidís ag iarraidh rudaí le haghaidh an tórraimh: go leor tobac agus píopaí geala cailce. Ghearrtaí pláta mór den tobac sin agus leagtaí ar an mbord é agus na píopaí ina thimpeall agus an oiread seo cipíní solais leis na píopaí a lasadh agus ansin bhíodh ól acu ag an am sin. Bhí greadadh poitín fairsing agus is minic go n-óladh cuid acu an iomarca agus go mbídís caochta.

Hannah Uí Thuairisg

Nuair a d'fhaigheadh othar bás stoptaí an clog agus chlúdaítí na scátháin. Cheanglaítí gialla an mharbháin le píosa éadaigh.

Dhéantaí seo lena bhéal a choinneáil dúnta. Leagtaí amach an corp i ndrár bán, léine bhán, agus stocaí bána, dá mba fear é. A cuid éadaigh féin a bhíodh ar bhean, agus seáilín ar a cloigeann. Bhíodh pláta tobac leagtha ar bholg an fhir, agus é leagtha amach, agus snaoisín ar bhord lena thaobh. Bhíodh snaoisín acu i gcás na mná, nó tobac má bhí píopa aicise.

Bhíodh an corp leagtha amach sa seomra nó uaireanta ar bhord sa gcisteanach. Bhíodh a chosa dírithe i dtreo an dorais. Leagtaí an corp amach in áit ar bith a bhí feiliúnach sa teach. Dúirt duine amháin liom go bhfaca sí braillíní crochta timpeall na mballaí sa seomra ina raibh corp, i gCarna. Dúirt sí siúd go gcrochtaí iad le bioráin, nó le *thumb tacks*. Chuirtí fód móna faoi cheann an choirp sa gcónra. Théadh fear an tí, nó duine gaolmhar leis, ag triall ar earraí an tórraimh. Thugadh sé leis poitín, snaoisín, tobac, agus píopaí cailce.

Bhíodh cluichí á n-imirt i dteach an tórraimh, chomh maith le seanchas agus scéalta. Leagadh daoine a lámha ar an gcorp, agus chuiridís an chrois chéasta air agus deiridís paidir ar a shon. D'fhaigheadh daoine rudaí ar iasacht le haghaidh an tórraimh mura mbídís acu – stólta nó formaí, agus soithigh. Sa tseanam, bhí cófra mór i ngach teach agus bhíodh rudaí cosúil le braillíní, agus éadaí ócáideacha mar sin, coinnithe sa gcófra. Bhí sé ráite go raibh leigheas i mbraillín coirp; bhaintí na ceithre choirnéal den bhraillín a bhíodh ar an gcorp á rá:

"Nach leigheas do dhuine é seo?"

"Sea. Leigheas do dhuine agus do bheithíoch é seo," an freagra a thugtaí ar an duine.

2.3.6 AN CHÓNRA

Meaig Uí Dhomhnaill agus Bríd Uí Bhriain

Ní chuirtí an corp sa gcónra go mbeadh sé leis an teach a fhágáil. Nuair a bhíodh an corp á chur sa gcónra thagadh na mná caointe isteach agus chaoineadh siad os a chionn. Chuirtí an bhraillín a bhíodh os cionn an mharbháin ar an mbord nó ar an leaba isteach sa gcónra leis. Bhíodh an bhraillín fillte sa gcaoi is

go mbíodh trí choirnéal air, agus ansin nuair a bhíodh an mar-
bhán curtha isteach sa gcónra d'fhilltí an bhraillín anuas air sa
gcaoi is go mbíodh na trí choirnéal os cionn a chéile, agus ansin
ghearradh siad píosa de na trí choirnéal le chéile. Choinníodh an
bheirt a leag amach an corp píosa an duine agus bhíodh an píosa
eile ag muintir an tí. Bhí sé ráite go raibh leigheas sa bpíosa
éadaigh seo agus "aiséadach" a thugtaí air.

Cónra déanta de chláracha bána a cheannaítí sa siopa, agus
déanta ag fear as an mbaile, a bhíodh sa gcónra. Dhéanadh sé
crois le cur ar an gcónra freisin as na cláracha.

Bríd Uí Thuathail

Fear stuama as an mbaile a dhéanadh an chónra. Cónra bhán
a bhíodh acu, agus is amuigh sa ngarraí a dhéanadh sé í. Bhíodh
buidéal poitín aige agus é i mbun oibre. An méid adhmaid a
bhíodh fágtha ní úsáidtí arís é; chuirtí i bpoll sa talamh é.

Faisnéiseoir gan ainm

Chuirtí fód móna faoi cheann an choirp sa gcónra.

2.3.7 AN CORP AG FÁGÁIL AN TÍ

Faisnéiseoir gan ainm

Is amach an doras ó dheas a thugtaí ceann an tí a bhí básaithe.
Leagtaí an chónra ar dhá chathaoir taobh amuigh den doras agus
dhéantaí píosa caointe os a chionn. Ní thugtaí an corp aon uair
san aicearra ag dul chun na cille. Ba é an bealach fada aistreán-
ach a leantaí. Is ar ghuaillí daoine a d'iompraítí an corp.
Ceathrar a bhíodh faoi. Bhíodh sin socraithe agus is iomaí
ceathrar a bhíodh páirteach in iompar an choirp, go háirithe má
bhí bealach fada le dhul chun na reilige.

Scaití, bhíodh píosaí adhmaid curtha le chéile leis an gcónra a
leagan orthu agus ní dhéantaí aon úsáid eile leis sin ach amháin
ag iompar na cónra chun na reilige. Thugtaí an cróchar air sin
agus ba é an t-aon uair a dhéantaí úsáid den chróchar, lá na

sochraide. Bhí deis ag ceathrar fear é a iompar nó ag seisear. Bhí sé an-fheiliúnach do lucht tamhnaí, áit a mbíodh bealaí aistreánacha. Is amach doras ó thuaidh an tí a thugtaí coirp daoine óga.

Is í an pháirt chaol don chónra is ceart a bheith chun tosaigh nuair a bhíonn an corp ag dul chun na cille.

Stiofán Ó Cualáin

Théadh an corp díreach ón teach go dtí an reilig. Níor thaitnigh an t-ól leis an sagart, mar bhíodh sé ag tarraingt trioblóide. Go dtí an lá atá inniu ann, i bparóistí áirithe, tógtar altóir ar lá na sochraide ag an séipéal. Is í an bhrí atá le haltóir go n-íocann na comharsana agus na gaolta airgead sula dtógtar amach an corp. Fadó thógtaí altóir ag teach an mharbháin. Thugtaí an t-airgead sin don sagart.

Nuair a bhíonn sochraid ag dul chuig an reilig téann sé an bealach is faide i gcónaí. Ní théann sé aicearra riamh. Deirtear: "Más cam nó díreach an ród, is í an tslí mhór an aicearra."

Faisnéiseoir gan ainm

Ba nós an corp a thabhairt amach an doras ó dheas, é a leagan ar dhá chathaoir agus é a chaoineadh. Tar éis é a bheith caointe acu, leagtaí na cathaoireacha, ar eagla go mbeifí ag tnúth le bás eile nó anachain. Sa tseanam, ní thugtaí an marbhán go dtí an séipéal. D'fhanadh sé lá agus oíche sa mbaile agus ansin thugtaí go dtí an reilig é. An ceathrar a dhéanadh an uaigh, is iad a thógadh amach an corp agus a d'iompraíodh isteach sa reilig é. Ní raibh sé ceart beirt dheartháir a dhul faoin gcorp, nó aon bheirt a dhul faoi thar thrí huaire. I gclaí teorann a dhóirtí an t-uisce a nití an corp ann.

Ní raibh cead créafóg a chorraí i mbaile an fhir mhairbh nó go raibh sé curtha. Bhíodh an doras dúnta agus an corp ag dul thart. Is in aice le claí teorann a chuirtí páiste marbh. Ní ceart an iomarca deifre a bheith ar dhuine ag cur marbháin: "Níl cead fuadach géar chun cille agus níl cead aicearra a dhéanamh." Aon adhmad a bheadh thart tar éis dhéanamh na cónra, chuirtí i dtalamh nó i gclochar é.

Peig Uí Fhátharta agus Máire Uí Chonghaile

Is i ndiaidh a chosa a thugtaí an corp chun na cille de bhrí gur i ndiaidh a mhullaigh a tháinig sé ar an saol. Triúr col ceathrar a théadh faoin gcónra ag sealaíocht ón teach go dtí an reilig. Má bhí carr capaill ag iompar an mharbháin is gearrán a bheadh á tharraingt. Mura mbeadh gearrán ar fáil dhéanfadh láir ach chaithfí an láir a chasadh timpeall trí huaire nó chaillfeadh sí searrach. Théadh chuile dhuine trí choiscéim na trócaire i ndiaidh an choirp. Trí sluaiste an bháis a chuireadh an sagart ar an gcónra.

Bríd Uí Fhlathartaigh

Ansin lá na sochraide bhailíodh na comharsana ar fad ag teach an marbháin agus nuair a bhíodh sé in am an corp a thógáil amach, ar an tsráid ó dheas, thagadh na gaolta agus chaoineadh siad é. Bhíodh nós eile acu, go mórmhór ag na seanmhná, dá mba seanduine a bhí ann, thagaidís amach agus bhídís ag lascadh na cónra, agus ag caoineadh in ard a gcinn faoi chomh maith agus a bhí an fear nó an bhean a bhí básaithe, agus na rudaí a rinne sé agus nach ndearna sé. Thugadh ceathrar fear leo ar ghuaillí arda é agus thugaidís chuig an reilig é. Ní hiad na fir chéanna a bheadh faoin gcónra dá mbeadh achar fada le dhul acu. Bhídís ag athrú lena chéile agus nuair a bhíodh an chéad cheathrar tuirseach thógadh ceathrar eile é agus mar sin de go dtéadh siad chun na reilige. I gcuid de na háiteacha a bhí i bhfad ó bhaile bhí sé de nós acu maidí móra tiubha láidre a chur trasna ag deireadh na cónra leis an marbhán a iompar chun na reilige – thugtaí ann é in aghaidh a chos. Cróchair a thugtaí ar na maidí seo.

Bríd Uí Chadhain

Nuair a thugtaí an corp amach as an teach, ba iad na cosa a thugtaí amach i dtosach. Thugtaí ceann an tí amach an doras ó dheas. Leagtaí an corp ar dhá chathaoir amuigh ar an tsráid agus chaoineadh na mná caointe é/í ansin. Nuair a thógtaí an chónra de na cathaoireacha d'iompaítí bunoscionn iad. Nití an t-éadach ar baineadh úsáid as sa leagan amach agus chuirtí amach ar tuar é. Aon duine a raibh pisreoga acu, nó a chreid go raibh leigheas san éadach sin, thógaidís coirnéal beag den bhraillín le bheith mar *relic* leighis acu arís.

Peig Uí Fhátharta agus Máire Uí Chonghaile

Leagtaí an chónra ar chathaoireacha nó ar stólta taobh amuigh den doras sula dtugtaí chuig an séipéal nó chuig an reilig é. An nóiméad a thógtaí an corp, leagtaí na cathaoireacha nó na stólta ar an bpointe. Is dóigh gur ar fhaitíos go dtiocfadh an marbhán ar ais agus go mbeadh áit suite aige.

Meaig Uí Dhomhnaill agus Bríd Uí Bhriain

Leagtaí dhá stól taobh amuigh de dhoras an tí agus nuair a bhí an chónra tugtha amach as an teach, leagtaí síos ar na stólta seo é. Thugtaí an chónra amach an doras ó thuaidh i gcónaí mar bhí sé ráite dá dtabharfaí amach tríd an doras eile é go gcaillfí duine eile go gairid ina dhiaidh. Dhéanadh na mná caointe caoineadh os a chionn arís agus é leagtha ar na stólta taobh amuigh. Thógtaí altóir freisin taobh amuigh agus scilling a chuirtí air. Aon duine a d'íocfadh an scilling gheobhadh sé gloine eile fuisce. Airgead na hOla a thugtaí ar an scilling a thugadh na daoine mar altóir.

Micheál Ó Ceallaigh

An lá a mbíodh an marbhán le cur, leagtaí cathaoir amach ar an tsráid agus chuireadh muintir an tí sé pingine ar an gcathaoir, b'in an altóir a bhí ann an uair sin. Bhíodh buicéad leagtha in aice leis an gcathaoir seo agus duine ar bith a chuirfeadh airgead ar an altóir gheobhadh sé muga pórtair as an mbuicéad. Ba é an sagart a d'fhaigheadh an t-airgead seo uilig mar chaitheadh sé a dhul chuig an reilig agus an uaigh a bheannú. Thugtaí amach an corp sa gcónra agus leagtaí ar dhá chathaoir í. Dhaingnídís na tairní le casúr anuas sa gclár tríd an gcónra.

Bríd Uí Thuathail

Amach an doras ó dheas a thugtaí an marbhán. Bhíodh sé fágtha taobh amuigh os cionn dhá stól agus is anseo a thógtaí an

altóir air. An té a bhí in ann scilling a fhágáil ar an altóir bhí
gloine poitín le fáil aige. Bhíodh cuid acu ag teacht arís leis an
dara scilling le haghaidh gloine eile poitín.

2.3.8 ADHLACADH

Peig Uí Fhátharta agus Máire Uí Chonghaile
    I Maíros ba ghnách na lámha a níochán sa sruthán a bhí le
taobh na reilige ar an mbealach amach tar éis don chorp a bheith
curtha.
    Nuair a bhíodh an uaigh dúnta shiúladh daoine muintearacha
an mharbháin trasna na huaighe trí huaire. Deiridís nach dtioc-
fadh an duine marbh ar ais dá ndéanfaí é sin agus nach mbeadh
uaigneas ar mhuintir an tí. Dhéanfaí é freisin ionas nach dtioc-
fadh an marbhán ar ais ina thaibhse. Ní osclaítí uaigh nua Dé
Luain.
    Nuair a thagadh duine abhaile ón tsochraid thugtaí gráinne
salainn dó. Chuireadh sé cuid den salann ar a theanga agus
chaitheadh sé an chuid eile thar a ghualainn.

Bríd Uí Thuathail
    Chuirtí an cloigeann taobh thiar sa reilig. I gcás sagairt nó
duine den chléir, chuirtí an cloigeann taobh thoir. Is é an fáth a
bhí leis seo, deirtear, go mba mhaith leis an gcléir a bheith ag
breathnú ar an bpobal. Nuair a bhí siadsan iompaithe ar thaobh
amháin agus eisean ar an taobh eile, bhí sé in ann é sin a
dhéanamh.
    Ní raibh muintir an tí ag iarraidh aon bhaint a bheith acu leis
an uaigh a dhéanamh. Leagtaí na huirlisí a d'úsáidtí trasna na
huaighe mar chomhartha na croise nuair a bhíodh an corp
curtha. Ansin nuair a bhíodh uaigh líonta isteach leagtaí dhá
shluasaid mar chrois ar bharr na huaighe an fhad agus a bhíodh
an paidrín á rá.

Meaig Uí Dhomhnaill agus Bríd Uí Bhriain
    Théadh ceathrar fear faoin gcónra le é a thabhairt go dtí an

5. An Aill Fhinn, An Cnoc, Indreabhán. Lch 250.

6. Trá na bPáistí, An Dóilín, An Cheathrú Rua. Lch. 100.

7. Toit Chonáin, Caorán na gCearc, Baile na hAbhann. Lch 147.

8. Teampall Bharr an Doire, An Cheathrú Rua. Lgh 148–9, 152–3.

reilig. Bhíodh ceathrar fear eile réidh le dhul faoi nuair a bhíodh an chéad cheathrar tuirseach. Ní leagtaí síos an chónra ar an mbóthar ná aon áit fad an bhealaigh go dtí an reilig mar níor mhaith an rud é, é sin a dhéanamh. Bhí sé ráite faoi dhuine amháin a bhí le feiceáil tar éis a bháis gur mar gheall gur leagadh síos an chónra ar a bhealach go dtí an reilig an fáth go raibh sé le feiceáil.

Thugtaí an corp timpeall na reilige sula gcuirtí sa talamh é. Nuair a bhíodh siad ag déanamh na huaighe leagadh siad a n-airm – na sluaistí – i bhfoirm croise trasna na huaighe nuair a bhíodh siad réidh.

Ní thugtaí corp ar bith chuig an séipéal an uair sin. Deireadh an sagart aifreann amháin sa séipéal dá anam nuair a bhíodh sé curtha agus sin é an méid. Stoptaí an clog freisin sa teach chomh luath agus a d'fhaigheadh duine bás nó chuirtí i bhfolach é go mbeadh an duine curtha sa reilig.

Bríd Uí Thuathail

Is ar ghuaillí a thugtaí an marbhán chuig an reilig sa tseanaimsir, go dtí go dtáinig an t-asal agus an carr. Bhídís ag iarraidh go mbeadh ceathrar mac, nó ceathrar dearthár, nó ceathrar den sloinne céanna faoin gcorp. Mura mbeadh ach triúr den sloinne céanna ann ní dhéanfadh ach beirt acu é agus beirt as an mbaile in éineacht leo. Bhí bean as an mbaile pioctha amach le haghaidh an caoineadh a dhéanamh, bean a raibh aithne mhaith aici air. Ghlaodh sí amach chuile shórt dá ndearna sé riamh, na rudaí maithe, ar ndóigh, agus chomh maith agus a bhí sé in ann gach rud a dhéanamh.

Dá mbeadh éadach nua ceannaithe agat ní chaithfeá riamh é ag tórramh den chéad uair; chaithfeadh sé a bheith ort ag an aifreann i dtosach. Bhíodh daoine as an mbaile ar mhaith leo éadach an mharbháin a fháil. Is iad fir an bhaile a dhéanadh an uaigh agus nuair a bhíodh sé déanta acu, d'fhágaidís an tsluasaid agus an lái i mbéal na huaighe i bhfoirm croise, ionas nach ngabhfadh aon drochspiorad isteach nó go mbeadh an marbhán san uaigh. Tá an nós seo i gceantair go leor fós.

Bríd Uí Fhlathartaigh

Nuair a bhíodh siad sa reilig ansin, bhíodh áit speisialta ina leagtaí an corp agus d'fhágtaí ansin é. Thagadh a ghaolta agus a dhaoine muintearacha agus na seanmhná arís agus dhéanadh siad gol eile agus bhíodh caitheamh ina dhiaidh acu. Bhíodh an uaigh déanta roimh ré, b'fhéidir an lá roimhe nó mar sin. Thagadh an sagart ag beannú na huaighe. Thugtaí an corp as ais ón áit ar leagadh é agus leagtaí síos san uaigh é. Chaití uisce coisreacain air agus líonadh siad isteach an uaigh. Thosaíodh an caoineadh arís ar feadh tamaill eile. Théadh chuile dhuine ar ais ag an teach arís agus ba é an codladh agus an tuirse a chuireadh abhaile iad.

Micheál Ó Ceallaigh

Bhíodh ceathrar faoin gcónra agus d'iompraídís an chónra ar a nguaillí an chuid is mó den bhealach, agus an chéad cheathrar a chuaigh faoin gcónra chaithfeadh siad sin a dhul trí huaire faoin gcónra, fiú amháin mura raibh le dhul ach achar gearr, agus is iad a d'iompair an chónra isteach sa reilig. An dream a rinne an uaigh, is iad a chlúdaigh an chónra.

2.3.9 BUARACH BHÁIS

Margó Uí Chonghaile

Is stropa fada de chraiceann an mharbháin ó chúl a chinn go dtína sháil é. An té a mbeadh sé sin aige bheadh sé in ann duine ar bith a mhealladh leis. Facthas bean á dhéanamh i gceantar Chois Fharraige uair. Bhain sí an stropa de chorp linbh a bhí díreach curtha i nDumhach na Leanaí. Ní raibh meas ar aon duine a dhéanfadh rud ar an gcaoi seo. Ní raibh a leithéidí ag iarraidh go mbeadh a fhios ag daoine eile go ndearna siad é.

Peig Uí Fhátharta agus Máire Uí Chonghaile

Bhí an bhuarach bháis ann freisin – ag cailleacha feasa a bhíodh sé seo le nach b'fhéadfaí an dul amú a chur orthu. Bhaintí an bhuarach den chorp gan é a bheith ach orlach ar leithead, ag tosú ag cruinnín a chúil, síos cnámh a dhroma agus timpeall go dtí an áit ar thosaigh tú. Deirtí go raibh leigheas ann freisin.

2.3.10 BÁS PÁISTE

Bríd Uí Thuathail

Dá mbásódh páiste ar bhean ag teacht ar an saol bheidís ag rá gurbh iad na daoine maithe a thug leo é. Bhídís á rá seo faoi dhuine a d'fhaigheadh bás tobann freisin: nach básaithe a bhí sé ach imithe ag na daoine maithe. Chuirtí cupán uisce sa gcónra le páiste. Uisce na síoraíochta a thugtaí air.

Faisnéiseoir gan ainm

An páiste a bhíodh marbh ag teacht ar an saol chuirtí i gclaí na teorann é. Ar an gcaoi sin, ní bheadh a fhios ag na daoine maithe cé mba leis é agus ní bheadh milleán ar aon duine faoi leith. Roimhe seo, dá gcaillfí naíonán i mbás cliabháin, mar a thugtar inniu air, déarfaí gurbh iad na daoine maithe a thug an páiste leo.

Maitiú Ó Diolúin

Dumhach na Leanaí: seo reilig bheag a déanadh thíos ag an gcladach sa Teach Mór agus bhí sé déanta go mídhleathach. Páistí nach raibh baiste a cuireadh inti, cé gur cuireadh triúr daoine fásta freisin inti. Is é an fáth ar cuireadh na daoine fásta freisin inti, go raibh pisreoga ag na daoine agus nach raibh siad sásta na coirp a iompar an bealach fada go dtí an reilig ar an gCnoc. Beirt as Baile Logáin [Cor na Rón Thoir] agus duine as an Lochán Beag iad an triúr fear seo. Bhí na sagairt spréachta faoi seo nuair a fuair siad amach faoi ach bhí sé ródheireanach tada a dhéanamh faoi. Tá slua mór gasúir curtha inti.

Bhásaigh go leor aimsir an drochfhliú. Tháinig gaoth anoir as *Africa* nó áit éicint. Bhí cogadh ar bun sa tír sin agus níor cuireadh na coirp ar chor ar bith agus tháinig drochaicíd ó na coirp a bhí ag lobhadh sna trinsí.

Sa mbliain 1945 a cuireadh an corp deiridh i nDumhach na Leanaí agus as sin amach b'éigean iad a chur ar an gCnoc.

Roinnt blianta ó shin shocraigh daoine as an gceantar, go mórmhór iad siúd a raibh gaolta leo curtha sa reilig, cóir a chur uirthi.

Máirtín Ó Cualáin

Chuirtí naíonán gan bhaisteadh i gclaí na teorann chomh maith, faoi choimirce easair na n-easóg – sin páiste a bheadh básaithe nuair a bheirtí é. Deir siad gur i gclaí na teorann is mó a chuireann easóg fúithi agus níl feithideach ar bith chomh críonna léi. Bhí rud éicint le rá acu – rud a chur faoi easair na n-easóg agus thugaidís sin aire dó.

Micheál Ó Ceallaigh

Páistí a chailltí ag teacht ar an saol dóibh ní chuirtí sa reilig iad. Chuirtí i ngleann éicint in aice an bhóthair iad deireanach san oíche. Páistí a bhíodh baiste, chuirtí sa reilig iad. Bhíodh tórramh mar a chéile ann le duine fásta, ach amháin nach mbíodh aon ól ann. Bhíodh neart le n-ithe le fáil ann. Páistí nach mbíodh baiste, deirtí go dtéadh siad go purgadóir nó go liombó. Páistí a bhíodh baiste, deirtí go dtéadh siad díreach go dtí na flaithis.

Meaig Uí Dhomhnaill agus Bríd Uí Bhriain

Ní chuirtí páistí nach raibh baiste sa reilig ar chor ar bith. Bhíodh siad curtha i ngarraí éicint in aice na trá. Tá go leor páistí curtha in aice Thrá an Dóilín ar an gCeathrú Rua agus sa Tismeáin freisin. Trá na bPáistí a thugtaí ar an áit a bhfuil na páistí curtha ag an Dóilín. Dá mbeadh baisteadh urláir faighte acu chuirfí sa reilig iad ceart go leor.

2.3.11 SEO SIÚD

Peig Uí Fhátharta agus Máire Uí Chonghaile

Dá bhfaigheadh bó bás ba cheart ceann de na cosa a bhaint di agus í a chur faoi rata an tí, leis an mbás a choinneáil ón gcuid eile den eallach.

Maitiú Ó Diolúin

Bhí sé de nós ag daoine a lámh a chuimilt den mharbhán. Ba cheart tosú thíos ag na cosa agus oibriú suas go dtí mullach an chinn. Bheadh leigheas ag an té a dhéanfadh é sin. Dá mbeadh ainmhí tinn ag duine nó duine éicint eile a bheith tinn agus dá leagfadh an té a raibh an leigheas aige a lámh air/uirthi, bhí an t-ainmhí nó an duine sin leigheasta. Is ar feadh míosa a bheadh an bua ag an duine seo an leigheas a dhéanamh.

Faisnéiseoir gan ainm

Má fhaigheann duine bás tobann trí thimpiste níl sé ceart coiscéim a thabhairt trasna an mharbháin.

3   An Leigheas Traidisiúnta

3.1   Lucht Leighis

3.1.1   PÁISTE NACH bhFACA A ATHAIR

Maitiú Ó Diolúin

Bhí bua ar leith ag páiste nach bhfaca a athair riamh. Bhí fear ar an mbaile s'againne, Micil Mháire Óg. Bádh a athair amuigh ag Carraig an Róin. Bádh beirt dearthár acu ag an am sin. Bhí ualach coirlí sa gcurrach acu agus bhí an t-ualach róthrom. Chuaigh an churrach síos. Fríothadh duine acu thiar ag Oileán an Anama agus níor fríothadh an duine eile riamh. Bhí leigheas ar chraosghalra ag Micil: thugadh daoine gasúir a raibh an galar orthu go dtí é agus chuireadh seisean trí shéideog siar ina mbéal agus bhídís leigheasta. Thugaidís suim bheag airgid dó.

Dan Choilm Ó Concheanainn

Bhíodh leigheas ar an gcraosghalar ag an mac a bheirtí agus a athair básaithe. Shéideadh an gasúr ar bhéal an duine a raibh an galar air agus leigheastaí an duine sin. Tá gasúr thiar i bPoll Uí Mhuirinn ar cailleadh a athair, agus a mháthair á iompar. Tá an gasúr sin deich mbliana d'aois anois agus tagann daoine go dtí é le leigheas a fháil. Deirtear go cinnte go bhfuil leigheas aige. Bhí seanfhear i gCor na Rón, Micil Mháire Óg, agus deirtear go raibh an leigheas sin aige. Tá sé básaithe le fada an lá: bádh é. Is suimiúil an rud é gurbh amhlaidh gur bádh athair an ghasúir i bPoll Uí Mhuirinn chomh maith.

Micheál Ó Ceallaigh

Buachaill beag nó páiste nach bhfaca a athair riamh, deirtear go bhfuil leigheas ar chraosghalar aige nó aici.

Bríd Uí Fhlathartaigh

Bhí sé ráite go raibh leigheas ag mac a bheirtí agus a athair básaithe. Bhí leigheas aige ar chraosghalar – a anáil a shéideadh trí huaire i mbéal an ghasúir agus bheadh sé leigheasta.

Máire Uí Ghríofa

An té a bheirtí agus a athair básaithe, bhíodh leigheas aige ar chraosghalar. Tá buachaill óg i bPoll Uí Mhuirinn a bhfuil an leigheas seo aige. Is iomaí gasúr a thugtar go dtí é agus faigheann siad leigheas uaidh. Séideann sé siar ina mbéal.

3.1.2 PÁISTE A SAOLAÍODH IN AGHAIDH A CHOS

Maitiú Ó Diolúin

Bhí leigheas ag gasúir a bheirtí in aghaidh a gcos ar chleithín, pian droma, agus ar an iora rua – drochghríos a thagadh ina gcraiceann. I gcás pian droma, shiúladh sé ar dhroim an duine thinn.

Máire Uí Ghríofa

Bhíodh leigheas ag an té a bheirtí in aghaidh a chos ar phian droma. Chaitheadh an té a bhí i bpian luí ar an talamh; ansin shiúladh fear an leighis ar dhroim mo dhuine agus leigheasadh sé é.

Micheál Ó Ceallaigh

Páiste a rugadh in aghaidh a chos, bhí sé ráite go raibh leigheas ar phian droma aige.

Dan Choilm Ó Concheanainn

Bhí sé ráite freisin go raibh leigheas ar phian droma ag gasúr a saolaíodh in aghaidh a chos.

3.1.3 SEACHTÚ MAC

Micheál Ó Ceallaigh

Bhí sé ráite go láidir ag na seandaoine go mbeadh leigheas ag an seachtú mac a bheadh ag an seachtú mac.

Micheál Ó Ceallaigh

An té a chuimleodh a theanga d'earc luachra bheadh leigheas ar dhó aige.

Siobhán Uí Chonghaile

Do theanga a chuimilt trí huaire de bholg earc luachra agus ansin bheadh leigheas ar dhó agat nuair a dhéanfadh tú an pháirt den chorp a bhí dóite a líochán. Bhí cailín óg ar an mbaile a thit ina codladh ar an bhforma ar aghaidh na tine – thit sí isteach inti. Chuimil a deartháir a theanga den áit a bhí dóite – agus bhí cuid maith di – níor fhan a lorg féin uirthi. Roinnt blianta roimhe sin bhí an deartháir céanna thuas ar an bportach, áit ar rug sé ar earc luachra, chuimil sé a theanga de, le deabhlaíocht níos mó ná creideamh sa leigheas. Is é an lá a dódh an cailín an chéad uair a thriail sé an leigheas, agus fuair sé amach go raibh fírinne sa bpisreog. Tá sé déanta go minic ó shin aige. Tá an fear tuairim is trí scór bliain d'aois anois, agus an cailín thart ar thrí bliana níos sine ná é.

[Daoine muintearacha don fhaisnéiseoir, Siobhán Uí Chonghaile, iad.]

Micheál Ó Ceallaigh

Frog a chur idir do chuid fiacla agus dhá scréach a bhaint as agus bhí leigheas faighte agat ar dhaitheacha fiacla.

3.1.5 FEAR CNÁMH

Micheál Ó Ceallaigh

Bhí daoine ann freisin a raibh bua acu i leigheas pianta cnámh nó cnámha a bheadh briste. Bhí Mochán, a raibh cónaí air i Leitir Mealláin, agus bhí an-bhua ag an bhfear seo agus deir siad go bhfuil an bua céanna ag duine dá chlann mhac ach nach bhfuil siad ag iarraidh é a phoibliú.

Micheál Ó Ceallaigh
Tá fear eile ina chónaí sa gCnoc i Leitir Mealláin agus tá leigheas aige ar chleithín. Is éard a tharlaíonn anseo go bhfáisceann na heasnacha isteach agus bíonn drochphian leis agus giorradh anála. Tá sé ráite go raibh cailín óg ar leaba an bháis i gCarna fadó an lá agus gur tháinig an fear seo isteach ann agus gur iarr sé cead í a fheiceáil agus thóg sé cleithín aici agus shábháil sé í. Caithfidh tú trí thuras a dhéanamh chuige le é seo a dhéanamh.

Peig Uí Fhátharta agus Máire Uí Chonghaile
Thógtaí an cleithín i naoi lá. Goib na n-easnacha a bhí tite isteach. Thógtaí é le pingin nó bhíodh mná in ann é a thógáil le hacmhainn na méar.

3.2 Galair agus a Leigheas

3.2.1 BRUITÍNEACH

Peig Uí Fhátharta agus Máire Uí Chonghaile
Bruitíneach: tá leigheas i mbainne asail.

3.2.2 CAC CIRCE

Siobhán Uí Chonghaile
Bhí bean sna hAille a chreid go dtabharfadh cac circe cúnamh do dhaoine biseach a fháil nuair a bheidís tinn. Bhí fear as Cor na Rón san ospidéal; chuaigh an bhean i gceist isteach ag breathnú air. Chuir sí cac circe a bhí istigh i bpíosa éadaigh faoina philiúr. Ní mórán buíochais a bhí ag fear Chor an Rón uirthi – dúirt sé níos deireanaí go raibh fonn air é a chaitheamh léi.

3.2.3 COSA TINNE

Máire Uí Ghríofa agus Siobhán Uí Chonghaile
Cosa tinne: siúl in uisce sáile.

3.2.4 DÓ

Máire Uí Ghríofa agus Siobhán Uí Chonghaile
Toitín lasta a chuimilt thimpeall an dó, bhainfeadh sé amach an dó. Bheadh sé an-tinn ar feadh nóiméid ach ansin ní fhanfadh pian ar bith ann.

Micheál Ó Ceallaigh
Deiridís go raibh cac bó go maith mar leigheas ar dhó.

3.2.5 EASPA

Siobhán Uí Chonghaile
Ceirt na n-easpaí: ceirtlín éadaigh a bheadh tumtha i bhfuil dreoilín. Leagtaí ar na heaspaí é. Leigheasadh sé seo na heaspaí.

Peig Uí Fhátharta agus Máire Uí Chonghaile
Ceirt na n-easpaí: chaithfeadh sí a bheith istigh sé lá sula ligfí amach í. [Deirtí é seo]:

> Don sonas í an achainí agus
> Don donas a bheith á freagairt.
> Buailtear an cneá ar an té atá soghluaiste,
> Ar dheis, ar dheis, ar dheis ar ndóigh.

3.2.6 FADHARCÁN/BUINNEÁN

Micheál Ó Ceallaigh
Bhíodh a gcuid leighis féin ag an seandream fadó: chuiridís bairneach ar a gcosa le haghaidh fadharcán nó buinneán a bhaint.

3.2.7 FAITHNÍ

Peig Uí Fhátharta agus Máire Uí Chonghaile

Faithní: leigheas i dtobairín uisce gan iarraidh a dtiocfá air agus an faithne a thumadh san uisce, nó i mbraon uisce idir dhá theorainn. Chuimlítí píosa bagúin d'fhaithne, chuirtí i bpoll talún é agus de réir mar a bhí sé ag lobhadh d'imigh an faithne.

Máire Uí Ghríofa agus Siobhán Uí Chonghaile

Faithne: ribe gruaige a cheangal air agus a tharraingt chomh láidir agus ab fhéidir.

Máire Uí Ghríofa

Do lámh a thumadh in uisce na bhfataí go minic, de réir a chéile d'imíodh na faithní, nó seilmide a chuimilt dóibh. Deirtí go gcuirfeadh an cúr buí a bhíonn ar bhruach na locha ort iad.

3.2.8 FUIL A STOPADH

Bríd Uí Thuathail

Deiseanna eile a bhí acu le haghaidh fuil a stopadh, le nead damhán alla. Chuirtí cluimhreach ar ghearradh a bhíodh ort chomh maith. Chuirtí fual ar ghearradh a bheadh ort le haghaidh an fhuil a stopadh, freisin.

Gearóid Ó Gríofa

Fuil shróna: róipín a chur ar an ordóg an taobh céanna leis an bpolláire a bhfuil an fhuil ag teacht as; stopfadh an fhuil ar an bpointe.

Siobhán Uí Chonghaile

Bileog slánluis – caisearbhán – a chur ar ghearradh, stopfadh an fhuil agus chneasódh sé go luath, nó an cnaipín bán a bhíonn i nead damhán alla a chuimilt don ghearradh. Stopfadh sé sin an fhuil ar an bpointe. Chonaic mé ag tarlú go minic é.

3.2.9 GÁGA

Peig Uí Fhátharta agus Máire Uí Chonghaile
Gága: bealadh an chairr nó céir a chuimilt orthu.

3.2.10 LOT/DEALG

Beartla Ó Flatharta
Bhí mná ann a bhí in ann teanga sionnaigh a chur le lot.
Bhíodh teanga an tsionnaigh go slán sábhailte i gcrúsca ar an
drisiúr le haghaidh lá an anró. Dá mbeadh dealg go domhain i
lámh nó i gcois duine de mhuintir an tí nó i nduine de na
comharsana, is paiteanta a bhíodh siad in ann an teanga a chur
ar an áit a mbíodh sé – chuirtí bindealán ar an teanga lena
choinneáil díreach ar an áit a mbíodh an dealg agus lá arna
mhárach bhíodh an dealg sin tarraingthe amach glan.

Peig Uí Fhátharta agus Máire Uí Chonghaile
Leigheas ar chuile chineál lot nó leonta é meacan an leonta.
Tá teanga sionnaigh go maith le dealg a tharraingt amach.
D'úsáidtí cupóg sráide le sileadh a tharraingt as lot. Chuimlítí
gairéadaí do loit agus galair ghinearálta.

Máire Uí Ghríofa agus Siobhán Uí Chonghaile
Gearradh nó lot: deirtí go raibh leigheas i mada é a líochán.

3.2.11 MAOTHÁN

Peig Uí Fhátharta agus Máire Uí Chonghaile
Galar ar shúile beithíoch é maothán – cipín a chur tríd an
gcraiceann a leigheas.

3.2.12 NEASCÓID

Bríd Uí Thuathail
An té a mbeadh neascóid air, is é an leigheas a bhíodh acu

braon bainne a fhiuchadh agus é a chur isteach i gceirt in éineacht le cac bó. Chuirfí é sin ar an neascóid ansin agus bheadh an neascóid imithe ar maidin.

Máire Uí Ghríofa agus Siobhán Uí Chonghaile
Neascóid: canda de bhuilín a chuimilt don neascóid.

3.2.13 PIANTA CNÁMH

Máire Uí Ghríofa agus Siobhán Uí Chonghaile
Pianta cnámh: chuirtí poitín ar an áit a raibh an phian.

Máire Uí Ghríofa agus Siobhán Uí Chonghaile
Scoilteacha: iarann te a chuimilt den áit a mbeadh an phian, éadach a bheith faoi. Thabharfadh sé seo fuarú ón bpian.

3.2.14 PÉIST

Máire Uí Ghríofa agus Siobhán Uí Chonghaile
Snaidhm na bpéist i mbeithíoch: snaidhm í seo a dhéanfá os cionn beithígh a mbeadh péist inti. Tá snaidhm faoi leith ann: nuair a tharraingíonn tú an sreang ní fhanann an tsnaidhm. Dá ndéanfaí í seo os cionn an bheithígh ní fhanfadh aon phéist inti.

3.2.15 SINE SIAIN

Siobhán Uí Chonghaile
Sine siain: sprachaille é seo a thiocfadh anuas ar do theanga bheag. Tá fear ar an mbaile a bhfuil leigheas aige lena haghaidh. Tá ribe áirithe ar bharr do chinn, tarraingníonn sé an ribe seo roinnt uaireanta agus leigheastar an sine siain. Chonaic mé ag tarlú é.

Peig Uí Fhátharta agus Máire Uí Chonghaile
Sine siain: tarraingt thobann a bhaint as an ribe tuathail i gcúl an chinn agus chuirfeadh sé an sine ar ais ina háit.

3.2.16 SLEAMHNÁN

Beartla Ó Flatharta
Bhí leigheas freisin ag corrbhean ar shleamhnán a bhíodh ar shúil duine: trí dhealg as crann spíonáin a fháil agus comhartha na croise a dhéanamh os comhair súile an té a raibh an sleamhnán air agus paidir áirithe a rá.

Máire Uí Ghríofa agus Siobhán Uí Chonghaile
Leigheas ar shúil thinn – tae dubh a chur air.

3.2.17 TOCHTÁN

Peig Uí Fhátharta agus Máire Uí Chonghaile
Bearnán lachan: luibh é an bearnán lachan le *croup* a leigheas ar ghasúr.

3.2.18 TRIUCH

Peig Uí Fhátharta agus Máire Uí Chonghaile
Triuch: leigheas a iarraidh ar an gcéad fhear a chasfaí ort agus capall bán aige; pé leigheas a mholfadh an fear sin, leigheasfadh sé sin an triuch.

3.2.19 UISCE NA CÁSCA

Bríd Uí Thuathail
Deirtí go raibh leigheas duine agus beithígh in uisce Dhomhnach Cásca.

Siobhán Uí Chonghaile
Creidtear freisin go bhfuil leigheas sa gcéad bhraon den uisce nuabheannaithe Sathairn Cásca. D'fheictí daoine fadó ag iarraidh a bheith thuas ag an altóir roimh aon duine eile sa séipéal.

3.3 Orthaí Leighis

3.3.1 SEACHADADH AGUS CUR ORTHAÍ

Mairéad Ní Dhomhnaill

Seanfhear a bhí ina chónaí thiar ar an mBóthar Buí ar an gCeathrú Rua a thug an méid seo orthaí domsa an chéad lá riamh. Bhí go leor acu aige, agus lá amháin fadó agus mé an-óg, bhí mé féin agus é féin ag caint, agus an chéad rud eile chuir sé ceist orm an mbeadh aon suim agam foghlaim mar gheall ar orthaí. Thug sé cúpla ortha dom agus na rialacha a bhaineann leo. Bhí fear eile ann freisin, Mike Connolly, bhí sé siúd in ann ortha a chur freisin. Thug seisean cúpla ceann dom freisin.

Is cuimhneach liom sagart a bheith ag fanacht thíos sa Rinn an t-am céanna agus bhí cineál spéis aige siúd san ortha ach ní raibh mórán fonn ar an seanfhear aon ortha a inseacht dó. Ach lá amháin nuair a bhí sé féin agus an sagart ag caint d'inis sé ceann acu don sagart agus dúirt an sagart gur cheap sé féin nach raibh aon rud mícheart leo. Dúirt sé, go deimhin, go raibh siad an-chosúil le paidreacha. Tá mé féin cinnte nach bhfuil aon dochar in aon ortha ach go bhfuil leigheas le fáil ó gach ceann acu ach cloí leis na rialacha, agus bhí sé ráite ag na seandaoine go raibh sé tábhachtach na rialacha a leanacht mar is ceart.

Nuair a thagann duine go dtí mise ag iarraidh ortha do dhuine tinn, ní mór don duine a thagann rud éicint a bheith aige ag teacht, leis an ortha a chur ann. Tá uisce coisreacain ar an rud is fearr le tabhairt leat ag iarraidh ortha. Tá mé cinnte go bhfuil leigheas le fáil nuair a bhíonn chuile rud déanta ceart.

Tá an chuid is mó de na horthaí de ghlanmheabhair agam. Phioc mé suas cuid acu an-éasca. Tá Ortha an Tinneas Cinn, Ortha na nEaspaí, Ortha na nDaitheacha Fiacla ar bharr mo theanga agam. Chuala mé daoine ag caint go minic ar Ortha an Dul Amú ach caithfidh mé a rá nár chuala mé ó aon duine ceart riamh í. Bhíodh na seandaoine ag rá go raibh seanbhean thíos sa Rinn fadó agus gur minic a chuir sí Ortha an Dul Amú. Tá ortha ann freisin le cur do bhean a bheadh ag súil le páiste agus tá

Ortha an Triuch ann. Bhíodh go leor daoine ag cur Ortha an Triuch fadó mar bhíodh sí ar go leor páistí óga.

Tá Ortha an Tachta ann freisin ach níor éirigh liom riamh é a fháil i gceart; cé gur chuala mé í go minic, tá brón orm a rá nach bhfuil sí ar eolas agam. Is cuimhneach liom fadó nuair a bhí mé i mo chailín óg, bhí muid ag spraoi i dteach. Oíche Shamhna a bhí ann, agus an uair sin deabhal mórán a bhí le fáil in aon áit, ach bhí úlla crochta suas i lár an tí i gcónaí Oíche Shamhna, agus pé scéal é, bhí chuile dhuine ag spraoi agus an chéad rud eile thug duine éicint eile faoi deara go raibh dath gorm ag teacht ar an ngasúr seo agus fuair siad amach go raibh píosa úlla ina scornach. Bhí an bhean a raibh Ortha an Tachta aici ina cónaí in aice leo agus chuaigh siad go dtí í agus tháinig sí, agus an noiméad agus a chuir sí an ortha don ghasúr tinn bhí sí ceart go leor. Tá mé féin cinnte nach raibh seans ag an ngasúr murach an ortha. Ní raibh mórán córas leighis eile ann an uair sin; dá bhrí sin bhí i bhfad níos mó daoine ag brath ar an ortha.

Is beag nach bhfuil ortha ann le haghaidh chuile chineál rud. Tá Ortha na nEaspaí ar cheann de na ceanna a mbaineann mé go leor úsáide aisti; seo an chaoi a dtéann sí:

> Ortha Éabha agus Ortha Ádhaimh,
> Ortha Íosa atá thuas ar neamh,
> Ortha Pheadair agus Ortha Phóil,
> Mar a bheadh péist atá istigh sa bhfeoil.

Phioc mé suas an ortha sin an chéad uair riamh ar chuala mé í, ceann de na chéad orthaí a bhí agam. Tá mé féin cinnte go bhfuil leigheas san ortha sin. Níl sé i bhfad ó tháinig fear go dtí mé agus bhí sé ag iarraidh na hortha mar bhí a bhean an-tinn – bean óg a bhí inti – agus bhí scéala faighte aici ón dochtúir a dhul chuig an ospidéal agus obráid a fháil déanta. Ach pé scéal é, thug mé an ortha dó agus bhí air a theacht ar ais go dtí mé trí huaire ar fad, mar caithfidh tú an ortha seo a chur trí lá, agus is iad na trí lá sin Dé Luain, Dé Céadaoin agus Dé Luain. Tá sé ráite ag na seandaoine go gcaithfidh tú cloí leis na laethanta sin. Níor cheart ortha a chur go deo ar an Déardaoin ach amháin más gá. Dúirt an seanfhear a thug an ortha domsa gan an ortha a chur ar an Déardaoin go deo, mura mbeadh an duine ag fáil bháis. Thug mé an ortha don fhear sin agus chuaigh gach rud ceart. Tháinig an bhean óg ar ais go dtí mé píosa ina dhiaidh sin agus dúirt sí liom nuair a chuir an t-ospidéal fios uirthi go raibh an meall a bhí ar a muineál imithe uilig agus bhí sí fíor fíorbhuíoch díom. Is breá an rud go bhfuil na daoine óga ag cur spéise i leigheas na hortha. Tá mé ag rá leat gurb iomaí duine a thagann go dtí mise ag iarraidh ortha a chur. Is dócha go bhfuil Ortha an Tinneas Cinn ar an gceann is mó a chuir mé.

Micheál Ó Ceallaigh

Bhí orthaí fíorláidir i gceantar na nOileán agus sa Trá Bháin ach ní mórán daoine a chreidfeadh iontu anois. Seo cuid de na horthaí ar chuala mise caint orthu: Ortha na nDaitheacha Fiacla, Ortha an Fhuil Sróna, Ortha an Rua, Ortha an Dul Amú, Ortha an Ghrá.

3.3.2 ORTHA NA NDAITHEACHA FIACLA

Peig Uí Fhátharta agus Máire Uí Chonghaile

> Ortha na ndaitheacha fiacla,
> Ortha gan iarraidh gan achainí,
> An phian atá thuas i do ghiall,
> Go dté sé síos i do bharraicín.

Máire Uí Ghríofa agus Siobhán Uí Chonghaile

> Ortha na ndaitheacha fiacla,
> Ortha gan iarraidh gan achainí,
> Ortha a chuir Peadar ar Dhiarmaid;
> Nár fhana aon fhiacail i do charbad.

Ní ortha cheart a bhí inti seo ach píosa grinn.

3.3.3 ORTHA AN TACHTA

Micheál Ó Donncha

> Ortha Mhuire,
> Santadh [?] glóire,
> Tar, a Bhríd,
> Agus fóir.

Ansin comhartha na croise a dhéanamh ar an té a bheadh á thachtadh.

[Fuair an faisnéiseoir é seo óna athair, duine a chreid go mór ann. Níor úsáid an faisnéiseoir riamh í.]

3.3.4 ORTHA AN DÓ

Máire Uí Chonghaile

> Labhrás Aspal, (do theanga a chuimilt den dó)
> Micheál Ardaingeal, (do theanga a chuimilt den dó)
> Bain an ga as sin. (do theanga a chuimilt den dó)

[Is minic a d'úsáid an faisnéiseoir an ortha seo dá mbeadh dó beag i gceist, ar nós a bheith dóite ag an ngal a thagann ó uisce na bhfataí nuair atá tú á síothlú. D'oibrigh sé i gcónaí di. Deireann a clann an rud céanna. Is óna máthair a fuair sí an ortha seo. B'as an gCnoc, Leitir Mealláin, í ó thús. Níor tharla sé go raibh uirthi é a úsáid ar dhó mór riamh.]

3.3.5 ORTHA NA FOLA

Micheál Ó Ceallaigh

> Is beannaithe ainm an fhir
> A scoilt croí an Lao Ghil,
> Is maith an ní a tháinig as,

Fuil, fíon agus fíoruisce,
In ainm an Athar, stop an fhuil,
Santa Maria dá cabhair,
Spiritus Sanctus, stop an fhuil atá ag teacht go tréan.

3.3.6 ORTHA DO BHEAN I DTINNEAS CLAINNE

Micheál Ó Ceallaigh

Dís a casadh orm,
Cabhair agus Críost;
Mar a rug Anna Muire,
Is mar a rug Muire Críost,
Mar a rug Eilís Eoin Baiste gan díth coise ná láimhe,
Fóir ar an mbean, a Mhic.
Fóir féin uirthi, a Mháthair,
Agus gura slán a bheas an bhean.

3.3.7 ORTHA AN TINNEAS CINN

Micheál Ó Ceallaigh

Ortha a chuir Muire dá Mac
í fheideán [?] a dhróini [?]
Leis an dó cinn a thógáil díot.
Seile Muire, seile Dé,
Seile amhrán ón aer
Seile an Spioraid Naoimh ó neamh
Leis an nga tinn a thógáil d'intinn do chinn.

Bhíodh Ortha an Tinneas Cinn curtha i snáth agus chasfadh an
duine a raibh an tinneas cinn air an snáth seo timpeall ar a
chloigeann ar feadh cúpla lá agus dhéanfadh sé trí thuras chuig
an té a raibh an ortha aige.

3.3.8 ORTHA AN RUA

Peig Uí Fhátharta agus Máire Uí Chonghaile

> Ortha an Rua Rua Rua Ránach,
> Cuan Cuan Conán,
> D'iarr Colm Cille do chách,
> Céard a leigheasfadh an Rua;
> At a chur ar gcúl,
> Nimh a chur ar lár,
> É a fhágáil mar sin go brách,
> In ainm Dé agus Banríon an Rua.

4   Féilte, Laethanta, Turais

4.1   Féilte

4.1.1   LÁ FHÉILE BRÍDE/LÁ FHÉILE PÁDRAIG

Peig Uí Fhátharta agus Máire Uí Chonghaile
Lá Fhéile Bríde agus Lá Fhéile Pádraig – dúirt Bríd: "Gach
dara lá breá ó mo lá-sa amach," ach dúirt Naomh Pádraig: "Gach
lá breá ó mo lá-sa amach."

4.1.2   BEALTAINE

Peig Uí Fhátharta agus Máire Uí Chonghaile
Lá Bealtaine bhí mórchuid pisreoga faoin mbainne. Is dócha
gurbh é Lá Bealtaine féile mhór na ndaoine maithe agus go
mbídís ag tógáil an bhainne. Dá mbeadh gad caorthainn ar lámh
cheaintín an bhainne ní fhéadfadh na daoine maithe drannadh
leis an mbainne.

Faisnéiseoir gan ainm
Nós eile a bhíodh ann Lá Bealtaine, go gcuirtí gad ar cheain-
tín an bhainne agus ar choiléar an chapaill agus go minic ar an
tsrathair. Dhéantaí an gad as slaitíní éadroma as crann
caorthainn. Bhaintí an craiceann den tslat agus dhéantaí fáinne
beag deas de. Ceird inti féin é sin a dhéanamh. Ba é an t-údar a
bhíodh leis seo go mbeadh ádh ar bhainne na bó agus ar obair an
chapaill.
Dá dtiocfadh comharsa isteach i dteach agus bean an tí a
bheith ag déanamh maistreadh bheadh sé d'iallach ar an té sin
breith ar an loine agus cúpla buille a bhualadh ar an maistreadh.
An fáth a bhí leis sin ar fhaitíos go dtabharfadh sé an sochar nó
an t-im leis. Má bhuail mí-ádh duine nó beithíoch le linn na
Bealtaine bhí sé sin an-dona.

117

Bhí geis áirithe maidin Lá Bealtaine ó thaobh tine a fhadú nó deatach a bheith as an simléar go moch ar maidin – bhí sé ráite an té a mbeadh tine as a shimléar maidin Lá Bealtaine rómhoch go bhféadfadh na comharsana an t-im agus an bainne a thabhairt ón té sin. "Im na deataí sin ar mo chuid bainne", a deirtí chun é seo a dhéanamh.

San am sin, nuair nach mbíodh cipíní solais ann, thugtaí splanc ón tine amach sa ngarraí, leis an bpíopa a dheargadh. Dá mbeadh garraí ag duine i bhfad óna theach féin, ach b'fhéidir é a bheith i ngar do theach na gcomharsan, ní thabharfadh an chomharsa cead splanc a thabhairt amach as a theach.

Dhéantaí tine amuigh sa ngarraí agus thugtaí fataí agus ceaintín bainne leamhnachta amach. Róstaí na fataí sa tine agus ba mhaith an bheatha iad sin agus muigín bainne – bruithneog fataí rósta.

Bhí nós ann Lá Bealtaine go lastaí tinte beaga san áit a mbíodh na beithígh bhainne ar fosaíocht. Dhéantaí na beithígh a thiomáint timpeall na dtinte áit a mbíodh an coimín á úsáid acu. Bhí sé ráite go mbíodh an bainne níos fearr ag na loilíocha nuair a d'fhaigheadh siad an coimín milis agus fosaíocht.

Bhíodh leagan cainte ag na glúnta a d'imigh mar seo a leanas: "Bhí sé idir dhá thine Bhealtaine." B'ionann sin agus an deabhal a bheith ag gabháil dá mhaidí croise air – bhí sé in adhastar an deabhail.

Dan Choilm Ó Concheanainn

Bhí sé ráite dá mbeadh do thine lasta agat roimh duine eile Lá Bealtaine agus an deatach ag dul amach as an teach roimh an duine eile, go mbeidís in ann do chuid bainne a thabhairt leo – bainne na bó. D'imeodh an t-im agus bheadh an bainne laghdaithe.

Bhí bean amháin ann – seo scéal fíor – agus bhí sí ag déanamh maistreadh. Chaith sí an lá leis agus ní raibh an t-im ag teacht chuici. Leag sí thart é sa deireadh. Ach bhí sagart óg sa bparóiste agus bhíodh sé ag dul thart ag foghlaeireacht agus ghlaodh sé isteach chuici go minic le greim a fháil le n-ithe. Tháinig sé isteach an lá seo agus thairg sí fataí dó ach dúirt sí:

"Tá brón orm, a Athair, ach níl tada agam le n-ithe inniu, níl an t-im féin agam agus níl aon bhláthach agam. Chuaigh mé á dhéanamh ar maidin ach chinn orm im a fháil."

D'iarr an sagart uirthi tosú arís ach dúirt sise leis nach raibh aon mhaith ann di. "Coinnigh ort," a dúirt sé, agus ní raibh dhá bhuille buailte aici nuair a bhí an chuinneog thar maoil le him.

Ag an nóiméad céanna d'airigh siad an glór ag an doras a rá: "Ó, tá mo chuid ime imithe agat." Tharla sé sin i mí na Bealtaine agus is é an sagart a rinne é. Tá an chumhacht ag an sagart más mian leis é a dhéanamh.

Bhíodh sé de nós i gcónaí ag na daoine a thiocfadh isteach sa teach cúnamh a thabhairt ag déanamh an ime mar obair chrua a bhí ann.

Bríd Uí Thuathail

Ní théadh aon duine amach moch Lá Bealtaine ná ní dhéanaidís aon obair luath an lá sin. Ní chaithidís tada amach ach oiread. Ní théidís in aice le créafóg Lá Bealtaine. Is ag tógáil claíocha a bhídís.

Bhí bean ann uair amháin agus thagadh sí chuig an tobar maidin Lá Bealtaine sula mbíodh aon duine eile ina suí ar maidin. Bhíodh sí ag glaoch amach: "Beidh im an tí agam agus beidh im an tí seo agam." Bhíodh sí á rá seo nó go mbíodh im mhaistreadh na dtithe seo ar fad aici ar a maistreadh féin, agus ní bhíodh im ar bith ag na tithe eile a dhéanadh an maistreadh.

Bliain amháin agus é seo ar siúl aici tháinig an sagart an bóthar mar fuair sé glaoch ola dheireanach. Ní ghabhfadh aon duine amach moch maidin Lá Bealtaine mura gcaithfeadh sé. Ar aon nós d'airigh an sagart an bhean seo agus sheas sé suas ag éisteacht léi. Agus nuair a chuala sé í ag rá: "Im an tí seo agam," thosaigh sé ag gáire agus dúirt sé: "Im na dtithe sin agamsa freisin," agus d'imigh sé leis. Nuair a chuaigh sé abhaile bhí an cailín a bhí ag obair aige tar éis maistreadh a dhéanamh, agus ní raibh an sagart in ann a theacht isteach thar an doras mar bhí im chuile áit roimhe.

Stiofán Ó Cualáin

Bhíodh pisreoga ag baint leis an lá seo. Níor mhaith le duine ar bith splanc thine a thabhairt amach Lá Bealtaine. Bhí mí-ádh ag baint leis. D'fhanfaidís go bhfeicfidís deatach ag duine eile. Ansin lasfaidís a dtine féin. Bhí an mí-ádh imithe ansin. Ní raibh sé ádhúil a bheith ar an gcéad duine a lasadh an tine an lá sin.

Chuaigh mé lá i mo phataire amach ar an bportach le lón chuig mo dheartháireacha. Ní raibh aon deis tine acu. Mar sin chuir siad ag iarraidh tine mé. Chuaigh mé isteach i dteach ar an mbaile a raibh seanbhean ina cónaí ann, bean Mhicilín an Mhaoir, agus d'iarr mé splanc thine uirthi. Nuair a d'iarr mé an splanc dúirt sí:

"A stór, nach bhfuil a fhios agat gurb é inniu Lá Bealtaine? Níl sé ceart splanc thine a thabhairt amach inniu."

D'imigh mé abhaile chuig mo mháthair agus d'inis mé an scéal di. Nuair a chuala sí an scéal thosaigh sí ag gáire os ard agus ní hí an dea-phaidir a chuir sí léi. B'éigean dom splanc thine a fháil sa mbaile agus a dhul amach ar an bportach. Cuimhneoidh mé an dá lá a mhaireann mé ar an Lá Bealtaine sin.

Meaig Uí Dhomhnaill

Ní chuirfeadh daoine síos aon tine Lá Bealtaine go bhfeicfidís deatach ag teach éicint eile ar dtús. Ní chuiridís amach an luaith ná ní scuabaidís an t-urlár – ná ní chuiridís an salachar amach ach oiread.

Máirtín Ó Cualáin

Ní lastaí aon tine Lá Bealtaine go mbíodh sé deireanach sa lá ar fhaitíos go mbeadh deatach ann. Bhíodh muintir Chois Fharraige ag croitheadh roimh mhuintir Chondae an Chláir! Bhí bean sa Teach Mór agus maidin Lá Bealtaine chaitheadh sí dris i lár an chosáin roimh bheithígh na gcomharsan. Chuirfeadh sé sin deireadh lena gcuid eallach agus bheadh sí féin ceart. Théadh sí isteach sna tithe freisin, chuile Lá Bealtaine, ag iarraidh splaince as an gcoigilt, ag rá go raibh a tine féin bailithe amach. Dá dtabharfadh duine di an splanc bheadh biseach uirthi féin agus an chomharsa ar an gcaolchuid.

4.1.3 CINCÍS

Peig Uí Fhátharta agus Máire Uí Chonghaile
Níor cheart gruaig ná caora a bhearradh sa gCincís. Ba cheart an sleán a fhliuchadh roimh an gCincís. Mura mbeadh sé sin déanta ní raibh sé ceart móin a bhaint sa gCincís.

4.1.4 LÁ CHOLM CILLE

Beartla Ó Flatharta
Bhíodh pátrún ar an mBántrach ar an naoú lá de mhí Mheán an tSamhraidh. Thagadh chuile chineál duine ann: daoine tinne agus dá dtiocfaidís as an tinneas gheallfaidís do Dhia go dtabharfaidís turas ar an tobar. B'iomaí bligeard a bhíodh ann freisin agus, ar ndóigh, ní théadh siadsan chuig aon tobar. Théidís ag troid; bhuailidís cora ar a chéile. An té a mbíodh an bua aige bhíodh sé ag déanamh gaisce gurbh é féin an fear ab fhearr a bhí ar phátrún Cholm Cille. Bhíodh na sagairt go mór in aghaidh an phátrúin de bhrí go mbíodh go leor scabhaitéireachta ar bun ann. Bhíodh sé ráite go mbíodh daoine ag troid le maidí ann. Bhíodh caitheamh meáchain agus caitheamh léime ann freisin; bhíodh poitín á dhíol freisin ann agus, ar ndóigh, bhíodh poitín á ól ar an bpátrún freisin. Thagadh lucht na gcleas ann agus a gcuid cábáin, lucht na dtrí chárta mar shampla. Thagadh daoine ar fud an chondae ann, fiú amháin chomh fada ó bhaile le Maigh Eo. B'iomaí amhránaí a bhí ann chomh maith le damhsóirí, agus ar ndóigh ní dhéantaí aon obair Lá an Phátrúin; ba lá saoire é.

Tá tobar anseo ar an Teach Mór ar a dtugtar Tobar Cholm Cille air. Chuala muid riamh go mbíodh leigheas le fáil ann ar fhaithní agus ar thinneas cinn. Tá sé mar a bheadh sé gearrtha as cloch agus déanamh ciorcalach atá air. Ní féidir a dhul chomh fada leis ach nuair atá trá mhaith go leor ann – tá sé amach ar aghaidh reilige ina gcuirtí páistí óga fadó. Dumhach na Leanbh a thugtar ar an reilig sin. Ní chuirtear aon duine níos mó ann, tá a fhios agat. Thugadh daoine cuairt ar an tobar seo an lá céanna a mbíodh an pátrún in áiteacha eile – is é sin an naoú lá de mhí Mhéan an tSamhraidh. Tá tobar eile ar a dtugtar Tobar Cholm Cille thiar ar an mBántrach, agus tá bád cloiche ann freisin a deirtear a dtáinig Colm Cille inti as Árainn fadó.

Nóra Uí Chualáin

Thagadh daoine i bhfad is i ngearr chuig Tobar Cholm Cille thíos ag tigh Mháirtín Mhicil Mhichíl i Maíros. Tá sruthán Síothnach gar don láthair seo i Maíros. Níl a fhios agamsa cén sórt talamh atá taobh thíos de.

Déantar saoire i gcónaí ar an naoú lá de Mheitheamh do Cholm Cille i Leitir Ard. Baineadh an tsaoire de ach choinnigh siad seo i Leitir Ard orthu. Tá tobar thíos ansin. Tá Tobar Cholm Cille i gCarraig an Mhaistridh. Bhuel, níl a fhios agam cé mhéad áit eile a bhfuil toibreacha.

[Cén cineál turas a dhéanadh lucht an phátrúin?]
Bhuel, chuala mise gur chúig chloch a phiocaidís suas san áit a mbíodh leachtaí. Théidís ag caitheamh clocha uathu de réir a chéile go mbeadh an chloch dheireanach caite uathu acu. Ní dhearna mise riamh é. Bhíodh aifreann ann sa tseanaimsir ach níl anois.

[Cén fáth ar tháinig Colm Cille go dtí an Bhántrach?]
Bhí sé ag déanamh turais le cósta na hÉireann, is dóigh, agus tháinig sé amach as Árainn agus tháinig sé ar an mBántrach. Tá bád Cholm Cille in áit éicint soir an bealach sin, ar an Tulach in áit éicint. Níl a fhios agam ach gur tháinig sé i mbád cloiche as Árainn go dtí an taobh ó thuaidh agus shiúil sé leis an gcladach ansin. Bhí lorg a láimhe chuile áit; bhí toibreacha ann.

Bántrach a thabharfaí ar áit sórt ard ar nós ansin thoir; níl ann ach cnocáin agus áit ard. Bántrach na Sceithí a thugann siad air. Tá cuid di íseal agus cuid di ard. Is iomaí áit a bhfuil Bántrach uirthi. Tá an áit a bhfuil tigh Mháirtín Sheáinín amuigh i Maíros

– Bántrach na Gréine a thugtaí air sa tseanaimsir fadó agus is sórt áit *level* é. Gleann na Bántraí a thugtaí ar an áit a bhfuil Carna, sa tseanaimsir, ceithre chéad bliain ó shin nó mar sin sular tugadh Carna air. Bhí fáthanna acu le Carna a thabhairt air agus thugadar air é.

As Tír Eoghain Colm Cille. Colm Ó Néill a bhí air, as Tír Eoghain.

Is dóigh go bhfuil sé curtha thuas i nDún na nGall nó áit éicint. Bhí Naomh Pádraig agus Naomh Bríd agus é féin curtha in aon uaigh amháin ach níl a fhios agamsa cén bhliain a cailleadh é ná tada eile faoi.

4.1.5 LÁ MHIC DARA

Nóra Uí Chualáin

Bhíodh neart pórtair agus fuisce ann Lá an Phátrúin sa seanam. Bhí sé istigh i gCruach na Cara agus neart pórtair á ól agus bhíodh sé i dtithe máguaird, san Aird agus in áiteacha dá leithéid. Tá an pátrún sa Más anois faoi láthair. Bhí sé i Maínis roimhe sin agus bádh bád ann. Bhí sé ar an Aill Bhán roimhe sin agus bhí sé i bPoll an Mhianaigh roimhe sin arís, san áit a bhfuil tigh Bhairbre Ghuairim anois. Tá sé sin i gceartlár an spota a mbíodh sé. Bhíodh sé ag dul soir suas ansin ar na cnocáin siar go Poll na gCailleach agus buaileadh fear go trom ansin. Bhí chuile dhuine gafa chuig an aonach an lá sin. Ní raibh aon duine ann ach beagán agus buaileadh é seo agus thug siad isteach ar an Aill Bhán an pátrún ansin go mbeadh sé acu féin. Bhíodh sé i gCruach na Cara chomh maith.

Bhíodh poitín ansin á dhíol sna háiteacha seo. Bhíodh brioscaí is *sweets* á ndíol ar an Aill Bhán mar a bhí sa Más. Amuigh i bPoll an Mhianaigh, ní raibh an saol chomh maith an uair sin, ach bhíodh brioscaí á ndíol ann. Is dócha go raibh beagán *sweets* á ndíol ann. Bhíodh poitín á dhíol ann agus pórtar. Bhíodh cábáin thuas ann le haghaidh pórtair agus fuisce. Bhíodh brioscaí ann – *crackers* a thugtaí an t-am sin ar bhrioscaí – brioscaí móra a bhíodh iontu. Bhíodar chomh mór le cácaí beaga. Agus is dócha go raibh beagán *sweets* agus úllaí agus spíonáin agus creathnach agus níl a fhios agam anois an raibh faochain bhruite acu á ndíol i bPoll an Mhianaigh nó nach raibh. Chuala mé go raibh siad in áit éicint, cibé cá raibh siad, ach níl a fhios agam an ansin é nó nach ea. B'fhéidir nach ea.

Bhíodh lá saoire sa gceantar Lá an Phátrúin agus théadh gach duine – sean agus óg – chuig an bpátrún. Bhíodh troideanna móra ann istigh ar an Aill Bhán agus ar Pholl an Mhianaigh. Is beag a bhí acu an t-am sin i rith aimsir na bPéindlíthe. Sa Más a bhí sé ar dtús, ach ní san áit a bhfuil sé anois é ach díreach ar aghaidh na háite. Is le Beairtle Beag an talamh anois agus is linne cuid di. Ar Cheann an Mhása a bhíodh sé agus tá Tobar na dTrí Naomh ansin sa gcladach thíos agus thugtaí an turas ansin. Tá garraí thoir i dtalamh mhuintir Sheáin Bolstrom. Is é an Curraoineach a bhí ag baint leasa as go deireanach. Tugann siad an Báire Mór ar an áit a mbíodh báire á bhualadh an lá sin ann agus bhíodh báire á bhualadh ann Oíche Shin Seáin.

Máire Seoighe

Naomh é Mac Dara a bhí ar an gCeathrú Rua fadó agus ainmníodh áiteacha ina dhiaidh – teach an phobail agus an scoil náisiúnta. Bhíodh lá mór fadó ar an gCeathrú Rua ar Lá Fhéile Mhic Dara.

Beartla Ó Flatharta

Bhíodh pátrún ar an gCeathrú Rua, Lá Mhic Dara, an séú lá déag de Lúnasa, agus théadh daoine as an áit seo siar.

4.1.6 LÁ MHÁM ÉAN

Beartla Ó Flatharta

Théadh daoine go Mám Éan go dtí áit ar a dtugtaí Leaba Phádraig. Tá loch san áit chéanna agus deirtí fadó go dtagadh tarbh aníos aisti ag marú na ndaoine ach gur chuir Naomh Pádraig deireadh leis. Tugtar Leaba Phádraig ar an áit ar chodail Pádraig, agus Domhnach Chrom Dubh a thugtar ar an lá seo a dtéann daoine go Cruach Phádraig. Tugann na cuairteoirí turas timpeall ar an leaba agus suas ar an gcnoc freisin. Téann daoine i gcónaí ann agus léitear aifreann anois ann.

4.1.7 SAMHAIN

Beartla Ó Flatharta

Bhíodh go leor nósanna ag dul leis an tSamhain sa seansaol. Is minic a chuala mé m'athair, beannacht Dé lena anam, ag caint ar na clis a bhíodh siad a imirt Oíche Shamhna. Théadh daoine amach agus tharraingíodh siad an oiread tornapaí agus gabáiste – rud a bhí an-fhairsing ag an am agus rud a bheadh deacair a fháil inniu mar nach gcuirtear mórán torthaí anois. Théadh siad thart ag bualadh doirse ag an am. Bhíodh go leor deabhlaíochta ar siúl freisin. Bhíodh tithe thart anseo a mbíodh díon stáin orthu, agus nuair a bhuailtí le tornap é sin dhéanadh sé torann damanta, agus d'éiríodh muintir an tí amach agus ritheadh an dream a dhéanadh é, agus ní túisce a bhíodh an doras dúnta arís ná bhuailtí arís é agus is minic gur le cloch é mar go mbíodh corrbhligeard ann freisin.

Dhúntaí an simléar le féar agus líonadh an teach le deatach. Ba laistí a bhíodh ar na tithe an t-am sin agus cheanglaítí an laiste taobh amuigh le rópa, agus chuirtí i bhfostú é den chlaí taobh amuigh sa gcaoi nuair a shíleadh duine acu an doras a oscailt taobh istigh go mbeadh sé fíor-dheacair nó go mbriseadh an rópa, agus is iomaí uair a bhí daoine i gcruachás mar nach raibh aon leithreas taobh istigh in aon teach ag an am.

Is é an míniú a bhí acu le caitheamh leis na doirse, comhartha nach mbeadh aon ocras ar mhuintir an tí sin sa mbliain a bhí le teacht.

Bhí clis eile acu cosúil le fáinne agus paidrín agus créafóg a chur ar thrí shoitheach agus púicín a chur ar dhuine agus dá leagfadh sé nó sí a lámh ar an bpaidrín bheadh sé/sí ina bean rialta nó ina shagart, a lámh ar an bhfáinne, bheadh sé/sí ag pósadh, agus a lámh ar an gcreafóg bheadh sé/sí i dtalamh taobh istigh de bhliain. Sílim go ndéanadh chuile dhuine iarracht an chréafóg a sheachaint.

Úlla a chur anuas as an tsíleáil agus ag déanamh iarracht breith air lena bhfiacla agus dá n-éireodh leat greim a bhaint as d'fhéadfá an t-úlla a choinneáil. Bhí cleas eile acu, ach ceann a d'fhéadfadh tinneas cinn a chur ar dhuine mar go raibh sé contúirteach – trí choiscéim a thomhas ón mballa agus do dhá lámh a cheangailt taobh thiar de do dhroim, úlla a leagan ar an urlár amach ón mballa agus chaithfeá é a phiocadh suas le do bhéal, ach go minic is éard a tharlódh nuair a shílfeá cromadh, bhuailfí do chloigeann isteach faoin mballa. Is lena aghaidh sin a bhí an cleas sin ann.

Bhí ceann eile acu, báisín a líonadh le huisce agus sé pingine a chur síos ann agus an chéad duine a thabharfadh aníos é ina bhéal, ba leis é. Is iomaí duine a chuaigh abhaile múchta báite de bharr an chlis sin agus gan airgead ar bith.

Bhíodh siad ag déanamh deabhlaíocht eile: dá mbeadh dhá chomharsa nach raibh ag caint lena chéile sheolfadh siad beithígh duine acu isteach i dtalamh an duine eile le haghaidh píosa spraoi a bheith acu lá arna mhárach ag éisteacht leo ag sciolladh ar a chéile.

Bhí clis go leor acu i dtaobh daoine a bhíodh ag iarraidh a fháil amach cé a phósfadh iad: bhí sé ráite dá mbreathnófá isteach i scáthán ar uair an mhéan oíche go bhfeicfeá an fear a phósfá agus, ar ndóigh, dhéanadh bean an tí cáca agus chuireadh sí fáinne isteach ann agus an té a gheobhadh an fáinne ba ghairid go bpósfadh sé.

Dá mbeadh beirt ag caint ar phósadh agus dá gcuirfí dhá chnó isteach sa tine agus ainm na beirte a chur orthu agus dá bpléascfadh siad, ní phósfadh siad; ach dá bpósfadh, bheadh siad ag troid go minic.

Teach ar bith a mbíodh geata crochta air bhíodh sé bainte de na hinsí agus leagtha le taobh dhoras na comharsan agus go minic ní beirt iad a bhíodh an-mhór lena chéile.

Bhí sé ráite chomh maith go mbíonn na sióga ag athrú Oíche Shamhna agus sin é an fáth nach maith le daoine a bheith amuigh deireanach an oíche sin.

Stiofán Ó Cualáin

Bíonn pisreoga ag baint le Lá Samhna freisin. Bhíodh go leor cainte ar thaibhsí i mí na Samhna mar ba í seo mí na marbh. Chreididís fadó go n-athraíodh na daoine maithe ó cheantar amháin go ceantar eile. Chreid siad go dtarlaíodh sé seo ar uair an mheán oíche.

Bríd Uí Thuathail

Lá Samhna, deiridís: "Beannacht Dé le hanam na marbh, tá siad á n-athrú!" – is é sin iad á dtabhairt chuig na flaithis.

Siobhán Uí Chonghaile, Máire Uí Ghríofa agus Seosamh Ó Gríofa

Naoi n-oíche is oíche gan áireamh,
Ó oíche chragtha na n-úllaí go dtí oíche chragtha na gcnámha:

– is é sin, ó Oíche Shamhna go dtí Oíche Fhéile Mártain.

Faisnéiseoir gan ainm

Théadh cailíní óga amach Oíche Shamhna agus b'éard a bhíodh i gceist acu, an chaoi a gceiliúradh siad nósanna Oíche Shamhna ó thaobh brionglóidí.

Shocraigh beirt chailíní go mbainfeadh siad triail as brionglóid Oíche Shamhna. An chéad rud a bheadh le déanamh acu, codladh i dteach nár chodail aon duine riamh cheana ann. Bheadh orthu arán min eorna a bheith acu agus trí ghreim de sin a ithe sul má thitfeadh an codladh orthu. Bhí sé sa seanchas go ndearna na cailíní mar a bhí dlite dóibh. Ar maidin dúirt duine acu go raibh sí ag brionglóideach ar mhairnéalach, fear farraige. Níor dhúirt an bhean eile tada. An bhean seo a bhí ag brionglóideach ar an bhfear farraige, bhí sí ar dhuine de na cailíní ba dhathúla a gheofá i do shiúl lae. Agus bhí sé sa seanchas gur pósadh í le mairnéalach, an fear ba lú slacht a chasfaí ar dhuine.

Ach bhí sé sa tairngreacht go raibh dhá i ndán ann: i ndán sagairt agus i ndán pósadh. Is iomaí máthair a d'fhéach le sagart a bheith sa gclann aici ach níor éirigh le ceachtar acu mar ní raibh sé i ndán dóibh.

4.1.8 OÍCHE FHÉILE MÁRTAIN

Bríd Uí Thuathail
Bhíodh cearc nó coileach ag gach teach fadó le haghaidh Lá Fhéile Mártain. Bhídís ag beathú an éin seo ó thús na bliana agus mharaídís é Oíche Fhéile Mártain. Chuiridís cuid den fhuil seo ar na gasúir agus ar an doras nuair a bhíodh an t-éan marbh. Ba le haghaidh áidh a dhéantaí é seo.

Peig Uí Fhátharta agus Máire Uí Chonghaile
Lá Fhéile Mártain, an 11 Samhain: "Is mise Mártan míorúilteach, agus is i m'ainm a dhóirtear fuil."

4.1.9 LÁ CROSTA NA BLIANA

Peig Uí Fhátharta agus Máire Uí Chonghaile
Lá Crosta na Bliana – an 28 Nollaig – Lá na Leanaí, nó Déardaoin Dearg má thit an lá ar an Déardaoin. An lá a mharaigh Herod na leanaí.

4.2 Toibreacha Éagsúla

Nóra Uí Chualáin
Shiúil go leor naoimh eile leis an gcladach chomh maith. Bhí Naomh Anna ann – tá Tobar Áine thoir i dTóin an Mhása chomh maith. Tá Carraig Áine ann. Bhí daoine ag rá go raibh míorúiltí á ndéanamh anseo fadó, ar ndóigh: an bhean a bhí ag teacht anoir leis an gcladach – seanscéal a bhí ann ón seandíle – agus bhí chuile dhuine ag gáire fúithi, scabhaitéirí óga a raibh an t-amharc acu féin agus bhí sí seo á treascairt. "Ó, a Áine," a deir sí, "cuidigh liom," agus í tite. D'éirigh sí agus bhí chuile shórt – ní fhaca sí féin aon bhlas ó rugadh í – agus bhí chuile shórt le feiceáil anois aici.

9. Teach na mBlácach, An Caisleán, Indreabhán. Lch 215.

10. Sruthán in aice reilig Mhaírois, Bánrach Bán, Baile na hAbhann.
Lch 96.

11. Loch na Naomh, An Cheathrú Rua. Lgh 147–8.

12. Dumhach na Leanaí, An Teach Mór, Indreabhán. Lgh 98–9, 121, 250.

Bhí bád in anchúis in áit éicint amuigh. "Ó, a Áine, cúnamh," a deir duine éicint ar an talamh agus tháinig an bád cothrom agus d'imigh siad. D'imigh an cuaifeach agus lag sé anuas. Bhí sé ráite go raibh an áit sin thar barr.

Bhuel, tá toibreacha thart leis an gcladach i chuile áit. Tá Tobar na dTrí Naomh i dtóin an Mhása. Fuaigh na bPúiríní, tá tobar ann, agus sa gCrompán taobh thoir de, tá tobar ann agus siar i nDuirling na Spáinneach, tá cuid acu ann. Sea, agus tá ceann ó thuaidh arís, Tobar an Bhua, áit a bhfaigheadh duine leigheas. Tá sé ann i gcónaí ach is sáile a bhíonn ann, ach go cinnte tá bua ann. Tá Tobar Chaolainn thiar ar an gCarrach. Tá Tobar Cháilín ar Leac na Creathnaí.

4.3 Laethanta na Seachtaine

Peig Uí Fhátharta agus Máire Uí Chonghaile
Deirtí: "Bearradh Luain agus lomadh Céadaoin: rud nár rinneadh riamh gan éagaoin."

Gach jab a thosú ar an Aoine: "Tosaigh Dé hAoine aguś bí i do shodar á dhéanamh. Bíonn obair an tSathairn mall."

Bríd Uí Thuathail
Níor thosaigh aon obair nua ar an Déardaoin; "Déardaoin Dearg," a deiridís. "Obair mhall an tSathairn" a thugtaí ar obair an tSathairn, agus ní thosaítí ar obair nua Dé Sathairn ach oiread. Ar an Aoine a chuirtí na sciolláin.

5   Traidisiúin Staire

5.1   Saol na mBan

Siobhán Uí Fhátharta

Tar éis an phósta is i dteach an fhir ba ghnách leo cónaí, ach mura mbeadh aon fhear i dteach na mná, ansin ghabhfaidís ina gcónaí ansin. Bhí an chuid ba mhó d'obair an tí ar an mbean, agus chomh maith leis sin, bhíodh sí ag cabhrú leis an bhfear le hobair na farraige, ag sábháil na móna agus mar sin.

Faisnéiseoir gan ainm

Mórán mar a chéile a bhíodh ról an fhir agus ról na mná maidir le rith an tí agus obair, ach gurbh í an bhean a bhíodh ag cniotáil agus ag fuáil agus ag síomh agus ag cardáil, ach thairis sin chaitheadh sí cuid den obair a dhéanamh taobh amuigh. Chaitheadh sí breith ar an láí, ar an tsluasaid agus ar an bpíce in éineacht leis an bhfear agus chaitheadh sí cuid d'obair an fhéir a dhéanamh agus feamainn a chur aníos as an gcladach san earrach. Chaitheadh sí í a iompar agus í a chur ar an talamh le haghaidh leasaithe. Chaitheadh sí feamainn cheilpe a chur suas in éineacht leis an bhfear. Chaitheadh sí í a thriomú agus í a chocadh in éineacht leis agus an tornóg a dhó. Is éard is tornóg ann, balla cloiche cosúil le leaba nó rud éicint, agus chaití an fheamainn isteach ann agus chuirtí splanc anseo agus ansiúd inti le go ndófadh sí. Agus dá mbeadh gaoth ann bheadh sí chomh dona le bád a bheadh ar an bhfarraige – chuirfí tornáil uirthi. Dá mbeadh an ghaoth ina ceann chaithfí í a ligean síos agus í a leagan anuas agus an balla a athrú arís agus é a chur ar an taobh eile. Thógfadh sé sin an-achar. B'fhéidir nach túisce a bheadh sé sin déanta ná bheadh an ghaoth athraithe arís. Chonaic an mhuintir a bhí ar an saol fadó an dá shaol.

Beartla Ó Flatharta

Go deimhin bhíodh ar an mbean fadó obair tí agus garraí a dhéanamh. Bhíodh sí sa rabharta ag baint fheamainne agus ag

130

iompar fheamainne suas go barr an chladaigh le cliabh. Is iomaí bean a chaill páiste ag déanamh na hoibre céanna. San oíche bhíodh sí ag déanamh stocaí nó ag cardáil. Ba í an bhean freisin a dhéanadh éadaí na ngasúr agus léine a fir chéile gan trácht ar níochán chuile bhall éadaigh, idir bhraillíní agus phluideanna.

Siobhán Uí Fhátharta

An teach a choinneáil glan, éadaí a níochán, an chócaireacht a dhéanamh, aire a thabhairt do na gasúir – bhí obair an tí ar fad ag faire ar an mbean. Chomh maith le hobair an tí, bhíodh siad ag obair taobh amuigh freisin: ag obair sa ngarraí, ar an bportach, ag sábháil na móna, ag tabhairt aire do na beithígh agus do na laonta. Bhí cuid acu níos fearr ná fir. Dá mbeadh an lá ag cur sneachta agus dá mbeadh ualach móna ag teastáil is í an bhean a thiocfadh ar an bportach á iarraidh.

Ag cardáil, ag cniotáil agus ag sníomhachán an caitheamh aimsire ba mó a bhíodh ag na mná. Saol nua anois é. Níl ar an mbean aon obair a dhéanamh anois: tá inneall sa teach le chuile shórt a dhéanamh. Athrú chun feabhais cinnte.

Beartla Ó Flatharta

Go deimhin ní raibh mná riamh ar comhchéim le fir. Tá athrú mór ag teacht ar an gceart atá á fháil ag an mbean i saol an lae inniu; go deimhin is beag nach bhfuil sí ar comhchéim leis an bhfear agus ní fada go mbeidh. Bíodh siad buíoch de na fir agus de na mná a labhair amach go láidir ar a son leis na céadta bliain atá i chuile chearn den domhan.

Ba é an rud ba mhó le rá ó thaobh pósta fadó, muirín mhór a bheith ar lánúin agus iad siúd nach mbíodh aon duine de chlann orthu bhíodh cineál drochmheas orthu agus bhítí ag cúlchaint fúthu agus cheapadh chuile dhuine gur ar an mbean a bhíodh an locht.

Siobhán Uí Fhátharta

Bhíodh cóta dearg ar chuile bhean agus naprún seic agus seál beag taobh a muiníl chomh maith leis an seál mór, bróga dubha leathair agus stocaí olna, cniotáilte sa mbaile.

131

Beartla Ó Flatharta

Cótaí dearga agus seálta cniotáilte a chaitheadh na mná Dé Domhnaigh. Ba chóta dearg glíbíneach, fallaing nó seál a mbíodh scothóga leis, a chaitheadh sí sa mbaile mór. Sna boinn a bhíodh an chuid ba mó de na mná ach amháin corrbhean a mbíodh bróga uirthi Dé Domhnaigh.

Siobhán Uí Fhátharta

Ba é an fear ba mhinice a deireadh an paidrín. Deireadh an bhean an deichniúr deireanach agus go leor paidreacha eile ina dhiaidh.

Beartla Ó Flatharta

Bhraitheadh sé céard a déarfadh an fear, ach ní raibh cead aici riamh an paidrín a thosú ná suí ag ceann an bhoird – ba é an fear a dhéanadh na rudaí sin. Go hiondúil ba é an dara deichniúr nó an deichniúr deireanach a deireadh an bhean.

5.2 Caitheamh Aimsire

Bríd Uí Fhlathartaigh

Ba mhinic a chaitheadh siad na hoícheanta fadó ag cur púicín ar a chéile mar chaitheamh aimsire. Is éard a bhíodh sa bpúicín, píosa d'éadach fada a chuirtí timpeall súile duine amháin sa teach. Ansin théadh an méid a bhíodh i láthair i bhfolach in áit éicint sa teach agus an té a mbíodh an púicín air théadh sé á dtóraíocht agus ba mhinic go mbíodh cíléar uisce leagtha ag an doras agus gur síos ar mhullach a chinn sa gcíléar nó sa mbuicéad uisce a théadh sé.

Bhíodh siad ag imirt chártaí freisin. Bhíodh cluiche ann ar a dtugtaí cúig fichead air. Uaireanta bhíodh airgead ar an gcluiche, pingin nó leathphingin nó cibé cé mhéad airgid a bhíodh fairsing acu ag an am. Uaireanta eile ba chnaipí a bhíodh acu ar an gcluiche. Ansin ag deireadh an chluiche dheiridh, b'iondúil, b'fhéidir, go mbeadh dhá phingin nó trí pingine nó níos mó dá mbeadh an t-airgead fairsing, agus sa deireadh thiar bheadh sé sin ag an duine a ghnóthódh an cluiche.

Dé Domhnaigh an t-aon lá a gheobhadh muid cead ár gcinn agus is é an caitheamh aimsire a bhíodh againn a dhul amach ag bualadh liathróide. Bhíodh liathróid againn a bhíodh déanta as fionnadh beithígh. Ní bhíodh liobar fágtha ar dhroim na mbeithíoch nach mbíodh tarraingthe díobh. Ansin d'fhaigheadh muid cloch agus thosaíodh muid ag cur fionnadh na bó timpeall ar an gcloch ar ár mbosa nó go mbeadh liathróid mhór mhillteach déanta againn agus ansin bhíodh muid ag déanamh gaisce cé is mó a mbíodh liathróid aige le dhul ag bualadh. Théadh muid ag bualadh na liathróide ansin. Bhí áit leagtha amach ar a dtugtaí an chailleach air agus dá mbuailfí leis an liathróid ansin tú, bhí ort an liathróid a thabhairt don chéad duine eile agus athrú timpeall.

Caitheamh aimsire eile a bhí ann san am, ag bualadh cead – buachaillí agus cailíní a bhíodh á imirt. Is éard a bhí sa gcead, píosa de chorc a gearradh le scian nó go mbíodh sé ina chiorcal ansin cibé cé mhéad duine a bhíodh ann, bhíodh leath acu ar chaon taobh. Bhíodh dream amháin ag iarraidh é a chur ar an taobh deas agus an dream eile ag iarraidh é chur ar an taobh clé, agus cibé acu ab fhearr á dhéanamh sin bheadh an bua ag an taobh sin.

San airneán freisin bhíodh sé de chaitheamh aimsire againn go gcruinníodh slua timpeall na tine ag cur tomhaiseanna, ainmneacha daoine agus ní fhéadfadh sé a dhul amach thar teorainn nó baile fearainn ar leith mar a thugadh muid air – baile fearainn Bharr an Doire nó baile fearainn an Chaoráin Bhig. Sin é an baile seo an taobh is faide síos i mBarr an Doire nó an teach is faide suas sa nGleann Mór – is é sin cuimhniú ar bhean nó ar fhear sa mbaile fearainn agus an slua a gcuirfí an tomhais orthu, bhíodh siad ag rá é seo nó í siúd, agus sa deireadh an té a thomhaisfeadh an duine ceart, bheadh bualadh bos ann ar feadh píosa fada.

Dan Choilm Ó Concheanainn

Dhéanaidís liathróid as seanraigeanna nó as stocaí agus sreangáin casta timpeall orthu, agus bhídís á bhualadh sin ó dhuine go duine. Bhidís ag imirt cnaipí – ar nós *pitch and toss* nó cártaí – mar ní bhíodh aon airgead acu. B'fhéidir go mbeadh leithphingin acu ach sin é an méid. Is minic a bhain siad amach na cnaipí as a gcuid éadaigh lena n-imirt ar an gcaoi sin.

Nuair a bhíodh gasúir níos láidre bhídís ag imirt cead – sin píosa adhmaid timpeall trí nó ceithre horlaí, é beagáinín ramhar sa lár agus dhá chloigeann chaola air. Dhéantaí poll sa talamh le sáil na bróige agus chuirtí é sin ina sheasamh ann. Thabharfá *tip*ín beag dó sin le maide eile – bhíodh an maide sin suas le trí troithe – d'éireodh an cead agus bhuailfeá é, agus níl a fhios cén t-achar a chuirfeá é.

Thiocfadh duine eile ansin á leanacht agus á chaitheamh isteach. Agus an fear a bhuail é, bhíodh sé ina sheasamh san áit ar a dtugtaí an pitseach, agus dá dtiocfaí i bhfoisceacht fad an mhaide den áit as ar buaileadh roimhe sin é, chaithfeá an maide a thabhairt don fhear eile agus bhuailfeadh seisean ansin é.

Cluiche péire a bhíodh á imirt ag na cailíní. Bhíodh ceithre cinn de chlocha beaga rabhnáilte acu agus iad ina suí síos ar an talamh. Leagtaí dhá chloch ar an talamh agus bhíodh an dá chloch eile ar dhroim do láimhe. Chaithfeá suas an dá chloch a bheadh ar dhroim do láimhe agus bheifeá ag iarraidh an dá chloch ar an talamh a bheith piochta suas agat sula dtiocfadh an péire eile anuas – go mbeadh na ceithre cinn sa lámh in éineacht agat. Ní raibh sé an-éasca é a dhéanamh.

5.3 Oideachas

Siobhán Uí Fhátharta

An sórt oideachas a fuair daoine le mo linnse, bhí sé ciotach ar go leor bealaí, cé go raibh corrdhuine ann ar éirigh leo rud éicint a fháil dá bharr. Maidir leis an gcuid ba mhó againn an t-am sin, ní raibh ann ach do chuid laethanta a chur isteach nó go mbeadh tú ceithre bliana déag. Fuair muid neart maide go deimhin. Bhíodh ort chuile shórt a bheith ar eolas agat de ghlanmheabhair, go háirithe an Teagasc Críostaí. Dá mbeadh tú cineál meabhrach ar chor ar bith, sin é an chaoi is mó a bhfaigheadh tú greadadh; an gasúr a thaitneodh leis an múinteoir, d'fhaigheadh sé sin múineadh ar leith agus ligtí dósan cur isteach ar scrúduithe nó ar scoláireachtaí a bhíodh le fáil. An cineál teagasc a tugadh dúinn is amhlaidh a chuirfeadh sé an ghráin orainn tada a fhoghlaim agus leis an bhfaitíos a bhíodh orainn, ní bhíodh muid in ann na ceisteanna a chuirtí orainn a fhreagairt.

Bhí scoil bhreá mhór againn an tráth a raibh mise ag dul chun na scoile. Sé sheomra mhóra, trí sheomra ag na cailíní agus trí sheomra ag na buachaillí, seisear múinteoirí, ceathrar múinteoirí ban agus beirt mhúinteoirí fir. Bhíodh suíocháin againn agus cheapfainn nach raibh locht ar bith ar an scoil a bhí againn an t-am sin. Cosamar ar sé nó seacht de bhlianta ba mhó a théadh gasúr ar scoil, b'fhéidir corrghasúr níos sine. Is minic nach mbíodh éadach ceart orthu de bharr na bochtaineachta ná fiú amháin greim ina mbolg. Cosnochta a bhíodh an chuid ba mhó againn an t-am sin.

D'fhanadh an chuid ba mhó acu ar scoil go dtí go mbíodh siad ceithre bliana déag cé gur minic nach ngabhfadh corrghasúr ach chomh fada le rang a trí. An gasúr nach mbeadh ann ach é féin agus gabháltas talúna ag a mhuintir, d'fhágadh sé seo níos luaithe ná aon duine eile.

Máire Seoighe

Bhí na scoileanna maith go leor ag an am. Bhí go leor leor gasúir ar scoil an t-am sin mar bhí comhluadar mór i chuile theach. Bhíodh cuid acu óg go leor, sílim, nuair a théidís ar scoil, ó chúig bliana go deich mbliana. Théadh go leor de na gasúir ar aghaidh go dtí an seachtú rang ach bhí cuid eile acu nach ndéanadh ach go dtí an ceathrú rang. D'fhágadh cuid acu an scoil ag dhá bhliain déag d'aois. Duine fánach a d'fhanadh ar scoil go mbíodh sé nó sí sé bliana déag d'aois.

Beartla Ó Flatharta

Bhíodh na gasúir naoi nó deich de bhlianta nuair a théidís ar scoil. D'fhágaidís an scoil cibé aois a dtogróidís é. B'fhéidir go mbeidís ceathair déag nó níos mó nó faoi. Bhíodh gasúir ag dul ann fadó go mbíodh féasóg orthu.

Faisnéiseoir gan ainm

Ní bhfuair siad mórán oideachais mar ní raibh na scoileanna ann agus ní mórán oideachais a bhí ar na múinteoirí ach an oiread.

Nóra Uí Chualáin

Ní raibh mórán oideachais le fáil ag na gasúir. Bhíodh drochbheatha acu ag dul ar an scoil ar maidin agus d'fhanaidís ansin. An méid a d'ithidís ag dul chun na scoile dóibh, sin é a raibh acu. Ní raibh aon lón acu ag dul chun na scoile an t-am sin. Ní raibh acu ach a theacht ar ais abhaile agus ocras orthu agus b'fhéidir cúpla faitín a bheith rompu leataobh na tine. Ní rabhadar in ann tae a ól mar ní raibh sé acu ach ag iarraidh a bheith ag spáráil an ghráinne tae a bhíodh acu le haghaidh na hoíche nó le haghaidh na maidine, maidin lá arna mhárach, agus drochéadach chomh maith.

Siobhán Uí Fhatharta

Bhíodh orainn íoc as ár leabhra de chuile chineál, freisin na pinn luaidhe agus na pinn scríbhneoireachta. Is é an máistir a d'fhaigheadh chuile shórt agus d'íocadh muid astu de réir mar a theastódh siad uainn agus, a Thiarna, ba doiligh an phingin a fháil an t-am sin.

Nóra Uí Chualáin

M'anam go raibh orthu íoc as na leabhra ach nach mórán é, b'fhéidir cúpla pingin. Ach bhí sé chomh deacair pingin a fháil an t-am sin le punt inniu.

Máire Seoighe

Sílim nach raibh orthu íoc ar na leabhra ach bhí orthu íoc ar chóipleabhra.

Siobhán Uí Fhatharta

Bhíodh tine bhreá mhóna i chuile sheomra ach is fada amach ón tine sin a bhíodh na gasúir. Thugadh chuile ghasúr dhá fhód móna faoina n-ascaill chuile lá. Mura dtabharfadh théití na crúba agat.

Beartla Ó Flatharta

Bhíodh tine ag na múinteoirí agus cead ag na gasúir a dhul chuig an deabhal.

Máire Seoighe

Strainséirí a bhí sa gcuid ba mhó de na múinteoirí cé go mbíodh corrdhuine áitiúil mar mhúinteoir.

Nóra Uí Chualáin

B'as chuile áit iad. B'as an áit seo thart anseo iad agus b'as Leitir Mealláin agus as an gCeathrú Rua agus as an gClochán iad.

Siobhán Uí Fhatharta

B'as Ciarraí formhór na múinteoirí ach níorbh as Conamara mac an éin bheo acu. Bhíodh deacracht againn a gcuid Gaeilge a thuiscint, rud a d'fhág col againn leo. Bhíodh siad anuas ort mura mbeadh tú ag déanamh do ghnó go maith.

Na príomhdhifríochtaí atá idir oideachas an lae inniu agus an t-am atá caite: san am atá caite chuaigh an chuid ba mhó chun na scoile i ngeall ar fhaitíos roimh an dlí. Faoi láthair tá rud éicint le fáil as an scoil agus tá na daoine in ann na gasúir a fheistiú níos fearr.

Beartla Ó Flatharta

Tá oideachas an lae inniu níos éasca. M'anam go raibh *cane*, slat, ann le mo linnse agus romham. Bhídís á mbualadh le *pointer* maide. Bhaintí a gcuid éadaigh anuas díobh ar a ndroim agus bhítí ag gabháil orthu gan údar gan ábhar go minic.

Máire Seoighe

Difríocht mhór idir an scoil fadó agus an scoil sa lá atá inniu ann go bhfuil chuile dhuine anois ag dul chuig an meánscoil ach fadó is minic a d'fhágadh cailíní agus buachaillí an scoil le dhul ar aimsir: cailíní ag déanamh obair tí agus buachaillí ag obair ar fheilmeacha.

Beartla Ó Flatharta

Scoláirí bochta a bhíodh ag dul thart ó theach go teach ag múineadh gasúir sa seanam sula dtáinig na scoileanna náisiúnta ar an bhfód. Bhíodh an choróin anuas orthu. Chaitheadh na daoine íoc as na scoileanna. Tuarastal a thugtaí air sin.

Chaitheadh a muintir luach na leabhra a thabhairt do na gasúir. Chaithidís fód móna agus beagán bláthaí a thabhairt chuig an máistir. Chaithidís píosaí de sheanbhróga a thabhairt chuige le haghaidh a chuid bróga a dheisiú agus píosaí éadaigh le cur ar ghlúin a threabhsair. Seacht scillinge sa ráithe a thuarastal. Chaitheadh muintir na ngasúr seacht scillinge an duine a íoc agus bhíodh sé ag imeacht ar lóistín cibé cuma a bhí air.

Bhí máistir scoile i dTeampall an Chloig Bhodhair. Bhí clann Chon Rí ann ag an am. Bhí teach scoile thoir ar an gCurraoineach ag tigh Pheaidín Mheata thoir ag tigh na gCarrbadach. Sórt *shanty* a raibh m'athair ag dul ar scoil ann. Bhí aithne ag m'athair ar chuile cheann díobh sin. Tá mé ag dul ag inseacht anois faoin máistir a bhí sna tithe.

Bhí Pádraic Ó Catháin thart anseo. B'in an máistir agus b'in é Táilliúir an Mhagaidh. Bhí sé ina fhile ach ní raibh sé ach ina bhuachaill an uair sin. Bhí sé ag múineadh gasúir. Ach bhíodh sé ag teacht ar an mbaile seo. Bhíodh col ceathar de pósta sa teach seo ag fear de mhuintir Mhurchadh. Murchadh a bhí air. Bhí sé ina spiadóir nó ina rud éicint ag Óglaigh na hÉireann agus ag an arm Francach Bliain na bhFrancach, ach ní raibh ann ach buachaill óg. Bhí fear eile as an mbaile seo in éineacht leis – col ceathar de – agus chuaigh sé síos go Caisleán an Bharraigh ar fhaitíos go mbeadh rud ar bith ag teacht roimhe, Francaigh, nuair a bhí siad ag teacht i dtír. Agus bhí uncail de cheann eile acu – muilleoir a bhí ann – bhí sé thíos i gCaisleán an Bharraigh mar bhí muillte aige chuile áit.

Feairín beag a bhí sa gCualánach agus bhí Seán Ó Maolamhna, bhí sé ina spiadóir do Shasana i gCondae Mhaigh Eo, agus chuala sé go raibh sé seo ag dul á mharú. Ach chuala sé seo é agus dúirt sé gurbh fhearr an brabach a gheobhaidís gan a dhul ag troid leis ar chor ar bith. Ach bhídís an-lách leis, ag ligean orthu gur spiadóirí Sasanacha iad agus nach raibh siad ag fáil a ndótháin eolais. Ach bean bheag a bhí in éineacht leis an bhfeairín, Tomás Mhurchaidh. Agus nuair a tháinig sé go dtí an muilleoir thiar i gCaisleán an Bharraigh, sula raibh na Francaigh istigh, bhí air – má bhí daoine eile sa teach – suí in áiteacha áirithe. Bhí sé seo ina fhile i gcónaí: "Mise agus tusa agus drioball na muice agus bacach Shíle Aindí, bacach Shíle Aindí." Agus thug sé an teachtaireacht dóibh ar an mbealach sin.

Bhí sé sin ina mháistir scoile ina dhiaidh sin agus dúirt siad go mbíodh sé ag múineadh buachaillí agus á gcoinneáil le chéile ar fhaitíos go dtiocfadh tuilleadh éirí amach sa tír. Bhí an choróin ina dhiaidh féin dá bhfaighfí greim air á dhéanamh nó ar aon bhealach eile. Bhí sé ina mháistir scoile ach lig sé seo air féin gur táilliúir é féin. Fuair sé siosúr agus chas sé téip ar láimhín an tsiosúir. Bhí sé ansin in ann a bheith ag iompar siosúir ina láimh. Ní raibh aon dochar ann. Ní túisce sin ná go mb'fhéidir gur piostal a bheadh ann ach go gceapfadh daoine ansin gur siosúr a bheadh i gcónaí aige le haghaidh é féin a chosaint. Agus bhíodh bosca leabhra istigh faoina ascaill aige agus strapaí air agus éadach sa gcaoi go gceapfadh daoine gur táilliúir a bhí ann. Bhí an fhilíocht ansin aige agus tugadh Táilliúir an Mhagaidh air.

5.4 Eachtraí Logánta

Tomás Ó Flatharta

Aimsir an Drochshaoil, tá baile taobh thoir den Bhántrach Bhán ... tá eachtrannach a tháinig ó thír isteach curtha ann. Bhí sé stiúgtha leis an ocras agus tugadh neart bia cladaigh dó. Ach cheal cleachtaidh agus an t-ocras, mharaigh sé é. Níor mhaith le daoine a dhul ann san oíche.

Bhí scéal mar gheall ar bheirt dearthár, más fíor é, i mBarr an Doire. Mharaigh deartháir, deartháir eile mar gheall ar fhata spréite. Is cruthúnas duit é go raibh dúil sa bhfata acu.

Thug daoine gleoiteog go hÁrainn agus d'ionsaigh siad an stór gráin ann agus ghoid siad é. Dream as an gCeathrú Rua a deirtear.

Tomás Ó Flatharta

Ní raibh ach builín amháin ar an gCeathrú Rua nuair a tháinig Micheál Dáibhid agus é ag bolscaireacht faoi Chonradh na Talún. Bhí go leor díshealbhaithe san áit seo [An Cheathrú Rua] le linn Chogadh na Talún. De bhrí go bhfuil lucht bailithe an chíosa beo fós, sin iad na pailitéirí a bhí ag na tiarnaí talúna, ní luafaidh mé aon ainm mar go mb'fhéidir go mbeadh sé róghar don chnámh, ach shíl siad baintreach amháin a chaitheamh as seilbh. De mhuintir Mhic Éil í. Nuair a tháinig siad isteach rug sí ar scraith gríosaigh agus bhuail sí anuas sa muineál duine acu agus loisc sí é. Níor cuireadh as seilbh í an lá sin.

Nuair a bhí Ruairí Mac Easmainn anseo bhí an oiread trua aige do na gasúir scoile. Is é a chuir tús leis an bhfeachtas builíní agus subh a chur ar fáil do ghasúir bhochta na Gaeltachta. Bhí gradam aige an t-am sin, Sir Roger Casement.

Séiplíneach a bhí sa gCeathrú Rua, is é a stop an muileann gaoithe i nGaillimh. Rug siad air agus chuir siad ar an muileann é chun é a mharú ach stop sé é, más fíor. Ba é an duine deireanach a cuireadh ann agus níor oibrigh sé níos mó.

5.5 Dinnseanchas

5.5.1 NATHANNA AGUS LEASAINMNEACHA BAINTEACH LE BAILTE
ÁIRITHE

Siobhán Uí Chonghaile agus Máire Uí Ghríofa

Muintir Dhoire Fhátharta, na ruidíní feannta,
Muintir an Tuairín, na ruidíní suaracha.

Doire Fhátharta na bhfeadóga,
Cuilleán an tsúiche,
Agus pocaidí dubha Ros Muc.

Poll Uí Mhuirinn gan pingin nó scilling,
Leitir Mealláin gan fata nó sciollán,
Is muintir an Droma, na ruidíní sramacha.

Seanachomheas, gan tine ná teas,
An té a d'fhanfadh as dhéanfadh sé a leas.
nó
Seanachomheas: baile beag deas ar an taobh ó dheas.

Is deas an baile é an baile seo,
Is deas an baile é Maínis,
Is deas an baile chuile bhaile,
Ach Foirnéis glas na bhfaochan.

Meaig Uí Dhomhnaill agus Bríd Uí Bhriain
Doire an Fhéich: Bhí bean as Doire an Fhéich fadó agus
d'iompair sí mála plúir as Gaillimh go Doire an Fhéich agus
deirtear gur chodail sí ar feadh ceithre lá ina dhiaidh sin mar go
raibh sí chomh tuirseach sin. Deirtear faoi dhuine fós féin a
d'fhanfadh sa leaba rófhada go bhfuil "codladh mhná Dhoire an
Fhéich" air.

Peig Uí Fhátharta agus Máire Uí Chonghaile
Codladh mhná Dhoire an Fhéich ó Dhéardaoin go Domhnach
[cf. Ó Máille 1948, §1184].

Meaig Uí Dhomhnaill agus Bríd Uí Bhriain

Inis Meáin,
Inis gan arán,
Inis gann gortach,
An lá a rachaidh tú ann gan aon arán,
Beidh tú an lá sin i do throscadh.

Bhí sé ráite go raibh muintir Inis Meáin gortach ach ní aont-
ódh cuid de na bádóirí gurbh in é an fáth a dúradh an rann sin,
ach gur mar gheall ar chomh deacair is atá sé a theacht i dtír ann
le bád mar gheall ar na farraigí a bhíonn ann; nach mór duit do
bhéile féin a bheith ag teacht agat mar b'fhéidir nach mbeidh tú
in ann a theacht as an mbád ar chor ar bith.

Cladhnach:

Is deas an baile é an baile seo,
Is deas an baile é an Pointe,
Is deas an baile é chuile bhaile,
Ach Cladhnach glas na bhfaochan.

Peig Uí Fhátharta agus Máire Uí Chonghaile
Spré Chois Fharraige: asal agus péire cléibh.
Coilm Chois Fharraige: leasainm ar fhir Chois Fharraige –
mar go raibh Colm i ngach teach in omós do Cholm Cille.
Faochain a chuir síoda ar mhná Leitir Móir.

Faisnéiseoir gan ainm
Leasainmneacha iad seo thíos ar dhaoine as bailte áirithe:

Japs Bhaile na mBroghach: Tugadh an t-ainm seo orthu mar
go raibh muintir Bhaile na mBroghach an-bheag, sin le rá nach

raibh morán airde iontu. Freisin bhí siad donn nó buí as a
n-éadan.

Coiníní na Cathrach: Bhí sé ráite go raibh go leor coiníní ar
an gCathair, baile fearainn i gCoill Rua.

Féasóga an Locháin: Baile na Féasóige a thugtar ar bhaile an
Locháin Bhig. Dúradh nach raibh ach rásúr amháin ar an mbaile,
agus oíche Dé Sathairn go dtéadh an rásúr seo ó theach go teach
le go mbeadh na daoine bearrtha le haghaidh an Domhnaigh.
Ligtí cead don fhéasóg fás le linn na seachtaine.

Bacstaís na Mine: Bhí sé de cháil ar mhuintir na Mine go
mbídís ag ithe bacstaí i gcónaí ar a mbealach chun na Gaillimhe.

Siobhán Uí Chonghaile agus Máire Uí Ghríofa

> Asail Bhéal an Daingin;
> Tincéirí Eanach Mheáin;
> Bainbh an Mháimín.

Bhí lá spóirt ar Pháirc an Mháimín roinnt blianta ó shin.
Ceann de na cluichí a bhí ann, muc a scaoileadh amach ar an
bpáirc. Bhí bealadh curtha ar an muc. An té a bhéarfadh uirthi,
ba leis í. Tháinig seanfhear as an Máimín ann; nuair a chonaic
sé an mhuc, chaill sé an cloigeann. Cheap sé gur masla a bhí ann
de mhuintir an Mháimín mar gheall ar a leasainm – bainbh an
Mháimín. Rinne sé iarracht an mhuc a mharú. Lean sé daoine le
maide.

5.5.2 GARRANTA, BÓITHRÍNÍ AGUS LOGAINMNEACHA EILE

Seosamh Ó Gríofa
Seo a leanas cuid d'ainmneacha gharranta Pholl Uí Mhuirinn:
Garraí an Chrúbáin: Tá fear a dtugtaí Crúbán air agus a mhac
  curtha sa ngarraí seo. Cailleadh iad aimsir an Ghorta Mhóir.
  Tá an dá leac le feiceáil fós.
An Garraí Nua
Garraí Ráf
Garraí Bholstrom

Garraí an tSléibhe

An Garraí Mór

Garraí an Tobair

Garraí an Átha: Ciallaíonn átha oigheann, tine mhór a bhíodh déanta ag cruachan an fhómhair; chaithfí é a dhéanamh crua lena mheilt.

Garraí an Léana

An Mhoing Mhór

Na Locháin

An Gleann Mór

Na Préacháin

An Chora Bhuí

An Duirling Mhór

Garraí Learaí

An Cnocán

Garraí Gleannach an Bhalla: Thugtaí Garraí an Domhnaigh air seo chomh maith, mar gheall go raibh sé gar don teach agus bhí sé éasca le haghaidh na mbeithíoch.

Garraí Chnocán an Aifrinn: Tá cnocán ann ina ndeirtí an t-aifreann i ngan fhios aimsir na bPéindlithe.

Garraí Thomáisín

Garraí an Chloch Scoilte: Tá cloch mhór sa ngarraí seo atá scoilte.

An Garraí Buí

Garraí an tSeileastraim

Garraí Mhicil Ghabha

An Aircín: Áit a mbíonn cuan beag isteach ann.

Garraí Thóin Mhuirbhigh: Tá sí ag síneadh leis an gcladach.

An Roisín

Meall na Cora

An Cnoc Beag

Garraí Mhuirí

An Caorán Buí

An Chora

Gearóid Ó Gríofa agus Máirín Ní Chonghaile
Seo a leanas ainmneacha cuid de gharranta Chor na Rón:

An *Piper:* Tá sí seo i mbarr an bhaile. Deirtear go raibh fear ina chónaí inti fadó a bhíodh ar an bportach. Bhíodh muintir an bhaile ag tabhairt bia dó. Tá sé ráite chomh maith gur bhásaigh beirt ghasúr ann aimsir an Ghorta. Chuaigh a máthair síos ag an gcladach ag baint bairneach. Nuair a tháinig sí abhaile bhí na gasúir básaithe. Rinne muintir an bhaile dhá chliabh saile leis na gasúir a chur iontu. Bhí na slatracha seo úr agus d'fhás coill aníos uathu. Tá an choill sin ann i gcónaí.

Na Tamhnacha

An Garraí Leacrach

Na Ciseacha Fada

Garraí an Sceach Gheal

An Staidhcín

Scailp na gCat

An Garraí Ard

Na Dumhcha: An chiall atá le dumhach, áit a mbíonn go leor gainimh. Bíonn go leor poill coiníní ann.

Garraí Thobar na gCurracha: Tá tobar sa ngarraí seo, agus is garraí í ina mbíonn curracha leagtha ar foscadh inti.

Garraí an Iarainn

Poll Cheata

Scailp an Scoraigh: Tá an garraí seo i mbarr an bhaile. Deirtear go mbíodh Scorach Ghlionnáin ina chónaí inti. Aill a bhíodh mar dhoras aige.

Bríd Uí Chadhain

Seo a leanas cuid d'ainmneacha gharranta an Bhaile Nua (Cor na Rón Thiar):

Garraí an Bhóthair Lathaigh

Na Garranta Rua

An Bhuaic

Garraí Kelly

Garraí an Chladaigh

Na Tamhnacha

An Bhearna Mhór

Garraí Thobar Dhomhnaill Óig

Garraí an tSrutháin

Garraí na gCoinneal

Garraí na Leacrach

Garraí an Tine Chnámh

Garraí an Tobair

Garraí na dTornóg

An Staidhcín

Garraí na Stileach

Garraí na Leice
Garrraí Pháirc an Dó
Garraí Mhór Neide
Garraí Pháidín Shéamais
Garraí na bPáistí
Garrranta na gCloch Mór
Garraí Sheáin 'ac Conaola
Garraí an Choirce Ghallda
Garraí Chloch an tSaighdiúra
An Garraí Garbh
Na Portaigh Arda
Sliabh Neain Mhóir
Garraí McGinty
An Garraí Garbh

Garraí na gCarnach
Garraí na Sceiche
Sliabh Mhór Cholaí
An Chreig
An Pháirc Leathan
Garraí an Ghréasaí
Cnocán Miotail
Cnocán na bPíobairí
Garraí Tommy
Garraí an Chlaí Chloiche
Garraí Sheáin Eoin
Clocha St John
An Garraí Gabhainn

Dan Choilm Ó Concheanainn

Tá garranta i gCor na Rón a dtugtar Garranta na nGamhna orthu agus is iontu a d'fhágadh an Chailleach Bhéarra a cuid gamhna nuair a thagadh sí aniar. Bhí cáil mhaith féaraigh ar na garranta seo agus ní ligfeadh an faitíos d'aon duine aon bhlas a rá leis an gCailleach.

Tugadh Baile an Logáin ar an mbaile taobh thoir mar gheall ar an bhfána mór atá ann – logán mór idir dhá ard.

Agus tá an Garraí Clúmhaigh ann mar gur garraí é ina bhfásann an ceannabhán bán.

Tá áit i gCor na Rón a dtugtar an Corrán air. Seo leac ard atá sa bhfarraige agus poll uisce ar chaon taobh di. Thagadh na rónta isteach ar an leac seo am áirithe den bhliain agus bhailídís ar an gCorrán seo – as sin a fuair an baile a ainm.

Hannah Uí Thuairisg

Seo a leanas roinnt logainmneacha atá i mbaile an Locháin Bhig:

Bóithrín na g*Cavaliers.*
Ard na Fearsaide: Bhíodh cáil ar an áit seo go mbíodh síoga le

feiceáil ann. Ciallaíonn fearsad talamh íseal in aice na farraige.

Cnocán na Rince: Bhí sé ráite go mbíodh sióga ag rince san áit seo.

Bóithrín Mhuintir Laoi: Sin é an bóithrín atá síos ó Scoil Shailearna, ar an gCnoc.

An tSeansráid: Seo í an áit a raibh seanbhaile an Locháin sular athraigh siad suas go dtí bóthar an rí, áit ar thógadar tithe nua.

Bóithrín Bharr an Chlaí

Bóithrín Mhicil: Ainmníodh an bóithrín seo i ndiaidh Mhicil Teaide a chónaigh san áit – athair Mhichíl Bhreathnaigh.

Máire Seoighe

Tugadh Bóithrín an tSagairt ar an mbóithrín atá thíos ar an gCaorán Mór, mar gheall go raibh sagart ina chónaí ann. Is sagart pobail a bhí ann, an tAthair Seán.

Tomás Ó Flatharta

An Toit, Toit Chonáin [Caorán na gCearc, in aice Ros an Mhíl] – féasta bairneach. De réir an tseanchais ní bhfuair go leor daoine anseo bás fadó le hocras mar bhí neart le n-ithe. Cnocán fíorstairiúil é an Toit. Tá sé marcáilte ar an léarscáil ordanáis. Thagadh an baile ar fad le chéile, bhíodh caor de thine lasta acu agus phioctaí an t-iasc sliogánach ar fad a bhí sa gcladach agus bhruití agus róstaí iad ansin. Chaití na sliogáin i gcarnán ansin agus is mar sin a rinneadh an Toit. Tá sé dhá throigh déag ar airde. Tagann daoine as chuile áit ag breathnú air seo.

Máire Seoighe

Bhí tobairín beannaithe ar dtús san áit a bhfuil Loch na Naomh thuas ar Chnoc an Phobail [An Cheathrú Rua] agus ní raibh sé ach chomh mór le lorg coise bó. Lá amháin bhí na naoimh ag an tobar sin. Nuair a d'imigh an chéad naomh as d'fhág sé a leabhar ina dhiaidh agus nuair a bhí sé i nGaillimh sin é an uair a thug sé faoi deara go raibh an leabhar fágtha ina dhiaidh aige. Bhí an oiread naoimh ann gur thosaigh siad á rá siar ó dhuine go duine nó gur tháinig an scéal go dtí an naomh deiridh agus thug sé sin leis an leabhar agus rinneadh loch den tobairín sin. Tobairín beag beannaithe a bhí ann ar dtús agus ansin mhéadaigh sé suas ina loch. Théadh daoine ann ar Lá Fhéile Mhic Dara. Bhí leigheas le haghaidh súile agus cloiginn inti.

5.5.3 REILIGÍ

Bríd Uí Fhlathartaigh

Tá reilig Bharr an Doire suite ar bhruach na farraige trasna ó Chuan Chasla agus deir siad, Oíche na Stoirme Móire, ar an 6 Éanair 1839, gur tugadh píosa mór den talamh amach aisti agus go ndeachaigh sé amach i bhfarraige leis an mbruth agus leis an stoirm a bhí ann. I ndiaidh na stoirme, deirtear go dtáinig daoine as chuile áit a raibh daoine leo curtha inti agus go rabhadar ag fáil píosaí móra de chnámha a bhí curtha amach ar an trá ar feadh míle nó leathmhíle bealaigh agus go raibh siad tugtha amach ag an bhfarraige agus ag an stoirm de bharr Oíche na Stoirme Móire.

Tá seanteampall i mBarr an Doire agus sé an t-ainm atá air, Teampall Naomh Smucán. Bhí na seandaoine ag rá anuas trí na haoiseanna ar fad gur sa tríú haois déag a tógadh é, agus gur anall as Sráid na Cathrach i gCondae an Chláir a tugadh na clocha i mbáid, agus gur mar sin a tháinig siad ann. Tá caladh beag píosa ó dheas uaidh a dtugadh na seandaoine Caladh an Mhaide air, agus seo é an t-údar a bhí le Caladh an Mhaide – fadó nuair a bhíodh na longa ag imeacht agus go leor adhmaid iontu agus gan iad chomh hacmhainneach an uair sin agus atá siad anois, chomh láidir ná chomh maith le haghaidh na drochaimsire a sheasamh, chaillidís go leor den adhmad, thiteadh sé amach agus d'imíodh sé le sruth agus cibé cén taobh a mbeadh an ghaoth, sin é an taobh a dtugadh sí a haghaidh. Ach ar aon nós, is cosúil go dtáinig maide mór den raic seo i dtír san áit seo, Caladh an Mhaide, agus tháinig go leor daoine agus chuireadar ar bhruach é, agus ghearradar suas é agus níl a fhios cén t-adhmad a bhain siad amach, agus riamh ó shin go dtí an lá atá inniu ann tá Caladh an Mhaide ar an gcaladh beag seo.

Thugadar na clocha trasna i mbáid as Sráid na Cathrach agus rinneadar an teampall seo, agus tá déanamh ornáideach air, go mórmhór na fuinneoga – tá clocha ornáideacha gearrtha isteach iontu – agus dúirt na seandaoine go raibh sagart curtha ann darbh ainm an tAthair Labhrás Ó Ceallaigh, agus tá go leor daoine as an áit curtha ann chomh maith. Tá sé ina sheasamh fós chomh láidir inniu agus a bhí sé an chéad lá ar tógadh é.

Ar an taobh eile, píosa aníos ón teampall, tá reilig Naomh Smucán, atá ceaptha a bheith ar cheann de na reiligí is sine in Éirinn, agus daoine as Sasana curtha inti. Is inti atá an t-ealaíontóir Séarlas Ó Luain, nó Charles Lamb, as Port an Dúnáin curtha agus is inti atá a bhean curtha freisin. Bhí sé ina dhochtúir beithíoch anseo sula raibh aon chaint ar dhochtúirí beithíoch. Is inti atá an scríbhneoir cáiliúil Muiris Ó Súilleabháin, a scríobh *Fiche Blian ag Fás*, curtha freisin, agus tá duine eile curtha inti freisin a bhí ina scríbhneoir maith ina am féin, cé nach bhfuair sé mórán deise ar oideachas a fháil, Peadar Neilí Ó Domhnaill. Scríobh sé litir ar Chath na Ceathrún Rua san am fadó nuair a bhí na tiarnaí talún i réim ar fud na hÉireann agus bhíodar ar an gCeathrú Rua agus bhíodh dlíthe an-chrua acu. Scríobh Peadar leabhar faoin ábhar seo agus scríobh sé leabhar eile faoi shaol a mháthar.

Máire Seoighe

Bhí cillín nó teachín beag thíos i mBarr an Doire, sa reilig, agus sin é an fáth ar tugadh Paróiste an Chillín ar an gCeathrú Rua fadó. Áit í seo a dtéadh na sagairt nó na naoimh ag guibhe fadó.

Seosamh Ó Laoi

Reilig Mhaínse: tá dumhach ansin ann, Dumhach na gCathasach a thugann siad uirthi. Tá sé sin díreach glan nuair atá tú ag dul isteach ag reilig Mhaínse. Déarfaidh mé anois nuair a chasfá síos ag reilig Mhaínse ar thaobh na láimhe deise, tá sé sin thíos ag bruach na farraige. Reilig bhreá í. Tá sí ar bruach na farraige. Milleadh í. Bhíodh muintir Chaladh Mhaínse agus na hAirde Móire ag teacht ann agus bhíodar ag togáil *plot*anna móra de.

Dá ndoimhneoidís síos ansin i dtosach, déarfaidh mé anois é, doimhniú síos, níl a fhios agat cén t-achar síos a ghabhfaidís ann agus an chónra a leagan síos ansin agus an chéad uair eile os a chionn arís, iad a chur – ní thógfaidís an oiread den spás. Ach milleadh í. Ach cibé é, tá sí ann i gcónaí ach sin í an áit a bhfuil mo mhuintirse curtha ar chaon taobh agus sílim gur ann a chuirfear mé féin cibé cén lá a chuirfeas an Fear Sin Thuas *phone call* chugam. B'fhéidir go bhfuil scaitheamh eile agam. Tá súil agam go mbeidh.

Ach, ag caint ar an reilig. Bhí muid lá fadó istigh tigh Mhoran i gCarna, an teach ósta ansin. Bhí fear as Maíros ann, ach go raibh sé pósta le bean as an gCrompán, cuid de clann Mhic Chon Iomaire sin i gCoillín, a raibh Seán Tommy air. Bhíodh sé ag dornálaíocht san arm. Bhí aithne mhaith ag Mike Flaherty air. Ach tháinig sé seo isteach ann agus is é an fáth gur tháinig sé, bhí na coiníní ag déanamh mí-áidh i reilig Mhaínse, ag déanamh poill ann, agus an té a bhí ag iompar cónra ná tada, bhí sé anchontúirteach, an-chontúirteach, agus sin é an fáth go ndeachaigh Moran agus é ina *chounty councillor* – chaithidís a dhul isteach go Gaillimh faoi aon rud nach raibh siad in ann aon rud a dhéanamh faoi.

Tháinig fear amach ag breathnú ar an reilig agus chuaigh sé go Maíros i dtosach agus chuaigh sé go Maínis ansin, agus tháinig sé isteach tigh Mhoran nuair a bhí an dá aistear déanta aige agus shuigh sé síos ag an gcabhantar ag ól deoch. Bhí Moran ina sheasamh in áit éicint ann agus bhí sé ag caint.

"Bhuel, tá mé ag déanamh an-iontas de," a deir sé, "níl siad ag déanamh lot ar bith i Maíros," a deir sé, "blas ar bith," agus ní raibh, "ach tá Maínis an-mhillte acu ceart go leor. Tá Maínis go dona ach níl Maíros."

"Tá a fhios agam cén fáth," a deir Lydon.

"Ó, glacaim pardún agat," a deir an strainséir, "tá mé an-tsásta fear a fháil a inseos dom é."

"Bhuel inseoidh mise duit é," a deir sé. "Is éard atá i Maíros curtha, an chuid is mó acu," a deir sé, "*soupers*, mar bhí teach ministéara thiar ansin i bhfad i Maíros, an dtuigeann tú, agus bhí cuid acu *join*eáilte leis. Agus is éard a bhí i Maínis i gcónaí ach Caitiliceachaigh agus bhí na coiníní iad féin ina gCaitiliceach-aigh. Tá reilig Mhaírois níos sine ná Maínis mar inseoidh mé duit cén fáth. Bhí séipéal i reilig Mhaíros agus daoine ag dul ar aifreann ann agus sé an t-ainm a bhí ar an bpobal sin i dtosach the Parish of Mylotte, ach athraíodh ansin é nuair a rinneadh séipéal i gCarna. Tugtar pobal Charna ar an bpobal sin, ach pobal Mhaírois a bhí i dtosach air.

Ach, bhí na coiníní ag déanamh mí-áidh i Maínis, ach bhí muintir Chloch na Rón ag teacht ansin san oíche agus bhí *ferret* acu. Agus thug siad lán an mhála de choiníní as, amach as an reilig. Bhíodar chomh mór le giorraithe de bharr an fhéir. Bhí. Bhí an féar maith acu, an dtuigeann tú, agus bhí muintir Mhaínse *fed up* acu mar inseoidh mise duitse cén fáth: bhíodar ag ithe gabáiste orthu, leitís agus na rudaí sin uilig agus bhíodar chomh mór le giorraithe. Chonaic mé féin go minic ar an dumhach iad. Chuir siad an stuif sin ann, déarfainn. An bhfuil a fhios agat céard a fheiceann muide anseo le bliain? Coinín dubh. Agus tá an-fhaitíos ag cuid de mhuintir an tseomra seo roimhe, coinín dubh. Tá sé feicthe go minic maidineacha amuigh ansin ag ithe féir. Níor thaithnigh sé ar chor ar bith leis an mbuachaill seo sa leaba sin. "Díbrigh an b—," a dúirt sé!

6 Ealaín Bhéil

6.1 Scéalta

6.1.1 SCÉAL NA GCAT

Tomás Ó Flatharta

Seo scéal álainn atá go forleathan i mbéaloideas na tíre, in áiteacha éagsúla, agus a leagan féin acu go léir. An leagan atá agamsa, baineann sé leis an seanteampall thoir ag reilig Bharr an Doire.

Fear siúil ar dhall a namhaid é uair agus a chuaigh ag ligean na hoíche thairis taobh istigh de bhallaí an teampaill oíche áirithe amháin. Ar uair an mheán oíche agus é ar tí titim ina chodladh, sea thug sé faoi deara trí chat ar thrí bheanna an teampaill. An mheamhaíl, dáiríre, a dhúisigh é. Dúirt ceann acu i nglan-Ghaeilge:

"Inis scéal, a Shadhbh."

"Níl aon scéal ag Sadhbh," a dúirt an chéad chat, "mura bhfuil aon scéal ag Meamh."

Dúirt Meamh:

"Níl aon scéal ag Meamh mura bhfuil aon scéal ag Fuile Faile."

"Tá scéal agamsa," a deir sé. "Tháinig mise ar bhean inniu ag bleán na bó ach dhíbir sí mé nuair a shíl mé mo chloigeann a chur sa gcanna. Ach d'fhág mise ribe sa mbainne agus tá a hiníon anois i gcruth an tsagairt agus níl aon leigheas i ndán di ach aon leigheas amháin. Ach tá píoblach orm anocht agus inseoidh mé é sin daoibh san oíche amárach."

Leis sin d'éirigh siad de thrí bheanna an teampaill. Chuaigh an fear siúil ag taisteal agus casadh isteach é i dteach na mná. Chuir bean an tí fáilte roimhe agus chuir cóir agus caoi air. D'inis sí dó go raibh a hiníon go han-dona ar an leaba. Ach dúirt sé léi go buíoch agus go beannachtach:

"De bhrí gur chaith tú liom chomh maith sin, beidh leigheas na hiníne agam ar maidin."

An oíche sin arís rinne sé ar an teampall agus labhair na cait ar uair a dó dhéag mar a labhair siad cheana agus dúirt Fuile Faile:

"Níl aon leigheas ar an mbean úd ach trí bhraon as umar uisce an teampaill," agus d'inis sé scéal fada eile a chuir an fear taistil ina chodladh. Ar maidin thug sé leis trí bhraon d'uisce an teampaill agus leigheas sé an iníon.

Ansin chuimil sé trí bhraon den uisce dá shúile féin agus fuair sé a amharc ar ais. Casadh an namhaid leis agus dúirt sé leis nach bhfaca sé chomh maith ag breathnú riamh é agus a bhí sé. Dúirt an fear siúil:

"De bhrí gur chaith mé cúpla oíche i mo chodladh sa teampall an fáth atá leis ar fad."

"Codlóidh mise anocht ann," arsa an namhaid agus chuaigh sé ann le contráth na hoíche agus ar uair a dó dhéag tháinig na cait.

"Inis scéal, a Shadhbh, mura bhfuil aon scéal ag Meamh."

"Níl aon scéal ag Meamh, mura bhfuil aon scéal ag Fuile Faile."

"Tá sin agam is neart, ach ní aithriseoidh mé aon scéal ná ní chuirfidh mé aon bhréag nó go gcuartófar ballaí an teampaill. Mar an scéal deireanach a d'inis mé aréir, bhí cluasa ar na claíocha agus ar na ballaí, agus tá iníon na mná úd ar labhair mé uirthi cheana leigheasta le trí bhraon d'uisce an teampaill. Géaraigí bhur gcuid ingne agus ná fágaigí cúinne sa teampall gan chuardach."

Rinne siad amhlaidh agus fuair siad an namhaid agus stróic siad na súile amach as.

Ná bí fealltach mar de réir an tseanfhocail "Filleann an feall ar an bhfeallaire", agus tá go leor cait fhiáine ar fud an domhain.

6.1.2 AN TUAMA

Faisnéiseoir gan ainm

Blianta fada ó shin tháinig seanbhean strainséara ag cónaí thart anseo. Ní raibh a fhios ag aon duine tada fúithi, mar nár lig sí a rún le haon duine riamh, ach amháin go mba bhaintreach í agus nach raibh aon chlann aici, agus ní thagadh aon duine ar cuairt chuici. Bhíodh fear comharsan agus a mhac ag tabhairt cuairte uirthi agus bhíodh an buachaill ag déanamh go leor oibre di, cosúil le bheith ag tabhairt móna agus uisce agus bainne chuici agus ag déanamh jabanna den sórt sin di. Níor thug sí riamh luach milseáin ná tada dó agus, ar ndóigh, níor thaithnigh sé seo leis an mbuachaill. Ach bhí sé ráite le chuile ghasúr ag an am sin a bheith go maith do chuile sheanduine agus chuile chabhair agus cúnamh a thabhairt dóibh is gan a bheith ag súil le haon luach saothair, rud nach bhfuil ag tarlú inniu.

Bhíodh an bhean seo ag faire de shíor ar an mbuachaill seo agus dá bhfeicfeadh sí é ag déanamh aon rud as bealach, is cuma cé chomh beag, d'inseodh sí é dá athair agus, ar ndóigh, thabharfadh an t-athair tuirne Mháire dó. Chuile uair dá mbuaileadh a athair é faoi na rudaí seo bhíodh níos mó gráin aige ar an tseanbhean seo, mar go dtagadh a athair isteach chuici chuile lá. Bhíodh sé ag fanacht sa mbaile ón scoil i ngan fhios dá athair is dá mháthair, ag maidhtseáil mar a thugadh siad air, ach ní dhéanadh sé é i ngan fhios di seo agus, ar ndóigh, d'inis sí é seo dá athair agus fuair sé griosáil faoi sin agus cuireadh chun na scoile é agus níor fhan sé sa mbaile ná ní dheachaigh sé ag maidhtseáil uaidh sin amach.

Bhíodh a chairde ag magadh faoi mar go dtug siad faoi deara go raibh sí seo á fhaire de shíor nuair a bhíodh sé ag teacht abhaile ón scoil. Buaileadh suas í le pianta cnámh agus ní raibh sí in ann a dhul amach. Bhí an buachaill an-áthasach mar ní raibh aon duine ag faire air anois. Nuair a bhí sí ar an leaba agus cheap sé seo nach bhféadfadh sí rud ar bith a dhéanamh, tháinig sé isteach an tráthnóna seo agus toitín ina bhéal aige, ag déanamh bearráin uirthi, ach ar an bpointe is a tháinig a athair isteach an oíche sin, d'inis sí dó faoin mbuachaill agus an toitín is, dar m'fhocal, nár chaith an buachaill sin aon toitín arís go deo leis an léacht a thug a athair dó.

Ar maidin lá arna mhárach, nuair a chuaigh an t-athair go dtí an tseanbhean seo, bhí sí caillte sa leaba. Nuair a chuaigh sé abhaile d'inis sé an scéal. Bhí an buachaill thar a bheith áthasach

agus bhí an oiread oilc aige don tseanbhean seo is nach ngabh-
fadh sé chuig an tsochraid. Lig sé air féin go raibh slaghdán air
an lá sin. Ní raibh sí i bhfad básaithe go dtáinig fear agus bean
stráinséartha chuig an teach seo, is cé a bheadh ann ach deirfiúr
den tseanbhean seo agus dlíodóir, agus bhí uacht na seanmhná
seo acu, agus bhí máthair an bhuachalla seo istigh agus léigh
siad an uacht dóibh, go raibh go leor airgid fágtha aici le
haghaidh oideachas a thabhairt don bhuachaill óg seo.

Bhí an bhean seo ag dearcadh go han-ghrinn ar an mbuachaill
óg seo is ansin, nuair a bhí chuile shórt socraithe acu, dúirt sí leis
go raibh sé cosúil le mac na mná a cailleadh. Ar ndóigh, bhí ion-
tas an domhain orthu seo a chloisteáil, go raibh mac aici, mar
níor labhair sí riamh faoi ach dúirt sí seo leo nach raibh aici ach
an t-aon mhac amháin agus thug sí chuile shórt dó dár iarr sé
mar bhí sí féin agus a fear go maith as, agus nuair a bhí a mac
bliain is fiche d'iarr sé carr agus, ar ndóigh, fuair sé sin agus mí
ina dhiaidh sin bhí sé marbh i gcarrthimpiste agus bhí sí de shíor
ag cur a mhilleáin uirthi féin mar gheall gur cheannaigh sí an
carr dó. Nuair a fuair a fear céile bás d'fhág sí an ardchathair,
Baile Átha Cliath, agus cheannaigh sí an áit seo. Sin é an fáth go
raibh an oiread sin suime aici sa mbuachaill óg seo agus go
mbíodh sí i gcónaí ag faire air.

Chuaigh sé chuig coláiste agus nuair a bhí sé réidh chuaigh sé
is chuir sé tuama á dhéanamh di agus an lá a chuir sé an tuama
seo ina sheasamh, ba lá breá samhraidh a bhí ann agus d'fhiaf-
raigh sé den fhear a bhí ag tabhairt cúnaimh dó ar cheap sé go
mbeadh a fhios ag na mairbh faoi na rudaí seo, mar bhí an-
aiféala air mar gheall ar an ngráin a bhí aige uirthi lena beo.
Bhíodar ag dul amach an geata nuair a chuimhnigh siad ar an
éadach a bhí acu le *shine* a chur sa gcloch seo, chasadar beirt ar
ais agus nuair a shroich siad an tuama seo bhí na deora móra ag
silt as mar a bheadh duine ag caoineadh agus ní raibh baol ar
bith nach raibh na mairbh ag faire orthu siúd mar is cinnte gur
deora áthais iad seo, ón mbean seo a bhí curtha le cúig bliana
roimhe sin.

155

Tomás Ó Flatharta

Ta scéal greannmhar ag baint leis an sagart paróiste sa gCaorán Mór. Bhí teach an tséiplínigh san áit a bhfuil teach an tsagairt faoi láthair. Tháinig eatarthu agus ní raibh duine acu ag tabhairt sásaimh don duine eile. Tháinig fear as Doire Fhátharta ar ghlaoch ola dá mháthair oíche amháin deireanach go maith. Dúirt an sagart paróiste leis a dhul go dtí an séiplíneach, agus chuaigh. Dúirt an séiplíneach leis a dhul ar ais go dtí an sagart paróiste mar nach raibh aon ola aige féin. Nuair a chuaigh sé ar ais thug an sagart paróiste buidéal den ola dhéanach dó agus dúirt leis a dhul ar ais agus é a thabhairt don séiplíneach. D'imigh sé leis.

Nuair a tháinig an chéad ghlaoch eile ola ní raibh a fhios cá raibh sí. Cuireadh fios ar mo dhuine agus ceistíodh é agus dúirt sé: "Rinne sibh amadán díom ag dul ó shagart go sagart agus ó bhí mo mháthair i mbaol báis dúirt mé go ndéanfainn féin é."

"Céard a rinne tú leis an ola a bhí fanta?" a dúirt an sagart.

"Beannacht Dé duit, a Athair," a deir sé, "ní dheachaigh sé go dtí leath a droma uirthi."

"Seachain," a deir an sagart, "nár chuir tú neart di ar a cosa i gcomhair an bhealaigh."

Micheál Ó Ceallaigh

B'as Sasana máthair agus athair Alastraim. Tháinig siad go hÉirinn ar cuairt chuig Rí in Éirinn agus ní raibh siad i bhfad ar cuairt in Éirinn nuair a rugadh Alastram. Fágadh in éineacht le Mac Rí in Éirinn é agus chuadar ag an scoil in éineacht, le go mbeadh siad ina gcomrádaithe ag a chéile. Nuair a bhí sé in am acu a dhul ar scoil chuaigh athair agus máthair Alastraim abhaile go Sasana agus dúirt sí go bhfágfadh sí an páiste in éineacht le Mac Rí in Éirinn. D'fhág. Chuaigh siad chuig an scoil; bhí siad láidir go maith an uair sin. Dúirt Alastram le Mac Rí in Éirinn:

"Ní ghabhfaidh muid ar scoil ar bith inniu," a deir sé, "ach gabhfaidh muid síos ar an trá," a deir sé. "Beidh báid ar an trá inniu," a deir sé.

"Ní ghabhfaidh," a deir Mac Rí in Éirinn. "Má fhaightear amach sa mbaile orainn é, marófar muid."

"Ní bhfaighidh siad amach é," a deir Alastram.

"Cén chaoi a mbeidh a fhios againn," a deir Mac Rí in Éirinn, "nuair a bheas gasúir ag dul abhaile ón scoil?"

"Beidh muid ag faire orthu," a deir Alastram, "agus nuair a fheicfeas muide gasúir ag dul abhaile gabhfaidh muid féin abhaile freisin," a deir Alastram.

Ghéill sé ar chuma ar bith agus chuaigh siad síos ar an trá agus nuair a chuaigh siad síos ní raibh tada ar an trá. Ní raibh bád ná duine ar an trá. Dúirt siad go gcaithfidís an lá a chaitheamh nó go mbeadh sé in am a dhul abhaile, agus nuair a cheap siad go raibh gasúir ag dul abhaile ón scoil chuaigh siad féin abhaile, ach sula ndeachaigh siad abhaile cibé breathnú a thug Alastram chun na farraige chonaic sé long mhór ag déanamh air. Tháinig sí chomh gar is a d'fhéad sí agus chuir sí ancaire amach agus chuir sí bád fada amach agus chuaigh *lady* óg isteach sa mbád fada agus tháinig sí í dtír ar an trá agus dúirt Alastram le Mac Rí in Éirinn:

"Sin bean a bhfuil rud éicint suas léi. Gabhfaidh mé roimpi agus fiafróidh mé di céard atá uirthi sin. Gabhfaidh mé roimpi."

Nuair a chuaigh sí amach as an mbád bhí sí ag caitheamh céapar truisle agus á chur de rite reaite leis an méid siúil a bhí aici.

Ghearr Alastram an aicearra roimpi agus d'fhiafraigh sé di céard a bhí sí a thóraíocht. Dúirt sí leis go raibh sí ag tóraíocht Alastraim Mac an Impreora agus Mac Rí in Éirinn, cibé áit in Éirinn a raibh siad.

"Bhuel, más mar sin anois atá sé," a deir Alastram, "ná gabh níos faide. Tá muid agat anseo anois," a deir sé.

"Cuirfidh mise faoi gheasa anseo anois sibh," a deir sí, "... gan dhá néal a chodladh ar aon leaba agus gan dhá bhéile a ithe ar aon bhord agus gan dhá bhlogam," a deir sí, "a ól as aon chupán nó go bhfaighe sibh," a deir sí, "amach Ridire an Gháire Ghil."

"Cén chaoi a bhfaighidh muid amach é sin?" a deir Mac Rí in Éirinn léi.

"Cén chaoi," a deir sí, "a bhfuair mise amach sibhse? Cuir do shrón romhat agus déanfaidh sí eolas."

Chuadar abhaile agus chuaigh an *lady* óg ina bealach féin arís. Bhíodar trom tuirseach agus nuair a chuadar isteach d'aithnigh Rí in Éirinn agus an mháthair go raibh deabhal éicint suas agus d'fhiafraigh sí díobh céard a bhí suas. Agus d'inis siad an scéal di.

"Tá muid faoi gheasa," a deir Alastram.

"Cé na geasa atá oraibh?" a deir sí, "go bhfeice mé."

"Tá muid faoi gheasa," a deir sé, "gan dhá bhlogam a ól as aon chupán agus gan dhá bhéile a ithe ag aon bhord agus gan dhá néal," a deir sé, "a chodladh ar aon leaba."

"Bhuel," a deir sí, "beidh mise in ann é sin a dhéanamh le mo mhac féin," a deir sí, "ach ní bheidh mé in ann é a dhéanamh leis an mbeirt agaibh," a deir sí, "ach cuirfidh mé tusa anonn abhaile go dtí d'athair agus do mháthair agus beidh siad in ann an rud céanna a dhéanamh leatsa," a deir sí.

"Ní ghabhfaidh mise abhaile go dtí athair ná go dtí máthair," a deir sé, "agus ní bheidh mé faoi gheasa ag aon duine go brách," a deir sé.

Bhí go maith. Chuadar a chodladh nuair a bhí sé in am a dhul a chodladh, agus ar maidin d'éirigh Alastram go moch. D'itheadar a mbéile agus thug sé leis tua agus sábh agus chuadar chun coille, ag baint adhmaid, agus nuair a cheap sé a dhóthain adhmaid a bheith bainte aige le bád a dhéanamh thug sé leis é, agus thug sé anuas ar bhruach na farraige é agus rinne sé long. Nuair a bhí sí sin réitithe amach aige bhí a chuid crainnte ar comhísle, comhairde, comhfhad ar fad, gan bun cleite isteach ná barr cleite amach. Bhuail sé cic uirthi agus chuir sé i bhfarraige í agus chuir sé ag snámh an iarraidh sin í, agus d'éirigh Mac Rí in Éirinn ina dhiaidh ach go mbeadh sé i bhfarraige murach gur rug Alastram ar lámh air mar bhí an bád ag imeacht i gcónaí.

Sheol siad farraigí fiáine folcánta nár treabhadh cheana riamh agus nach dtreabhfar arís go brách. Bhí an gaineamh mín ag dul in uachtar agus an gaineamh garbh ag dul in íochtar; bhí scloig bhinn ag an bhfaoileán ó thús na loinge go dtí deireadh na loinge, ag súil le chuile iarraidh go dtéadh sí síos agus go mbeadh dab aige. Bhíodar ag imeacht agus ag síorimeacht go raibh deireadh an lae ag teacht agus ní rabhadar ag feiceáil tada, ach ar maidin lá arna mhárach arís bhí sé sách deireanach agus dúirt Alastram le Mac Rí in Éirinn a dhul suas sna slatracha go bhfeicfeadh sé an talamh uaidh. Chuaigh, agus nuair a bhí sé deireanach go maith chonaic sé talamh i bhfad uaidh. Rinne siad air sin agus céard a bhí ann ach an áit chéanna arbh as an *lady* óg a chuir faoi gheasa iad.

Tháinig siad isteach i gcuan Rí an Uaignis, thug siad feistiú lae is bliana uirthi chomh maith is nach mbeadh sí ann ach uair an chloig, shiúil go dtí cúirt bhreá agus *spot*áil an *lady* óg thíos iad – thíos ag an ngeata. Chuir sí duine síos agus dúirt leis an geata a oscailt dóibh. Bhí go maith agus ní raibh go holc, tháinig siad isteach agus, ar ndóigh, bhí fáilte mhór rompu. Bhí féasta acu agus bhí chuile shórt ar fheabhas acu.

Chaith siad an oíche nó go raibh sé in am a dhul a chodladh le fiannaíocht agus le scéalaíocht agus le chuile shórt ar an gcaoi sin. Chuadar a chodladh nuair a bhí sé in am agus ar maidin d'éirigh Ridire an Gháire Dhuibh an-mhoch go deo agus d'airigh Alastram é agus d'fhiafraigh sé de cén fáth a raibh sé ina shuí chomh moch sin. D'inis sé a scéal dó:

"Ní Ridire an Gháire Dhuibh a bhí ormsa," a deir sé, "ach Ridire an Gháire Ghil nó gur bhuail Spriosán na Bruíne fúm," a deir sé, "agus caithfidh mé a dhul anois chuile mhaidin," a deir sé, "chuig an tobar, ar mo dhá ghlúin chuig an tobar, nó go dtioc-faidh an Spriosán agus go mbuailfidh sé trí chlabhta boise orm agus cuirfidh sé mo chloigeann síos sa tobar," a deir sé.

"Coinnigh ort," a deir Alastram, "agus tá mise ag dul freisin."

"Á, ní ghabhfaidh tú inniu," a deir an Ridire, "mar tá tú róthuirseach."

"Gabhfaidh mé inniu ann," a deir sé, "mar ní bheidh aon triail agam a dhul ann níos mó."

Chuaigh Alastram chuig an tobar in áit an Ridire agus bhí sé ar a dhá ghlúin ag an tobar nuair a tháinig Spriosán na Bruíne.

Tharraing sé a lámh nó go mbuailfeadh sé Alastram, ach cibé breathnú a thug Spriosán ar an gcladach chonaic sé ainm Alastraim scríofa sa bhfarraige agus leag sé a lámh arís.

"Muise deabhal lá riamh," a deir Alastram, "nach mbeinn chomh buíoch den té a bhuailfeadh mé leis an té a tharraingeodh orm," agus é ag éirí dá ghlúine, agus rith Spriosán agus shíl Spriosán ceo nimhe a tharraingt idir é féin agus Alastram ach bhí sé i ngreim ag Alastram. Thug sé leis suas chuig an Ridire é nó gur shocraíodar lena chéile gan aon déileáil a bheith aige leis níos mó.

Bhí go maith, ní raibh go holc. Bhí chuile shórt socraithe. Ar maidin lá arna mhárach dúirt Alastram go gcaithfidís a dhul abhaile.

"Níl sibh ag dul abhaile mar sin," a deir an Ridire, "caithfidh tú m'iníon a phósadh."

"M'anam nach bpósfaidh mise í ar chuma ar bith," a deir Alastram, "mar nach féidir liomsa í a phósadh ach ní fearr mé ná mo *mhate*."

"Tuige nach féidir leat í a phósadh?" a deir an Ridire le hAlastram.

"Ní fhéadfaidh," a deir Alastram, "mar tá mise pósta ón oíche cheana," a deir sé, "ach ní fearr mé ná mo *mhate*," a deir sé.

"Ní fhéadfaidh mise í a phósadh ach an oiread," a deir Mac Rí in Éirinn, "mar céard a dhéanfadh muide i d'uireasa?"

"Bhuel," a deir Alastram le Mac Rí in Éirinn, "caithfidh tú a dhul amach ar d'aghaidh féin uair éicint. Ní fhéadfaidh mise a bheith in éineacht leat i gcónaí."

Bhí go maith agus ní raibh go holc. Thoiligh go bpósfadh sé í agus phós.

Bhí an bhainis caite ar chuma ar bith, chuile shórt thart. D'fhág Alastram slán agus beannacht aige agus thug sé aghaidh ar Éirinn ach dúirt sé leis:

"Má thagann aon chath go brách ort cuirfidh tú scéala chugamsa," a deir sé.

"Cén chaoi a gcuirfidh mé scéala chugat?" a deir Mac Rí in Éirinn.

13. Cloch mhór a chaith cailleach as Condae an Chláir le cailleach áitiúil, An Lochán Beag, Indreabhán. Lch 223.

14. Cillín, ina gcuirtí páistí a bhásaigh gan bhaisteadh, Ros an Mhíl. Lgh 99–100.

15. Cillín ina gcuirtí páistí a bhásaigh gan bhaisteadh, An Caisleán, Indreabhán. Lgh 99–100.

16. Crann caorthainn, Ros an Mhíl. Lgh 36, 117.

"Cuireadh," a deir Alastram, "cuireadh tú long chun na farraige a mbeidh bratach dhearg," a deir sé, "ar an gcrann tosaigh agus bratach dhubh ar an gcrann deiridh agus áit ar bith atá mé, feicfidh mise í sin," a deir sé, "agus beidh a fhios agam."

Bhí go maith. D'fhág siad slán agus beannacht ag a chéile. Thug Alastram aghaidh ar an mbád agus sheol sé amach as an gcladach agus thug sé aghaidh ar Éirinn. Bhí píosa maith déanta aige nuair a chonaic sé an long seo ag déanamh air. Bhí sé ag imeacht go deo nó go ndeachaigh sé ar bord aici agus cén deabhal a bhí tarlaithe ach Gile Gréine, a bhean, goidte acu. Thug sé leis í go dtáinig sé isteach i gcuan Rí an Uaignis agus nuair a bhí sé istigh i gcuan Rí an Uaignis bhí a fhios ag an rí go raibh sé ann agus chuaigh sé go dtí an seandall glic agus d'fhiafraigh sé de cén tslí bháis a chuirfeadh sé ar Alastram. Dúirt an seandraoi glic leis:

"An bhfuil siléar láidir agatsa?" a deir sé.

"Tá," a deir an rí.

"Má tá anois," a deir sé, "cuir fios chuig dinnéar amárach air," a deir sé. Chuir, agus nuair a bhí an dinnéar ite dúirt an rí:

"Ní fhaca mise aon fhear riamh a d'ólfadh an oiread liom."

"D'ólfainn naigín agus céad le cois leat," a deir Alastram.

Chaitheadar oíche agus lá ag ól agus nuair a bhí oíche agus lá caite ag ól acu: "Cén spreacadh tú?" a deir an rí le hAlastram.

"Cheanglóinn thú féin agus do ríocht fós," a deir sé agus chuadar ag ól oíche agus lá eile.

"Cén spreacadh anois tú?" a deir sé le hAlastram.

"Cheanglódh tráithnín féir anois mé," a deir sé.

"Beidh a shliocht ort anois," a deir sé le hAlastram, "is í do chliabh féin a mharós tú."

Ceanglaíodh suas le rópaí ansin é agus caitheadh amach é le fána aill mhór an Turcáis. Bhí sé ag dul isteach agus amach ansin leis an taoille, amach leis an taoille trá agus isteach leis an taoille tuile. Bhí éan mór thuas i mbarr na haille, áit a raibh nead aici, a dtugtaí an ghríobh ingneach uirthi, agus bhí dhá éan bheaga aici. Chonaic sí thíos fúithi sa bhfarraige é agus thug sí aníos ina gob é agus thug sí isteach sa nead é. D'imigh sí an lá seo ag soláthar do na héanacha agus nuair a tháinig sí ar ais bhí ceann den ál ite aige. Thug sí léi amach é agus thosaigh sí á ghreadadh lena cuid sciathán, agus an darna lá nuair a tháinig sí ar ais bhí an t-éan eile ite aige. Bhuel, thug sí léi arís é agus nuair a bhí a dóthain buailte aici air rug sí lena gob air agus chuaigh sí suas chomh fada agus a bhí sí in ann a dhul sa spéir agus scaoil sí anuas sa bhfarraige é. Leis an teannadh a bhí leis bhris na rópaí a bhí á cheangal. Shnámh sé ansin go ndeachaigh sé ar charraig mhór. Bhí sé ansin go ndeachaigh sé i bhfiántas.

Lá amháin bhí *steamer* ag dul thart agus chonaic an caiptín rud éicint ar an aill. Stop sé an *steamer* agus chuir sé bád fada amach agus dúirt sé le cuid den chriú a dhul chomh fada leis go bhfeicfeadh siad céard a bhí ann. Chuaigh siad amach ach ní ligfeadh an faitíos dóibh a dhul róghar mar ní raibh a fhios acu céard a bhí ann mar bhí sé fiáin agus bhí sé faoi fhionnadh uilig. Ní raibh a fhios acu an beithíoch nó duine a bhí ann. Chuaigh siad ar ais ag an long.

"Céard atá ann?" a deir an caiptín.

"Níl muid in ann a rá," a deir duine de na fir leis, "cibé rud atá ann tá sé fiáin."

Chuaigh an caiptín féin amach an uair seo agus chuaigh sé chomh gar don aill agus a d'fhéad sé. Léim Alastram isteach sa mbád fada agus b'éigean don chaiptín é a thabhairt ar bord na loinge leis. D'fhiafraigh an caiptín de:

"Cén sórt fear tú?" a deir sé.

"Bhuel, cibé sórt fear mé anois," a deir Alastram, "ní fear maith ná leathfhear tusa nach dtabharfadh béile dom."

Fuair sé a bhéile agus nuair a bhí sé ite chuir an caiptín an cheist chéanna arís.

"Airiú, ní fear maith ná leathmhaith tusa nach dtabharfadh culaith éadaigh dom," arsa Alastram. Thug. Fuair sé culaith nua éadaigh agus d'fhiafraigh an caiptín arís de:

"Cén sórt fear anois tú?" a deir sé.

"Breathnaigh anois," a deir Alastram, "tá an iomarca fios ag teastáil uilig uait," agus ní rinne sé ach a lámh a tharraingt agus buille a thabhairt dó agus é a mharú. Chas sé ar ais ansin le go bhfaigheadh sé Gile Gréine agus cén deabhal a d'fheicfeadh sé ach an long a dúirt sé le Mac Rí in Éirinn a chur chun farraige. Isteach leis agus céard a bhí tarlaithe ach bhí Gile Gréine tógtha ag an rí agus bhí siad ag dul ag pósadh mar bhí an lá agus bliain i ngar a bheith thuas agus bhí an bhainis á caitheamh.

Casadh fear ar Alastram, mac caillí circe a bhí ann, agus d'fhiafraigh Alastram de an bhfaca sé aon bhean óg thart.

"Tá an rí agus í féin ag pósadh amárach," a deir an fear leis, "agus tá an bhainis á caitheamh anocht," a deir sé.

"Cén fáth nach bhfuil tusa ag an mbainis?" a deir Alastram leis.

"Tá mise róbhocht," a deir sé.

"Gabhfaidh tú ann in éineacht liomsa," a deir Alastram, agus chuaigh.

Isteach leo agus bhí an rí ag dul thart ag roinnt fuisce agus thug sé an chéad ghloine dá bhean agus dúirt sé léi sláinte an fhir is fearr sa teach a iarraidh. D'iarr, agus cén tsláinte a d'iarr sí ach sláinte Alastraim, a bhí ina sheasamh sa doras ar a haghaidh amach. Cheap an rí go raibh Alastram báite agus nuair a bhí a fhios aige gurbh é sláinte Alastraim a d'iarr sí, an mhiotóg a bhí air, chaith sé í agus bhuail sé Gile Gréine idir an dá shúil agus léim Alastram chuige agus mharaigh sé an rí.

Rith go leor de na daoine a bhí i láthair. Bhí daoine amuigh agus bhí daoine istigh agus dúirt Alastram:

"An té atá istigh bíodh sé istigh agus an té atá amuigh bíodh sé amuigh," agus bholtáil sé an doras. "Anois," a deir Alastram, "téadh an bhainis ar aghaidh."

Maidin lá arna mhárach rinne Alastram rí de mhac na caillí circe, agus chuaigh sé féin agus Gile Gréine síos ag an aill ar caitheadh amach é as roimhe sin. Bhí an lá go breá agus thit Alastram ina chodladh ach dúirt sé le Gile Gréine:

"Má fheiceann tú tada ag teacht," a deir sé, "an bhfeiceann tú an leac mhór sin? Buaileadh tú i mbéal na cléibhe don leac sin mé agus mura ndúiseoidh sé sin mé níl aon dúiseacht i ndán dom ar feadh lá agus bliain."

Chonaic sí rud ag teacht agus céard a bhí ann ach Caol an

Iarainn as an domhan thiar. Chonaic sé Alastram ina chodladh, agus dúirt sé:

"Anois, a Alastraim, is í do chliabh féin a mharós thú inniu."

"Cuirfidh mise faoi gheasa anois thú," a deir Gile Gréine leis, "gan aon deoir de do chuid fola a tharraingt i mo láthairse agus gan aon phlé a bheith agat liom féin go ceann lá agus bliain."

Níor fhéad sé drannadh ansin le hAlastram ach thug sé leis Gile Gréine. Chonaic an rí nua Alastram ina chodladh agus rinne sé teach timpeall air a choinneodh an bháisteach de.

Bhí go maith agus ní raibh go holc. Dhúisigh Alastram sul má bhí an lá agus bliain thuas agus chuaigh sé go dtí an rí óg agus d'fhiafraigh sé de an bhfaca sé tada. D'inis an rí dó faoi Chaol an Iarainn. Réitigh Alastram an long agus thug sé a aghaidh ar an domhan thiar. Níor stop sé riamh gur tháinig sé isteach i gcuan Rí an Uaignis. Suas leis go dtí an chúirt, chonaic an Rí ag teacht é agus bhí sé thíos ag an ngeata roimhe. Bhí ballaí móra arda thart timpeall na cúirte uilig agus iad faoi spící iarainn uilig, chuile cheann acu i bhfoisceacht troithe dá chéile agus bhí cloigeann gaiscígh ar chuile cheann de na spící sin ach ar aon cheann amháin; bhí an ceann sin folamh.

"An bhfeiceann tú iad sin?" a deir Caol an Iarainn le hAlastram. "Bhuel, is é do chloigeannsa atá le dhul ar an gceann sin inniu."

"Bhuel, más é féin," a deir Alastram, "caithfidh ceann éicint a dhul air mar gheall go bhfuil sé folamh lena aghaidh."

Chuadar ag troid agus bhíodar ag tabhairt toibreacha fíoruisce aníos trí na leacracha, agus nuair a bhí deireadh an lae ag teacht d'éirigh le hAlastram Caol an Iarainn a mharú agus bhain sé an cloigeann de agus chroch ar an spíce folamh é agus níor chuala mise níos mó cainte ar cheachtar acu ní ba mhó.

6.1.5 SCÉAL PHÁDRAIC DE BLÁCA

Maitiú Ó Diolúin

Blianta fada ó shin bhí fear ina chónaí thuas i Maigh Cuilinn ar an mbaile a dtugann siad an Ros air. Ba é an t-ainm a bhí air,

Pádraic de Bláca. Bhí sé píosa eile ina chónaí ar an Droma agus go minic thugtaí Pádraic de Bláca an Droma air. Bhí áit mhór aige. Bhí fear eile píosa uaidh a dtugaidís an Máirtíneach air agus bhí sé ina chónaí ar an Ros freisin. Bhí fear eile fós ina chónaí in Uachtar Ard a dtugaidís Sir Dunn Ó Flatharta air. Ní raibh mórán fear in ann ag Pádraic de Bláca ar chlaíomh agus bhí an Máirtíneach é féin go maith. Bhí mac ag Sir Dunn agus bhí sé féin go maith ar an gclaíomh agus an lá seo chuir gaiscíoch óg as Condae an Chláir, chuir sé troid air. Nuair a chuirtí troid ar dhuine chaitheadh an duine a gcuirtí an troid air a dhul chomh fada leis an duine sin. Ach an mhaidin seo chuaigh buachaill Phádraic de Bláca isteach go dtí Pádraic agus dúirt:

"Feicim," a deir sé, "mac Sir Dunn ag dul soir agus an Máirtíneach ina dhiaidh faoina phéire cóistí."

"Fáigh réidh na caiple go beo," a deir Pádraic, "nó go bhfeice muid cá bhfuil siad ag dul."

Fuair agus d'imigh leo. Ag dul soir, ag Móinín na gCiseach a bhí siad nuair a choinnigh siad leis an Máirtíneach agus le mac Sir Dunn. D'fhiafraigh Pádraic díobh cá raibh siad ag dul agus d'inis siad an scéal dó go raibh siad ag dul go Condae an Chláir. D'imigh Pádraic agus a bhuachaill in éindí leo.

Nuair a bhíodar ag an bpáirc i gCondae an Chláir, an áit a raibh an troid le bheith, bhí trí ceathrúna uaire le caitheamh den am. Bhí ceárta in aice leo agus chuaigh Pádraic isteach ann. Thosaigh sé ag caint leis an ngabha.

"Creidim," a deir an Blácach, "go bhfuil gaiscíoch mór ard-nósach ag éirí suas agaibh."

"Tá muise," a deir an gabha, "nó tá sé féin ag ceapadh go bhfuil. Chonaic mise iad sin," a deir an gabha, "agus ní raibh ag a n-athair ach ag imeacht ar fud Chondae an Chláir ag iarraidh a bheith ag díol plúir."

"Sin é é," a deir Pádraic, agus d'imigh leis. Nuair a bhí an t-am thuas le dhul ag troid dúirt an Máirtíneach go dtiocfadh sé féin ar son mhac Sir Dunn.

"Ní thiocfaidh tú, muise," a deir Pádraic de Bláca, "ach tioc-faidh mise ar a shon."

D'ionsaigh sé féin agus Pádraic a chéile agus níor sheas sé i bhfad do Phádraic. Fuair sé an ceann is fearr air.

"Mise," a deir sé, "Pádraic de Bláca as an Droma, Máirtineach as an Ros agus mac Sir Dunn Ó Flatharta as Uachtar Ard; an bhfuil aon triúr fear ar an bpáirc anseo inniu a thiocfas inár n-aghaidh?"

Níor labhair éinne a bhí ar an bpáirc.

"Bainfidh mise anois," a deir Pádraic de Bláca, "an plúr amach as do chraiceann mar ní raibh ag d'athair romhat ach ag imeacht ar fud Chondae an Chláir ag díol plúir."

Má tá féin, níor labhair aon duine.

D'imigh thart agus tamall ina dhiaidh sin cuireadh troid ar Phádraic de Bláca é féin. Sasanach a chuir air é agus b'éigean do Phádraic a dhul go Sasana agus, ar ndóigh, chuaigh an buachaill in éindí leis. Thugadar leo na caiple anonn le bheith acu thall. Lá na troda ar aon nós ní raibh aon duine acu ag déanamh aon dul chun cinn. Chuile bhuille a tharraingeodh an Sasanach ar Phádraic chosnódh sé é le bun a bhróige agus chuile bhuille a tharraingeodh Pádraic ar an Sasanach lúbfadh sé barr a chlaímh.

Ach chuala buachaill Phádraic de Bláca na daoine ag caint leis, agus go raibh an fear a bhí in aghaidh Phádraic plátáilte. Bhí a fhios aige nach raibh aon Ghaeilge ag an lucht féachana agus dúirt sé le Pádraic:

"Ara, a mháistir," a deir sé, "cá maraítear na caoirigh ramhra in Éirinn?"

Bhuail sé mo dhuine faoi bhun na cluaise agus níor fhág sé deoir ann. Chuadar go dtí é ansin agus fuaireadar amach go raibh sé plátáilte; marach sin mharófaí Pádraic de Bláca ar an toirt.

Bhí a fhios aige mar sin féin go dtiocfaí sa tóir air agus d'imigh sé féin agus an dá bhuachaill ar an dá chapall. Ní raibh aon áit a dtiocfadh siad ach amháin Droichead Spioróid. Is é an sórt droichead é Droichead Spioróid, droichead a raibh déanamh an bhogha ceatha air agus leithead dhá bhríce.

"Tiocfaidh mise romhat anois," a deir Pádraic de Bláca leis an mbuachaill, "agus beidh tusa i mo dhiaidh agus ar a bhfaca tú riamh ná breathnaigh aon taobh díot ach breathnaigh idir dhá chluais an chapaill nó go mbeidh muid ar an taobh eile."

Rinne agus d'imigh leo go hÉirinn. Ní raibh a fhios cén dath a bhí ar na caiple nuair a bhíodar in Éirinn lena raibh d'fhaitíos orthu, agus iad ar crith. Chuala seanbhean ansin lá arna mhárach gur tháinig beirt trí Dhroichead Spioróid aréir.

"Má tháinig," a deir sí, "is é Pádraic de Bláca as an Droma agus an buachaill a bhí ann."

Is é an chaoi ar dearnadh Droichead Spioróid ar dtús, dream a bhí ag tógáil tithe ar chúl na farraige i mBaile Átha Cliath agus nuair a bhíodar ag stopadh in am dinnéir tháinig an fear seo go dtí iad.

"Céard a thiocfadh liomsa a dhéanamh nó go dtiocfaidh sibh ar ais?" a deir sé.

"Ara," a deir ceann acu, "téigh ag cur droichid ar an Spioróid." Agus nuair a tháinig siad ar ais tar éis an dinnéir bhí an droichead tógtha.

6.1.6 SCÉAL DHONNCHA MHÓIR

Maitiú Ó Diolúin

Bhí fear ann fadó a dtugaidís Donncha Mór air. B'fhear beannaithe bhí ann agus an-mhochóirí. An lá seo bhí daoine le dhul ag obair aige agus nuair a tháinig siad ag an teach ar maidin bhí sé imithe ón teach rompu. Is í an bhean a bhí rompu. D'fhiafraigh sí díobh cá raibh siad ag dul. D'inis siad an scéal di, go raibh siad ag dul ag obair ag Donncha. Dúirt sise:

> "D'éirigh an ghrian go moch,
> Labhair an fiach go doch,
> Agus beidh an lá inniu go holc,

agus tá sé chomh maith daoibh a dhul abhaile mar ní dhéanfaidh sé aon lá."

D'imigh leo agus a gcuid lánta acu. Ar an mbealach abhaile cé a chasfaí dóibh ach Donncha.

"Shíl mé," a deir sé, "go raibh sibh le bheith ag obair agamsa inniu."

"Tá a fhios againn go raibh," a deir siadsan, "ach bhí muid ag teacht ag obair agus dúirt do bhean linn:

D'éirigh an ghrian go moch,
Gur labhair an fiach go doch,
Go mbeadh an lá go holc."

Ach dúirt Donncha leo:

"Ná géilligí d'orthaí ná do bhriathra mná.
Más moch mall a éireos an ghrian,
Sea mar is toil le Dia a bheas an lá.

Fág seo ag obair," a deir sé leo agus chuaigh. Ní dhearna sé aon bháisteach i gcaitheamh an lae i bpáirc Dhonncha Mhóir agus iadsan ina gcuid léinteacha.

D'imigh thart ar aon nós agus is é an focal a bhíodh ar a béal i gcónaí ag bean Dhonncha: "Nár fheice mé Dia." Cailleadh Donncha roimpi agus chuaigh sé díreach go dtí na flaithis. Bhí sé tuillte aige. Nuair a cailleadh a bhean rinne sí féin ar na flaithis. Nuair a tháinig sí go dtí na geataí:

"Níl aon ghnóthaí isteach agatsa," a deir Dia léi, "mar is é an focal a bhíodh ar do bhéal i gcónaí agat ná gan mise a fheiceáil."

"Á," a deir Donncha, "mo leath istigh agus mo leath amuigh. Iarraim ort, a Rí Gheal na nGrást, nach furasta an duine bocht a chur amach nach bhfuil a dhóthain aige dó féin."

"Bhuel, mar sin," a deir Dia, "bíodh sí istigh ach ní fheicfidh sí mise."

6.1.7 DÓNALL Ó CONAILL I SASANA

6.1.7a

Maitiú Ó Diolúin

An t-am a raibh Dónall Ó Conaill ina rí ar Éirinn, b'fhear maith a bhí ann, ach b'fhear réidh a bhí freisin ann. Faoi nach raibh sé drochmhúinte ná ag troid ní raibh mórán measa ag muintir na hÉireann air. Ar aon nós, bhí sé ag iarraidh rudaí a fháil go réidh agus le caint. Bhíodh sé ag dul go Sasana go minic mar gheall ar mhuintir na hÉireann.

Bhí sé thíos i gCorcaigh, sílim, agus bhí daoine sa slua ag casacht. Ní raibh siad ag tabhairt mórán airde airsean ag caint. Ní dhearna sé faoi dheireadh ach a ghunna a tharraingt aníos as a phóca agus dúirt sé mura n-éistfí leis, an chéad duine eile a labhródh go gcuirfeadh sé lán an ghunna tríd. Rinne sé píosa cainte agus nuair a bhí sé críochnaithe ghlac sé an-bhuíochas leo faoi gur éist siad. Deir sé:

"An bhfaca sibh riamh aon dochtúir níos fearr ná mise ar chasacht?" Is é an fáth ar dhúirt sé é mar bhíodar ag casacht, mar ó dhia, agus ní raibh siad ag tabhairt aird ar bith air.

6.1.7b

Théadh sé go Sasana go minic agus ní chuireadh sé air féin ach drochéadach. Ach an lá seo agus é i Sasana bhí sé ag siúl suas an tsráid. Casadh rí a bhí ceaptha a dhul i ríocht dó agus fear eile in éindí leis. Bhíodar ag caint faoi mhuintir na hÉireann agus is éard a dúirt an fear a bhí ceaptha a dhul isteach mar rí:

"Nuair a bheas mise i mo rí mé féin cuirfidh mé Éireannaigh go hascaillí i bhfuil."

Níor lig Dónall tada air féin, ach thóg sé an t-am agus chuile mhíle ní. Dúirt an fear a bhí in éindí leis an rí:

"Cheapfainn," a deir sé, "gur dona na focla atá ráite agat."

"Tuige?" a deir an rí.

"Má tá sé ina sheasamh i mbróg inniu," a deir sé, "nuair a bhí tú ag caint go gcuirfeadh tú muintir na hÉireann go hascaillí i bhfuil, bhí sé ag dul tharainn."

"Cén fáth go mbeadh?" a deir mo dhuine.

"Á, bhí cheapfainn," a deir sé.

D'imigh thart ar aon nós go dtí an lá a raibh rí le déanamh de agus bhí Dónall Ó Conaill ann.

"An bhfuil cead agam focal a rá?" a deir sé. Dúirt siad ceart go leor. Thosaigh air.

"Bhuel, bhí mé ag siúl na sráide," a deir sé, "a leithéid seo de lá," agus d'inis sé cén t-am, "agus nuair a bhí an fear seo ag dul tharainn, é seo anois atá sibh ag déanamh rí de, is éard a dúirt sé le fear eile a bhí in éindí leis, nuair a bheadh sé ina rí go gcuirfeadh sé na hÉireannaigh go hascaillí i bhfuil."

"As mo chiall a bhí mé an lá sin," a deir mo dhuine.

"A dhaoine uaisle," a deir an Conallach, "an bhfeiceann sibh an té atá sibh a cheapadh mar rí, fear atá as a chiall?"

Duirt sé nach raibh aon ghnó isteach aige.

"Cuirigí an *lady* sin thall isteach," a deir sé, "agus mura ndéanfaidh sí aon mhaith ní dhéanfaidh sí an t-olc."

Sin í an uair a cuireadh an chéad bhanríon ar Shasana.

6.1.7c

Bhí Dónall thall uair eile ann mar fuair sé cuireadh chuig dinnéar. Cuireadh nimh ar a chupán, ag iarraidh fáil réidh leis. D'éirigh le cailín Éireannach a bheith ag obair ann ag an am céanna. Nuair a bhíodar ag ithe a mbéile, bhí coinnle ar lasadh ar an mbord. Bhí Gaeilge ag an gcailín agus Béarla a bhí ag an gcuid eile, ach amháin Dónall. Dúirt sí:

"A Dhónaill Uí Chonaill, an dtuigeann tú Gaeilge?"

"Tuigim a chailín, céard sin is léir duit?"

"Tá nimh ar do chupán, a mharódh na céadta;

Bain an smál den choinneal agus cuir thart é má fhéadann tú."

Ní dhearna Dónall ach a lámh a bhualadh ar an gcoinneal agus í a mhúchadh. D'athraigh sé an cupán leis an bhfear a bhí lena thaobh agus cailleadh an fear sin ar an toirt. D'imigh Dónall agus an cailín agus thugadar Éirinn orthu féin. Bhí sé marbh an uair sin murach gur éirigh leis an gcailín a bheith ann.

6.2 Amhrán na Trá Báine

Máire Uí Ráinne agus Seosamh Ó Ceallaigh

B'as an Trá Bháin na Máilligh ó thús. Bhí siad ina gcónaí sa teach ina bhfuil Jimmy Learaí ina chónaí ann inniu. Sa teach sin a rugadh an triúr dearthár agus is ann a tógadh iad chomh maith. Bádh an triúr dearthár agus iad ag filleadh abhaile as Gaillimh i gcurrach bheag ach, mo léan géar, níor tháinig siad abhaile slán, mar bádh an triúr acu i gCuan an Fhir Mhóir. Bhí lastas sa gcurrach acu: bia, ól agus go leor eile. Ag an am sin théadh daoine as an gceantar agus ceantair mar é go Gaillimh nó go Condae an Chláir chun earraí a fháil.

Bhí siad ag teacht as Gaillimh agus casadh bád orthu – agus an dream a bhí sa mbád mór, tá sé ráite go mb'as an Tuairín iad, más fíor – agus bhí rud éicint acu in aghaidh mhuintir Cheallaigh. D'fhiafraigh dream an bháid mhóir de na Máilligh: "An sibh na Máilligh?" agus mar gheall gur chliamhaineacha na Ceallaigh agus na Máilligh, dúirt siad go mba iad na Ceallaigh iad, agus scaoil dream an bháid mhóir an bád mór i mullach churrach na Máilleach agus bádh an triúr acu ar an bpointe. An mhaidin dár gcionn chuaigh a n-athair, Máirtín Ó Máille, síos chomh fada leis an gcladach agus fuair sé an lastas a bhí acu, agus bhí a fhios aige ansin go raibh siad báite. Thart ar 1860 nó mar sin a tharla sé.

Bhí fear ar an mbád mór agus ní raibh aon duine den chriú ceaptha an fhírinne a inseacht go deo, ach ní mar sin a bhí, mar bhris an fear seo amach le criú an bháid agus sin é an chaoi a dtáinig an fhírinne amach.

Dúirt Seosamh Ó Ceallaigh leis an mbailitheoir seo go bhfuil gaol i bhfad amach aige féin leo. Ba chliamhaineacha na Máilligh agus na Ceallaigh mar go raibh Nellie an Mháilligh pósta ag Tom Ó Ceallaigh as an Trá Bhán.

Dúirt Máire Uí Ráinne leis an mbailitheoir seo nár fríothadh a gcoirp riamh ach bhí scéal difriúil ag Seosamh Ó Ceallaigh mar dúirt seisean gur tháinig Micil Ó Máille – duine de na Máilligh – i dtír thiar i Maíros. Tá sé ráite freisin an chaoi ar aithnigh siad é – bhí a laidhricín bainte de. Cuireadh tuairisc thart céard a tharla agus dúirt Nellie an Mháilligh – seanmháthair Sheosaimh – an corp a fhágáil thiar i Maíros. Cuireadh thiar ann é.

Bádh Máirtín Ó Máille, dearthráir eile de na Máilligh ar

Charraig Bhisigh, é féin agus fear eile as an Trá Bháin. Bádh an bheirt acu.

Bríd Ní Mháille, deirfiúr den triúr a bádh a chum an t-amhrán. Bhí sí thall i Meiriceá ag obair. Bhí sise pósta ag Máirtín Ó Nia, agus nuair a chuala sí faoi bhás a triúr dearthár agus í thall i Meiriceá, scríobh sí an t-amhrán fúthu. Mhair Bríd Ní Mháille isteach sa gcéad seo.

6.3 Paidreacha

Mairéad Ní Fhátharta
6.3.1 PAIDIR CHOSANTA

> Seacht bpaidreacha faoi sheacht,
> A chuir Muire dá Mac,
> A chuir Bríd faoina brat,
> A chuir Micheál faoina sciath,
> A chuir an Tiarna faoina neart;
> Idir mé agus tine mo mhúchta,
> Idir mé agus uisce mo bháite,
> Idir mé agus bás tobann,
> Idir mé agus gaoth na gcnoc,
> Idir mé agus droch-chroí,
> Agus drochshúile na ndaoine,
> Le mo chumhdach, le mo shábháil,
> Le mo chosaint agus le mo ghardáil.

Peig Uí Fhátharta agus Máire Uí Chonghaile
6.3.2 PAIDIR CHOSANTA AR NA DAOINE MAITHE

> Fógraimid dea-chomharsanacht oraibh,
> Gabhann muid le bhur gcoimirce,
> Ach diúltaímid do bhur n-imirce,
> Go mba ar choimrí Dé agus Mhic Duach agus Mhic Dara
>   sibh.

Le linn cuaifeach gaoithe a deirtí an phaidir sin mar chosaint ar na daoine maithe.

6.3.3 PAIDIR CHOSANTA DON TEACH

Tabhair cuairt, a Thiarna, ar an teach seo,
Agus díbir uaidh gach cealg ón deabhal;
Go ndéana na haingil bheannaithe áras ann dár gcosaint
    i síocháin,
Agus go gcónaí do bheannacht féin go síoraí inár measc,
Trí Chríost ár dTiarna.
Áiméan.

6.3.4 BEANNÚ TÍ

Go mbeannaí Dia an teach seo óna bhun go dtí a bharr,
Go mbeannaí sé gach fardoras, gach cloch agus gach clár;
Go mbeannaí sé an teaghlach, an bord ar a leagtar bia,
Go mbeannaí sé gach seomra i gcomhair shámhchodladh
    na hoíche.

Go mbeannaí sé an doras a osclaímid go fial,
Don strainséar is don bhochtán chomh maith lenár ngaol;
Go mbeannaí sé na fuinneoga a ligeann chugainn an léas,
Ó sholas geal na gréine, na gealaí is na réalt.

Go mbeannaí sé na frathacha in airde os ár gcionn,
Is fós gach balla daingean atá inár dtimpeall inniu;
Go bhfana síocháin dá réir sin dár gcomharsana, cion is
    grá,
Go mbeannaí Dia an mhuirín seo agus á gcoinneáil slán ó
    bhaol,
Is go stiúra sé sinn uile go dtí a ríbhrugh féin.

Tomás Ó Flatharta agus Bairbre Mhic Dhonnacha

6.3.5 ALTÚ ROIMH BHIA

An té a thug an bia seo dár gcorp,
Go dtuga sé an bheatha shíoraí dár n-anam.

Máiréad Ní Fhátharta

6.3.6 TAR ÉIS BIA

a) Moladh don Rí nach gann,
    Moladh gach am do Dhia,
    Moladh d'Íosa Críost,
    Ar son a bhfuaireamar den bhia seo.

b) Súgach sách, súgach, a Mhuire.
    An té a thug an bia seo dúinn,
    Go dtuga sé glóir na bhflaitheas
    Do m'anam.

Micheál Ó Ceallaigh

6.3.7 PAIDIR CHRIOS BHRÍDE

a) Crios Bhríde mo chrios,
    Crios na gceithre chrois,
    A Chríost a gineadh as,
    Éirigh suas, a bhean an tí,
    Agus téirigh trí huaire tríd amach,
    In ainm an Athar agus an Mhic,
    Agus an Spioraid Naoimh.
    Áiméan.

b) Seo isteach i mo chrios,
    Crios Bhríde mo chrios,
    Éirigh suas, a bhean an tí,
    Agus téirigh thríd an gcrios,
    Más fearr thú anocht,
    Go mba seacht bhfearr a bheas tú bliain ó anocht.

Peig Uí Fhátharta agus Máire Uí Chonghaile
6.3.8 AG DUL ISTEACH SA SÉIPÉAL

Is beannaithe teach Dé,
Is beannaithe muid féin ann,
Is beannaithe an dá aspal déag,
Ó bheannaigh Mac Dé iad.
Is beannaithe an tAthair Beannaithe,
Is beannaithe Mac an Athar Bheannaithe,
Is beannaithe an Spiorad Naomh.

Máiréad Ní Fhátharta
6.3.9 TAR ÉIS AIFRINN

Beannacht leat, a Íosa,
Beannacht leat, a Mháthair,
Go gcumhdaí sibh m'anam,
Go dtaga muid anseo arís.

Beannacht leat a Íosa,
Is beannacht Dé inár dtimpeall,
Nár scara grásta Dé uainn,
Go bhfillimid ar an séipéal.

6.3.10 PAIDIR DON MHAIGHDEAN MHUIRE

A Mhaighdean ghlórmhar lúfar mhaiseach,
Is tú mo stór, mo lón, is mo thaisce,
Is tú an réalt eolais romham ins gach bealach,
Is ar uair mo bháis go raibh tú agam.

Peig Uí Fhátharta agus Máire Uí Chonghaile
6.3.11 AN PAIDRÍN PÁIRTEACH

I nGairdín Pharthais atá an paidrín páirteach,
Ag moladh na mná a bhí riamh gan locht;
A Íosa, a Mhuire is a Naomh Iosaef,
Nár lige tú fán ar ár n-anam bocht.

Is maith an sagart é Mac Dé,
Is maith an baisteadh a rinne sé;
Bhaist sé Eoin Beannaithe agus
Bhaist Eoin Beannaithe é.

6.3.12 AN PAIDRÍN PÁIRTEACH

Céard tá tú a rá, a mháthair?
An paidrín naofa, a ghrá,
Shíl mé nach dtiocfá go lá.
Is maith í do phaidir, a mháthair.
An duine a déarfas do phaidir,
In éadan gach trá,
Ní baolach dó seasamh,
Ar leacracha ifrinn go brách.

Peig Uí Fhátharta agus Máire Uí Chonghaile
6.3.13 AG DUL AMACH SAN OÍCHE

Go neartaí Dia ar an slua sí mé,
Agus ar shlua luaineach na hoíche,
Agus ar shúil chorr na ndrochdhaoine,
Ar feadh na hoíche seo.

Mairéad Uí Fhátharta
6.3.14 AG CÓIRIÚ NA LEAPAN

Cóirím an leaba seo in aghaidh gach gleann,
An tulán luachra le haghaidh mo ghrá,
In ainm an lae ar gineadh mé,
In ainm an lae ar baisteadh mé,
agus i d'ainm féin, a Íosa.

Peig Uí Fhátharta agus Máire Uí Chonghaile
6.3.15 AG DUL A CHODLADH

Luímse ar an leaba seo anocht,
Mar a luíonn Mac Dé ar an gcrois;
Brat Mhuire mar scaball tharam;
A Mhuire mhuirneach, mo mhíle grá thú,
Mo dhochtúir leighis, tinn agus slán thú,
Mo bhean chúnta ar uair mo bháis thú.
Ar cheithre phostaí na leapan,
Go raibh na ceithre aingeal atá m'fhaire,
Agus má fhaighimse bás as seo go maidin,
I bhflaithis Dé go raibh m'anam.

6.3.16 AG DUL A CHODLADH

Ceithre phosta ar mo leaba,
Ceithre aingeal á bhfaire,
Má fhaighim bás as seo go maidin,
Flaithis Dé go bhfaighe m'anam.

Tomás Ó Flatharta agus Bairbre Mhic Dhonnacha
6.3.17 AG DUL A CHODLADH

A Rí na hAoine a síneadh ar an gcrois,
D'fhulaing tú na mílte lot,
Coimirce m'anam ort anocht,
Agus go gcoinní tú uaim gach uile olc.

Mairéad Uí Fhátharta
6.3.18 AG DUL A CHODLADH

Ceithre coirnéil ar an leaba seo,
Ceithre coinnle uirthi lasta,
Má fhaighim bás as seo go maidin,
I bhflaitheas Dé go raibh,
Mé féin i mo leaba.

177

6.3.19 PAIDIR LE RÁ AR DO LEABA

Go luí mé le Dia,
Go luí Dia liom;
Nár luí mé leis an olc,
Is nár luí sé liom.

6.3.20 PAIDIR LE RÁ AR DO LEABA

Luím ar an leaba,
Mar a luím san uaigh;
Déanaim m'fhaoistin leat,
A Íosa go crua,
Trí ghníomhartha mo choirp,
Trí smaointe mo chroí,
Trí amharc mo shúl,
Trí labhairt mo bhéil;
Trí shiúl mo chos,
Trí gach rud a dúirt mé agus nach raibh fíor,
Trí gach ní a gheallas is nár chomhlíonas,
Gach ní a rinneas in aghaidh do dhlí,
Iarraim maithiúnas ort, a Rí na Glóire.

6.3.21 IN AGHAIDH TROMLUÍ

An triúr is sine, an triúr is óige,
An triúr is treise i bhflaitheas na glóire,
An tAthair, an Mac is an Spiorad Naomh,
Do mo shábháil is do mo ghardáil,
Ó anocht go dtí bliain ó anocht.

Peig Uí Fhátharta agus Máire Uí Chonghaile
6.3.22 AISLING MHUIRE

An codladh sin ort, a Mháthair?
Ní hea, a Mhic na Páirte, ach aisling,
Cén aisling í sin, a Mháthair?

Go bhfuil tusa do do sciúirseáil,
Do do choinneáil,
Do do cheangal de phostaí crua glasa,
Go bhfuil do chuid fola céasta,
Ina srutháin leat síos.
Is fíor sin, a Mháthair;
An té a déarfas d'aisling trí huaire ina luí dó,
Ní baol dó sin pianta síoraí ifrinn go brách,
Beidh flaithis Dé le fáil aige agus an ghlóir shíoraí ar lá
    a bháis.

6.3.23 AN PHAIDIR GHEAL

Go mbeannaítear duit a Phaidir Gheal.
Dia agus Muire duit féin.
Cár chodail tú aréir?
Mar a chodail Mac Dé.
Cá gcodlóidh tú anocht?
Mar a chodail na boicht.
Cá gcodlóidh tú san oíche amárach?
Mar a chodlós Muire agus Pádraig.
Cé hiad sin romhat?
Tá, na haingil.
Cé hiad sin i do dhiaidh?
Tá, na haspail.
Cé hiad sin ar do lámh dheis?
Naoi ndeoir d'uisce an Domhnaigh,
A chuir Muire chaoin liomsa,
Ag déanamh an eolais,
Ó dhoras go doras go doras Pharthais;
Eochair Pharthais atá mé a iarraidh,
Bríd agus a brat,
Muire agus a mac,
Micheál agus a sciath,
Agus do lámh gheal ghléigeal dom
Éileamh go flaithis Dé.

179

Mairéad Ní Fhátharta
6.3.24 PAIDIR AN TOBAC

a)   Seacht lán Ghairdín Pharthais,
       Tuama Chríost,
       Oileán na Naomh, reilig Phádraig;
       Nár ba liachtaí seamaide féir ag fás,
       Ná cleite fionnaidh sa bhfarraige mhór,
       Ná duilleog tobac i dtuama Chríost,
       Ná cóir bheannacht Dé le hanam na marbh.
       Áiméan.

b)   Seacht lán de reilig Phádraig,
       Tuama Chríost, brat Bhríde, Oileán na Naomh;
       Nár ba liachtaí seamaide féir
       Ag fás tríd an gcré
       Ná beannachtaí dílse Dé
       Á gcur le hanam na marbh.
       Áiméan.

Tomás Ó Flatharta agus Bairbre Mhic Dhonnacha
6.3.25 DO DHUINE A BHEADH I GCONTÚIRT
      A CHREIDEAMH A CHAILLEADH

       A Dhia do mo stiúradh,
       A Dhia do mo mhúineadh,
       A Dhia do mo theagasc,
       A Dhia do mo shábháil,
       A Dhia do mo sheachaint,
       Ar an áit a mbíonn an peaca.

6.3.26 PAIDIR

       A Dhia, a Chríost mhór na glóire, dóirt anuas do ghrásta
          orainn,
       Crois Chríost, cumhachta choisreacan Dé orainn,
       Slán an tsamhail agus an marc gur leis féin sinn.

Is cloíte suanta fearta féile claoimh ó inneas a chinn go brú na braoile glaise, más súbhach sách a bheas mise agus súnaí soirm ghlas Chríost nárbh ionann rún chreideamh dá ngrádú ar an talamh, beannacht a chur lena n-anam mar a bhí i gcorp Áine Ní Áilne go ndeachas ar na mairbh is a mbeannacht a bheith i ngrá de ghiniúint folt bláth fionnbhuí héibí cúrach cárach bhí sé corpartha, ní facthas i náire anam buaile ná báile sna claoímh, fágaim an bua seo ag gach duine, bua cuanta, bua treise, bua treise le fionnmhná.

Gurab sin dual na trí rí rialta mar Ana Ní Mhorainn, ní bheidh cion d'aithrí agat an lá a n-éistfidh tú droch-chomhrá.

An té déarfas mo mharthain ag dul i gcath ná i gcliathar tiocfaidh sé as fána arm gaiscíoch agus an fheoil dhearg ag na fiacha.

An té déarfas mo mharthain ag dul i long ná i bhfarraige tiocfaidh sé as gan bá toinne ná anachain.

An té déarfas mo mharthain ag dul i dtigh nua, ainmharú ní thiocfaidh an fhad agus mhairfeas cleith faoi dhíon tí.

An té déarfas mo mharthain ag dul ag ionsaí mná maoile is maith an áit a gcuirfí ceann céile agus clainne.

Scríobfaidh mé leis an scoláire go fearta féile claomh ar feadh an domhain mhóir, go fearta féile claomh ar Éirinn, ná ceil air é, gur mise Pádraig na bhfeart a tháinig i mo easpag go hÉirinn, mo chumha agus mo gheallta glan uasal, agus ar chailleas mórán de mo léargas.

A Mharthain Phádraig saor ár nGaeilge, trua gan mo scéal ag fearaibh Éireann. Dá mbeadh gan aige ach na trí pearsana deireanach déanach, tabharfaidh sé a anam slán as ifreann go flaithis Dé leis.

Ár nAthair agus trí Sé do Bheatha a Mhuire agus Glóir don Athair.

AN MHARTHAIN PHÁDRAIG

I gcogadh na gcriathraigh tiocfaidh sé faoina chuid airm
    gaisceach do bhfeach air,
An té a déarfas mo mharthainse idir ciníocha na
    hÉireann, fosclófar dó idir ghlais is ghéibheann,
An té a déarfas mo mharthainse ag dul i dteach an óil,
    tiocfaidh sé as gan gleo ná trioblóid,
An té a déarfas mo mharthainse ag dul i gcoinne mná is
    maith an áit a chuirfeas sé í i dtaobh céile agus
    clainne,
Scríobhfaidh muid na scoláirí, fearaibh finne fial is ar
    fud an domhain mhóir go léir,
Mar is mise Pádraic na bhfeart go dtáinig ina aspal go
    hÉirinn,
Mo chomaoin glan uasal ag iarraidh mórán de mo léargas,
Crios Fhionáin faoi mo chrios,
Crios na gceithre gcros,
Crios na gcuradh as.
"Ó, a mháthair, fóir ar an mbean,
Átá in araicis an bháis."
"Fóir thú féin, a mhic,
Mar is ar do lámh atá,
Baisteadh á thabhairt don leanbh,
Agus an bhean a thabhairt slán."
Éirigh, a bhean, agus beir ar do leanbh,
Mar a rug Anna Muire,
Mar a rug Muire Dia,
Mar a rug Sibéal Eoin Baiste,
Gan buaireamh, gan easpa cos ná lámh,
Is ó, a Thiarna,
Áiméan.

Cloítear sinne i bhfearta filleadh anall leis go mba
buan braon glas de shú na gréine, Gréige gile, go
ndéanann subhach sách ionas arm, glas, dís nach mbain-
eann dúinn rún creideamh a bhaineann aithne. Beannacht
leis an anam a bhí i gcorp Anna Ní Áille agus gach duine
dá mbeadh an mharthain aige beannacht dó á rá sin.
Aghaidh finne molta lá finne-bhuí, aghaidh chaoin
chorpartha, béal aghaidh na bhfocal ceart nár facthas óna
n-aithrí is go bhfearta finne claoibh. Léitear dúinne an
bua seo, thar bua an aois, bua clainne, bua aigne, bua
labhartha, bua fios a riail le fionnmhná, triall tré loisc-
eadh is tré mhórghábh is ní gheobhaidh tú cion d'aithrí
má éisteann tú i gcomhrá.

Léitear dúinne na scoláirí seo marthain na féile fírinne is
   go lá deiridh an domhain aon neach riamh nach
   gcalaifear.
An té a déarfas mo mharthain ag dul i mbreith na
   bhfriann is tanaí an ghrian a theangmhódh dó.
An té a déarfas mo mharthain ag dul ar thintreach na
   hÉireann, d'osclóidís dó, ag dul gach aon taobh idir
   ghlasa agus ghéibhinn.
An té a déarfas mo mharthain ag dul i gcath ná i gcrua-
   chomhraic, tiocfaidh sé as ina fheoil idir fhiacha.
An té a déarfas mo mharthain ag dul faoi dhéin mná ba
   mhaith é a thuras i gceann a chéile agus clainne.
An té a déarfas mo mharthain ag dul i dteach nua dó,
   níor bhaol dó aon bhás chúns a bheas cleith fothain.
An té a déarfas mo mharthain agu dul chun aonaigh,
   slán meanmnach a thiocfaidh sé óna shaothar.
An té a déarfas mo mharthain ag dul i dteach an óil dó,
   tiocfaidh sé ar ais gan glór garbh, gan uachtar garbh,
   gan crúcáil.

An té a déarfas mo mharthain do chroí gheal ghlan oirirc
nó do rí béalghlan uasal, tiocfaidh sé ina aingeal ar
neamh.

Is níor bhaol dó Rí an fhómhair.

Mise Pádraig pribhléideach chun na bhfíréin an-uasal
mar a chaillim ón réiteach.

Marthain Phádraig is a hainm i nGaeilge. Mholfainn í a
bheith ag fearaibh Éireann, is an té a mbeadh sí aige
sna críocha déanacha thabharfadh sé an t-anam ó
ifreann saor leis.

Mise Pádraig beannaithe, easpag a tháinig go hÉirinn.
Fágaim féin na bua sin agaibh. Sin iad féin na bua
griagáilge chruagáilte neamh. Fhreagrasairí is ar aon
neach choíchin ná ceiltear.

6.4 Rannta do Pháistí

*Siobhán Uí Chonghaile, Máire Uí Ghríofa agus Seosamh Ó
Gríofa*

6.4.1   Suc salainn, bró mhuilinn,
       Cé fuair é?
       Fuair Ruairí é.
       Cén áit?
       Sa mbád.
       Cén baile?
       Sna hAille.

6.4.2   Éinín, éinín, drioball ar an éinín,
       Dhá chluais coinín, beairtín féirín,
       Sagart ar an móinín, cleite ina thóinín,
       An coileach ag glaoch is bean an tí ag rince.

6.4.3   Go mbeannaí Dia duit, a Bheartla Mhurcha,
       Bain díot do bhróga is téigh do chosa,
       Sin ansiúd thall le hais chlár an phota,

Tá geaimpín feola ar thóin an phota.
"Óchón ó," a deir eascann Mhurcha,
"Dá mbeinnse beo ní bheinn sa bpota."

6.4.4 Maoilín Dud, cluaisín cait,
Gabháil 'na chomhra,
Ag iarraidh bróga do Mhaoilín Dud.

6.4.5 Is maith an rud bólacht,
Féar maith agus gabháltas
Cruithneacht agus eorna le gearradh,
Min sa gcófra,
Agus tine tráthnóna
Agus dídean fear bóithre agus bealaí.

6.4.6 Fromsó, framsó, bean a dhaimhseodh,
A dhéanfadh greann, a d'ólfadh leann,
Agus a bheadh in ann éirí ar maidin.

6.4.7 Lurabóg, larabóg, buí Ó Néill,
Néill an phíobáin, píobán súlach,
Súlach seicneach, corr na meirleach.
Feirm fiú,
Feirm feá,
Mac Uí Chadhain,
Ar chúl an tsrutháin,
Súistín, búistín,
Buille beag den phéacóg,
Crap isteach sa ngeacóg,
I ngeacóg bhuí.

6.4.8 Crigide, creagaide,
Lár do dhromaide,
Stopóg ar staighre,
Ladramán, ladramach,
Cá mbuailfidh mé an buille seo,

Ar íochtar do chruitse,
Agus cé mhéad adharc ar an bpocaide poc?

6.4.9 Shoraidh uait, a ghrian,
Nach fada thú ag dul siar,
Nó an raibh tusa riamh ar aimsir?
Dá gcaithfeadh tusa bliain,
Thuas tigh Phete Pheadair Liam,
Bheadh tú ag dul siar sna ceantair.

6.4.10 *One Lady, Two Lady, Three Lady Pin,*
Want to go in, Irishmen,
Striúilí, streailí, Billy Ó Máille,
Gabh amach anseo, a mhadaí,
Más thú a lig an broim.

6.4.11 Caillichín Seárlaí,
Cheannaigh na carlaí,
I siopa a bhí daor,
Carr is capall,
Lena thabhairt chun an aifrinn,
Péire ba bhainne,
A dhéanadh stoc mór,
Céad go leith caorach,
Le bréidín a dhéanamh,
Nach maith an stoc é sin,
A bhí i gCondae Mhaigh Eo.

6.4.12 Chuir Stiofán Ó Cualáin síos an túlán,
Go ndéanfadh sé blogaimín tae,
Thit an túlán ar Stiofán Ó Cualáin,
Is b'éigean dó déanamh gan é.

6.4.13 Bette Mhurcha, scríobh sí litir
Le dhá chleite gandail,
Thit an litir síos sa bpota,
Agus thosaigh Bette ag damhsa.

6.5 Tomhaiseanna

Dan Choilm Ó Concheanainn

6.5.1 Cé acu is cliste, cearc dhubh nó cearc bhán?
Cearc dhubh —tá sí in ann ubh bhán a bhreith ach níl an chearc bhán in ann ubh dhubh a bhreith.

6.5.2 Chuaigh ceathrar fear amach ag baint slat. Na slata a bhain siad d'fhág siad iad agus na slata nár bhain siad thugadar leo iad.
Cheithre phréachán ag piocadh a gcuid sciatháin nó a gcuid cleití.

6.5.3 Chuaigh fear ar an aonach agus dhíol sé dhá chaora.
Fuair sé scilling, punt agus dhá shé pingine.
Cé mhéad sin ar an gcaora?
Dhá shine.

6.5.4 Chuaigh mé suas an bóithrín, tháinig mé anuas an bóithrín agus thug mé liom an bóithrín ar mo dhroim.
Dréimire

6.5.5 Droichead ar loch gan mhaide, gan chloch.
Leac oighir.

6.5.6 Dinny O'Donnelly farraige anoir; ag insint an scéil gan féith gan fuil.
Litir.

6.5.7 Tugann tú isteach i do ghóil é agus téann sé amach ina shnáithín.
Móin.

6.5.8 Céard is lú ná dhá shúil fríde?
Súil amháin.

6.5.9 Gé roimh ghé, gé i ndiaidh gé, gé idir dhá ghé. Cé mhéad
    gé é sin?
    Trí ghé.

6.6 Seanfhocail

Maitiú Ó Diolúin, Tomás Ó Flatharta, Máire Uí Chonghaile,
Peig Uí Fhátharta, Mairéad Uí Fhlatharta, Bríd Uí Thuathail,
Pádraig Seoighe

[Tagraíonn na huimhreacha idir lúibíní don uimhriú in Ó Máille
1948 agus 1952.]

Ádh/Mí-ádh
Tá taobh den chlaí níos ádhúla ná an taobh eile.   [1310]
Tá an mí-ádh siúlach.   [45]
An té a mbíonn an t-ádh ar maidin air, bíonn sé air maidin
    agus tráthnóna.   [9]
Bíonn an sonas i ndiaidh na sraoilleachta.   [1413]
Is fearr an t-ádh ná éirí go moch.   [30]

Aicearra
Más cam díreach an ród is í an tslí mhór an t-aicearra.   [1655]

Aiféala
Ná déan tada inniu a mbeidh aiféala ort amárach faoi.   [657]

Aimsir
Cosúlacht na huaire móire an tráthnóna a bheith go breá. [115]
Nuair a labhrós an chuach ar chraobh gan duilliúr, díol do bhó
    agus ceannaigh arbhar.   [187]
Samhradh gach síon go Nollaig agus ní fuacht go Féile Bhríde.
Is maith an scéalaí an aimsir.   [2475]

Aineolas/Eolas
Is trom an t-ualach aineolas.   [2436]
Is leor nod don eolach.   [2129]

Aire

Is fearr breathnú amháin romhat ná dhá bhreathnú i do dhiaidh.

[648]

Airgead

Is é airgead na hóinsí a chuireann bróga ar bhean an phíobaire.

[934]

Aithne

Ní aitheantas go haontíos.

[2121

Amadán

Déirce dá chuid féin don amadán.

[1589]

Amuigh

An té a bhíonn amuigh, fuaraíonn a chuid.

[2131a]

Aois

Céalacan fada agus drochbhróga a dhéanann seanduine den
duine óg.

[1539]

Tá onóir ag an aois agus tá uaisle ag an óige.

[2928]

Arán

Is fearr leathbhuilín ná bheith gan arán.

[378]

Asal

Ní dhéanfadh an saol capall rása d'asal.

[1985]

Áth

Ná mol an t-áth go dté tú anonn.

[2973]

Is fearr filleadh i lár an átha ná a bheith báite sa sruth.

[1384a]

Bacach

Ná bac le mac an bhacaigh agus ní bhacfaidh mac an bhacaigh
leat.

[3101]

Bádóir

Is maith an bádóir an té atá ar an talamh.

[2112]

Is iomaí fear maith a bhí scaitheamh ina bhádóir.

[3524]

Baile Mór

Is furasta a dhul go dtí an baile mór ná é a fhágáil.   [1297]

Bás

Is iomaí lá sa teampall orainn.   [336]

Iompaigh do thóin le Móinín na gCiseach agus mura bhfaighe
    tú bás gheobhaidh tú biseach.   [272]

Is mairg a fuair bás le linn an anaithe mar tagann an ghrian i
    ndiaidh na fearthainne.   [2474]

Níl luibh ná leigheas in aghaidh an bháis.   [353]

Céile don leaba an uaigh, céile don uaigh an bás.   [325]

Fágann béal na huaighe áit ag béal na trua.   [341]

Beagán

Bíonn blas ar an mbeagán.   [401]

Béal

Is minic a bhris béal duine a shrón.   [829]

Níor bhris an dea-fhocal béal duine riamh.   [426]

Ní théann cuileog sa mbéal dúnta.   [4016]

Is binn béal ina thost.   [4003]

Beart

Tar éis a thuigtear gach beart.   [2947]

Biorán

An té a chorrós an biorán beag, corróidh sé an biorán mór.

                                                             [2796]

Bó

Is fada ó bhaile bó gan lao is ní faide siar ná sian mo chroí.

As a ceann a bhlitear an bhó.   [437]

Ná ceannaigh bó mhaol, ná díol bó mhaol is ná bí choíche gan
    bó mhaol.   [2336]

Is maith púicín ar cheann bhó bhradach.

Faigheann na ba bás an fhad is a bhíonn an féar ag fás.   [2932]

Níl aon mhaith le bó a dhóirteann a bainne féin.

Bíonn adharca fada ar na ba thar lear.   [1279]

Bochtanas/Saibhreas

Is deas a bheith bocht cneasta.

Dhá ní nach seasann i bhfad: saibhreas an duine bhoicht ná
bochtanas an duine shaibhir. [3523]

Bolg

Ní airíonn subhach sách bolg folamh. [2697]

Ní thuigeann an sách an seang nuair a bhíonn a bholg
féin lán. [2697]

Nuair a bhíonn an bolg lán is mian leis na cnámha síneadh.
[3837]

Bóthar

Is fada an bóthar nach mbíonn casadh ann. [1876]

Giorraíonn beirt bóthar. [857]

Breac

Níor maraíodh breac riamh sa bhfarraige thiar nach bhfanfadh
ina dhiaidh breac eile níos fearr. [1906]

An bairneach an breac is contúirtí i bhfarraige. [2281]

Bréag

An té atá bréagach is cuid dá thréithe a bheith bradach. [606]

Meallann an fear bréagach an fear santach. [3565]

Ná cuir an dallamullóg ar an mbréag nó casfaidh an fhírinne
tuaifeal. [612]

Breithiúnas

Ná tabhair do bhreith ar an gcéad scéal nó go mbeire an dara
scéal ort. [2406]

Brionglóid

Níor cheart brionglóid na hAoine a aithris ar an Satharn. [4010]

Bróg

Is minic drochbhróg ar ghréasaí. [2135]

Níl a fhios ag duine cá bhfuil an bhróg ag luí ar an duine eile.

Cailleach

Is beo cailleach gan iasc ach ní beo í gan arán. [460]

Nuair is crua don chailleach caithfidh sí rith. [2086]

Séard a dúirt Cailleach Bhéarra le Cailleach Mhaigh Eo:

"An té atá go maith duit, bí go maith dó." [2206]

Caint

Mórán cainte agus beagán cúise. [821]

Is éasca é a rá ná é a dhéanamh. [813]

Ní bheathaíonn na briathra na bráithre. [828]

Caisleán

I ndiaidh a chéile a thógtar na caisleáin. [2318]

Caora

Milleann caora tréad. [2751]

Níl tréad ar bith gan caora bhuinneach. [2750]

Caora mhór an t-uan i bhfad. [391]

Capall

Is maith an capall a tharraingíonn a charr féin. [243]

Capall na hoibre an bia. [492]

Mair, a chapaill, is gheobhair féar. [1884]

Cara

Is maith an scáthán súil carad. [874]

Ní buan cogadh na gcarad. [4149]

Cogadh carad, caoi namhad. [2058]

Is fearr cara sa gcúirt ná bonn sa sparán. [864]

Cat

Ar mhaithe leis féin a dhéanann an cat crónán. [2674]

Tá cead ag an gcat breathnú ar an rí. [3113]

Nuair a bhíonn an cat amuigh bíonn an luch ag rince. [3814]

Is iomaí caoi le cat a mharú seachas é a thachtadh le him.

[2471]

17. Srúill na Muirí, An Mhuiríoch, Baile na nGall. Lgh 263–4.

18. Lios Bhaile Dháith, Baile na nGall. Lch 235.

19. Lios Chill Mhic an Domhnaigh, Ceann Trá. Lch 221.

20. Radharc siar ó bharr an Chlasaigh, Dún Chaoin. Lch 229.

Ní fhéadfadh mac an chait ach luch a mharú.   [1958]
Céard a dhéanfadh mac an chait ach luch a mharú.   [1958]
Níor dhóigh seanchat é féin riamh.   [1530]

Ceannach
Ceannaigh an drochrud agus bí gan aon rud.   [1810]

Cearc
Fáilte na circe faoin bhfardoras.   [Cf. 560]
Níor phléasc cearc an áil a heagán riamh.   [1127]
Ná díol do chearc lá fliuch.   [4045]

Ceird
Is namhaid an cheird gan í a fhoghlaim.   [979]

Ceo
Ceo ar abhainn, ceo an tsonais; ceo ar chnoc, ceo an donais. [90]
Tosach ceatha ceo, deireadh catha ceo.   [108, 4135]
I ndeireadh a gcoda troideann na coileáin.   [2688]

Ciall
Ní thagann ciall roimh aois.   [309]
Tuiscint agus míthuiscint: ní oireann siad dá chéile mar is
    dóigh le fear na buile gurb é féin fear na céille. [1802]
Níl amadán ar bith gan a chiall féin.   [1030]
Seanbhean agus ciall aici, rud nach raibh riamh aici. [311]

Ciaróg
Aithníonn ciaróg ciaróg eile.   [1945]

Ciúnas
Is minic ciúin ciontach.   [4006]

Claí
Claí samhraidh nó balla geimhridh, ní bhíonn sé buan.

Cleamhnas

Déan do chleamhnas ar an gcarn aoiligh. [2100]

Cloch

Caitheann síorthaisteal na clocha. [2009]
Ní minic caonach ar an gcloch reatha. [582]
Ní cruaichte na lámha folmha ná na clocha glasa.
An té atá saor, caithfeadh sé cloch. [2712]

Cloisteáil

Ná clois a gcloisir agus ná feic a bhfeicir. [1522]

Cluais

Cluais bhodhar ag fear na foghla. [230]
Bíonn cluasa ar na ballaí. [3997]

Cnoic

Castar na daoine ar a chéile ach ní chastar na cnoic ná na
sléibhte. [854
Is glas iad na cnoic i bhfad uainn ach ní féarach. [1434

Cogar

Inis do Mháire i gcogar é agus inseoidh Máire don saol é.
[2895]

Cois

Faigheann cois shiúlach masla ach ní fhaigheann cois le cónaí
tada.
Ceann cíortha a dhíolfas na cosa.

Comhairle

A chomhairle féin do mhac Anna agus ní bhfuair riamh níos
measa. [1197]

An té nach gcomhairleodh Dia, ní chomhairleodh duine. [1200]
Is fearr comhairle a cheannacht ná dhá chomhairle/seacht
   gcomhairle in aisce. [1210]
Is minic comhairle mhaith ag amadán. [1217]

Cóta
Is gar duit do chóta ach is gaire duit do léine. [2690]

Cú
Is minic cú mall sona. [296]
Beireann an cú mall féin ar a chuid. [2946]
Is minic a rug cú mall ar ghiorria. [2946]

Cuairt
Cuairt ghearr is í a dhéanamh go hannamh is gan í sin féin ach
   i dteach do charad. [1916]
Cuairt ghearr agus imeacht buíoch. [1916]

Cuileog
Cuileog ar charn aoiligh is mó a dhéanann torann. [3346]

Cúnamh
Is fearr beagán cúnaimh ná mórán trua. [1347]
Is gaire cabhair Dé ná an doras.

Dallamullóg
Is minic nach dtéann sé i dtairbhe do dhuine a bheith ag
   iarrraidh dallamullóg a chur ar dhaoine eile.

Dáréag
Ceathrar cailleach gan a bheith cabach,
Ceathrar Francach gan a bheith buí,
Ceathrar gréasaí gan a bheith bréagach,
Sin dháréag nach bhfuil sa tír. [1959]

Díomhaointeas

Is mór a fheictear don díomhaointeas. [2639]

Is fearr a bheith díomhaoineach ná drochghnóthach. [3291]

Dalta

Gach dalta mar a oiltear is an lacha ar an uisce. [412]

Deoch

Ní túisce deoch ná scéal. [3234]

Dia

Fear is láidre ná Dia a chuirfeas fad siar as a theach. [23]

Is fada siar an rud nach gcuirfidh Dia aniar. [1739]

Níor thug Dia fios dá mháthair. [4017]

Más moch mall a éiríonn an ghrian, is mar is toil le Dia a bheas an lá. [184]

Níor chuir Dia béal ar an saol nár chuir sé rud lena aghaidh. [1901]

Níor dhún Dia doras/bearna riamh nár oscail sé ceann eile. [1902]

Deabhal

Ná labhair leis an deabhal go labhraí sé leat. [3309]

Dias

Is í an dias is troime is ísle a chromann a ceann. [3334]

Dlí

I ngan fhios don dlí is fearr a bheith ann. [1840]

Dóchas

Is fearr súil le muir ná súil le húir. [1868]

Doicheall

Tar isteach mura bhfuil deifir ort, ach, ar ndóigh, tá.

Ná hith an t-arán briste agus ná bris an t-arán slán.

Ach dá mbeinnse i do theachsa mar atá tusa i mo theachsa,

Rachainnse abhaile dom féin, ach féadfaidh tusa fanacht go
maidin má thograíonn tú féin é.   [1922]

Dónall na mBeann
Is maith an teach teach Dhónall na mBeann don té a itheann a
shá sula dtéann sé ann.

Doras
Is é a dúirt an bhean rua a bhí i dtosach an tslua gan an doras ó
thuaidh a bheith oscailte.   [49]

Dreoilín
Dá laghad díol dreoilín, caithfidh sé soláthar.   [3643]

Dúchas
Briseann an dúchas trí shúile an chait.   [1956]

Duine
Is iomaí rud is buaine ná an duine.   [3606]

Éagmais
Dá dhonacht Séamas, is fearr é ná bheith á éagmais.   [2719]

Éagóir
Is iomaí duine a chrochtar san éagóir.   [1846]

Earrach/Fómhar
Ní hiad na fir mhóra a bhaineann an fómhar i gcónaí.   [3015]
An té nach gcuirfidh san earrach ní bhainfidh sé sa bhfómhar.
                                                            [3640]
Éireannach
Ina dhiaidh a fheictear a leas don Éireannach.   [2947]

Fál
Fál ar an ngort/ar an ngairdín tar éis na foghla.   [2933]

Farraige

Ag tuile agus ag trá a chaitheann an fharraige an lá.   [3634]

Bainfidh an fharraige a cuid féin amach.

Fataí

Is minic an fear fada ag ceannacht fataí ón bhfear gearr.   [387]

Feadaíl

Ní féidir a bheith ag feadaíl agus ag ithe mine.   [247]

Bean ag feadaíl agus cearc ag glaoch – sin dhá rud nár ordaigh
   Críost.   [51]

Féasta

Féasta gnáthach, intinn shásta.   [3686]

Féilte

Lá 'le Bríde gan im,

Lá 'le Pádraig gan arán,

Lá 'le Michíl gan feoil,

Nach é sin an bothán lom.   [2271]

Feoil

Don té nach bhfaigheadh an fheoil, is mór is fiú an t-anraith.

   [3701]

Fírinne

Is cumhachtach í an fhírinne agus buafaidh sí.   [2401]

Ní chreidtear an fhírinne ó fhear déanta na mbréag.   [2408]

Focal

Focal a tharraingíonn focal eile.   [799]

Foighne

Fan le cabhair is gheobhaidh tú cabhair.   [2460]

Sháraigh an fhoighid an chinniúint.

   [2487; Ní Dhomhnaill 1980–1 §53]

An té a fhanann le cóir gheobhaidh sé í lá éicint.   [2460]

Fonn

Seinntear fonn le fonn agus seinntear fonn le mífhonn. [3940]

Fuil

Is deacair fuil a bhaint as tornapa. [4212]

Fuiseoga

Tiocfaidh an lá fós a mbeidh ceol ag na fuiseoga. [197]

Gabhar

Cuir síoda ar ghabhar agus is gabhar i gcónaí é. [1962]

Is fearr marcaíocht ar ghabhar ná coisíocht dá fheabhas. [1549]

Mura mbeadh agat ach pocaide gabhair bí i lár an aonaigh leis.
[1708]

Is deacair olann a bhaint de ghabhar. [4182]

Gadaíocht

An té a ghoidfeas an beagán goidfidh sé an mórán. [2796]

An rud nach ngoidtear faightear. [2486]

Gaol

Más cosúil is gaolmhar. [2507]

Is fearr beagán den ghaol ná mórán den charthanas/den
chleamhnas. [2501]

Gaoth

Ní hé lá na gaoithe lá na scolb. [4046]

Níl gaoth dá séideann nach ndéanann maith dá réir. [1896]

Gearán

An té nach trua leis do chás ná déan do ghearán leis. [848]

Gearrcach

Is geal leis an bhfiach dubh a ghearrcach féin. [1975]

Glas

Is fearr glas ná aimhreas. [1051]

199

Gliomach

Is fánach an áit a bhfaighfeá gliomach.   [1877]

Gob

Ní faide gob na gé ná gob an ghandail.   [1296]

Gobadán

Ní féidir leis an ngobadán an dá thrá a fhreastal.   [251]

Gorta

Gorta i mbroinn nó fuacht i gcliabhán.

Grá

An áit a mbíonn an grá is gairid oíche agus lá.   [2526]
Dá mhéid an grá atá ag máthair dá céadmhac, is mó ná sin an
　　grá atá aici dá haonmhac.   [1092]
Níl grá dá mhéid nach dtagann fuath dá réir.   [1551]

Gruth

An gruth do Thadhg agus an meadhg do na cailíní.   [1253]

Iasc

Ní hé chuile lá a mharaíonn Páidín iasc.   [1713]
Más maith leat a bheith ag meath, téigh ag iascach.   [985]

Iománaí

Is maith an t-iománaí an té atá ar an gclaí.   [2112]

Lá

Níl idir dhá lá ar bith ach aon oíche amháin.   [2484]
An rud a dhéanann an oíche gheibheann an lá locht air.   [2725]
Níl lá dá fhad nach dtagann an tráthnóna.   [1484]

Lámh

An gearradh a bhíonn sa lámh is deacair a bhaint as.   [1139]
Is fearr éan i do lámh ná dhá éan ar an gcraobh.   [1050]

Ná tabhair an t-éan atá i do lámh ar an éan atá ar an gcraobh.

[1050]

Ní fhaigheann lámh iata ach dorn dúnta.

[4150]

Leabhar

Mura bhfuil sé i mo mheabhair agam, tá sé i mo leabhar agam.

[2421]

Leac

Is sleamhain iad leacracha an tí mhóir.

Leas

Ná lig do leas ar cairde.

[2930]

Léim

Ná caith do léim nó go mbreathnaí tú romhat.

[624]

Lúbadh

Is fearr lúbadh ná briseadh.

[2083]

Madra

Is minic cnámha móra i ndrochmhadra.

[1441]

Is teann gach mada ag a dhoras féin.

[1160]

Magadh

An té a bhíonn ag magadh bíonn a leath faoi féin.

[2569]

Maol

Dá dhonacht maol, is measa maológ.

[1247]

Máistir

Is maith an máistir é an saol.

[3618]

Marcaíocht

An té nach gcleachtann an mharcaíocht dearmadann sé na spoir.

[1143]

Máthair

Moladh na máthar, cáineadh na hiníne.

[1126]

Meisce
An té nach n-ólann ach uisce ní bhíonn sé ar meisce.   [3203]

Min
Is furasta fuint in aice na mine.   [1704]

Misneach
Is maith an fear nár chaill a mhisneach riamh.   [28452]

Mochóireacht
An té a dtéann cáil na mochóireachta amach dó, ní miste dó
   codladh go tráthnóna.   [7139]

Moill
Is fearr go deireanach ná go brách.   [2941]

Moladh
Más maith leat do mholadh faigh bás.   [2972]

Muc
Is cuid den mhuc an drioball.   [1970]
D'íosfadh muc chiúin triosc.   [3998]
Ní féidir an mhuc a ramhrú an oíche roimh an aonach.

Muileann
Chuile dhuine ag tarraingt uisce ar a mhuileann féin.   [2678]
Is fada ón muileann a d'fhág tú an sac.   [1048]
Muileann a bhíonn ag síormheilt, meileann sé mín agus garbh.
                                                     [2004]
Muir
Ní fhanann muir le fear sotail.   [2953]

Múr
An múirín gréine an múirín is tréine ar bith.   [101]

Náire
Níl náireach éadálach.   [3066]
Ní minic fear náireach éadálach.   [3066]

Neamh

An té a chruthaigh neamh agus parthas níor dhearmad sé é
féin. [2672]

Neart

Ní neart go cur le chéile. [3142]
An té nach bhfuil láidir ní mór dó a bheith glic. [3122]
Ní bhíonn tréan buan. [3137]
Is iomaí fear fada a bhíonn lag ina bhásta. [3009]

Obair

Molann an obair an fear. [2977]
Trian den obair í a thosú. [3971]

Ocras

Is maith an t-anlann an t-ocras. [3159]

Óige

Dá fhad an lá tiocfaidh an oíche ach ní thiocfaidh an óige faoi
dhó choíche. [3191]
Mol an óige agus tiocfaidh sí. [3189]
Ní bhíonn ceann críonna ar cholainn óg. [3177]
Ní féidir ceann críonna a chur ar cholainn óg. [3177]

Oiliúint

Is treise oiliúint ná foghlaim. [415]
Is treise dúchas ná oiliúint. [1979]

Óinseach

Ná bí ag déanamh Máire Ní Ógáin díot féin.

Sin gan a bheith ag déanamh óinseach díot féin. Bhíodh a fear
tugtha don ól agus bhíodh sé ag teacht abhaile go mion agus go
minic agus é dallta. Chuir sí an teach trí thine le gráin air; sin
nuair a thuig sí nach raibh aon áit aici le codladh di féin. Sin í an
chaoi a dtáinig an ráiteas seo isteach i gcaint na ndaoine.

[Cf. An Seabhac 1926, §531]

Ól

Is milis á ól é agus is searbh á íoc é. [3232]

Fear ag ól agus a bhróga briste, fear eile ag ól gan bróg ar bith
air. [3219]

Olc

Is mairg a bhíonn go holc agus go bocht ina dhiaidh. [576]

Onóir

Ní fhaigheann minic onóir. [1931]

Ordú

Ordú do dhaoine óga a bheith ag déanamh grinn,
Ordú do sheanchaí a bheith ag insint scéil,
Ordú do chailleacha a bheith i dtost a mbéil,
Agus crúba tinteáin ag gor sna cléibh.

Orlach

Tabhair orlach don bhodach is tógfaidh sé an bhanlámh. [1716]

Paidrín

Is minic paidrín fada ag rógaire maith. [1584]

Páiste

Ná heitigh agus ná hith cuid an pháiste. [1122]

Peaca

Más peaca a bheith buí tá na mílte damnaithe. [4839]

Pingin

Tomhas na pingine agus cur amú na scillinge. [932]

Púca

An rud a scríobhann an púca, léann sé féin é. [2092]

Rith

Ní mhaireann an rith maith don ghiorria i gcónaí. [1689]

Rud a bhíonn ag síor-rith tagann sé isteach ar deireadh. [2112]
Ní sheasann an rith maith don each i gcónaí. [1689]
Is fearr rith maith ná drochsheasamh. [2828]

Roinnt

Roinnt Dhiarmaid Mhic Chraith.
Choinníodh Diarmaid an leath mór dó féin agus roinneadh sé
an chuid eile ar a mbíodh i láthair.
[Cf. An Seabhac 1926, §1353]

Rún

Ná lig do rún le bun an chlaí go mbreathnaí tú thar a bharr.
[634, 4013]
Ní scéal faoi rún é agus fios ag triúr air. [4018]

Samhail

Ní maith an tsamhail a théann i bhfad. [1307]

Saol

Is iomaí cor a chuireann an saol de. [150, 3613]

Scéal

Ag inseacht do scéil do ghearrán agus an gearrán ag gabháil dá
thóin in airde. [224]
An té a bhíonn siúlach bíonn sé scéalach. [2095]

Scian

An fear is géire scian, feannadh sé. [1697]

Scuab

Is deacair an seanscuab a bhualadh.
Scuabann chuile scuab nua glan go maith. [4930]

Sicíní

Ná comhair na sicíní nó go dtiocfaidh siad amach. [1060]

Síle

Is minic Síle fánach. [608]

Síoda

Faochain a chuir síoda ar mhná Leitir Móir. [273]

Sionnach

Ní bhfuair an sionnach riamh teachtaire níos fearr. [246]

Sláinte

Is fearr an tsláinte ná an táinte. [3779]

Ní dhearna luí fada bréag riamh. [3789]

I dtús na haicíde is fusa í a leigheas. [3973]

Slat

Is minic a bhaineann duine slat a bhuaileann é féin. [652]

An tslat nuair a chruann le haois is deacair í a shníomh ina
gad. [299]

Má tá cion agat ar do mhaicín tabhair an slaitín ar an tóin dó.
[1136]

Smacht

Ní bhíonn rath ach mar a bhíonn smacht. [3811]

Snáth

Is minic snáth fada ag drochtháilliúir. [3871]

Sop

Is fearr sonas ar shop ná stoc ar chnoc. [524]

An té nach mbíonn bólacht ar chnoc aige bíonn suaimhneas ar
shop aige. [524]

Stuaim

Is fearr stuaim ná neart. [Cf. 3122, 3130]

Suí

Is fearr suí gearr ná seasamh fada. [3825]

Súil

An rud nach bhfeiceann an tsúil agus nach gcloiseann an
chluais, ní chuireann sé buairt ar an gcroí.   [2126]
Ná cuir do shúil thar do chuid.   [3567]

Tadhg

Tuigeann Tadhg Taidhgín ach ní thuigeann Taidhgín tada.
                                                       [1999]
Tae

Marbh ag tae agus marbh gan é.   [1729]

Teach

Teach mór deataigh ar bheagán fataí.   [4071]
Is furasta duine a chur amach nach bhfuil teach aige dó féin.

Tine

Níl aon tine dá mhéid í nach dtraoithfidh sí an oiread arís.
Tús is deireadh an duine, ar an tine a tharraingítear.   [315]
Is minic deatach mór ag drochthine.   [1436]
Is olc an rud teach gan tine.
Ní bhínn deatach gan tine.   [1452]

Tinteán

Níl aon tinteán mar do thinteán féin.   [3177]

Titim

Ní dochar duit titim mura ngortaítear thú.

Toil

Is beatha duine a thoil.   [3958]
Gach duine mar a thoil.   [3958]

Tréanna

Trí rud nach dtagann meirg orthu: crú capaill, teanga mná,
airgead sagairt.   [4781]
Trí ní nach féidir a cheilt: tart, tochas, grá.   [4814]

Na trí ní is suntasaí: bean bhreá, bó bhán, teach ar ard.

[4105, 3557]

Na trí ní is nimhní sa duine: an ghlúin, an tsúil, an uillinn.

[4088]

Na trí shúil is géire: súil saoir ar chloch, súil cait ar luch, súil caillí ar bhean a mic. [4092]

Na trí shúil is géire: súil circe i ndiaidh an ghráinne, súil gabha i ndiaidh an tairne, súil ógmhná i ndiaidh a grá ghil. [4092]

Na trí bhreac is sciobtha sa bhfarraige: roc, rón, ronnach.

[4098]

Na trí rud is géire: fiacail naonáin, dealg spionáin, focal amadáin. [4081]

Na trí bheagán is fearr: beagán beithígh ar fhéar, beagán clann tiarnaí i dtír, beagán síl in ithir mhaith. [396]

Trí ainmhí le ribí an deabhail: muc, múille, mionnán gabhair.

[4119]

Na trí pheata is measa: peata muice, peata circe, peata mná.

[Cf. 4842]

Na trí neart is treise: neart tine, neart uisce, neart namhad.

[4107]

Na trí ní is suntasaí: bean bhreá, bó bhán, teach ar ard. [3816]

Triúr nach bhfuil a fhios acu cá bhfuil a mbaile: bean óg gan phósadh, garda, sagart.

Na trí ní is measa le roghnú: bean, speal, rásúr. [4096, 4103]

Na trí rud is fuaire: deoir aille, srón mada, cosa caillí. [4058]

Trí bhua an chait: feiceáil san oíche, dearmad bhean an tí, éascaíocht a choise. [4112]

Troid

Is fearr an troid ná an t-uaigneas. [4143]

Tuairim

Ní mar a shíltear a bhítear. [83]

Tús

Bíonn gach tosú lag. [3669]

Tús maith leath na hoibre.   [3971]

Ná tabhair tús ná deireadh do choda d'éinne.

Seachain bláth tús bliana.   [3405]

Tús loinge, clár,

Tús átha, clocha,

Tús fleá, féasta,

Tús sláinte, codladh.

Deireadh loinge, bá,

Deireadh átha, loscadh,

Deireadh fleá, cáineadh,

Agus deireadh sláinte, osna.   [3990]

Uabhar

Is mairg a bhíonn ró-uaibhreach agus nach mbíonn cúl a
   chairde leis.

Ualach

Ní ualach ar dhuine an fhoghlaim.   [2442]

Ní ualach ar dhuine ar bith a lón ná a chóta.   [1570]

6.7 Ráitis agus Leaganacha Cainte

Peig Uí Fhátharta agus Máire Uí Chonghaile

Trí ráithe a bhí Muire ag iompar Íosa.

Trí ainmhí a bhí ag an mainséar.

Trí bhronntanas a fuair an Leanbh.

Tríocha bliain a bhí Íosa nuair a thosaigh sé ag teagasc.

Trí dhuine dhéag a bhí ag an suipéar deireanach.

Tríocha trí bliain a bhí sé nuair a céasadh é.

Trí huaire a shéan Peadar é.

Trí huaire a thit sé.

Tríocha píosa a díoladh air é.

Trí thairne a chuaigh ann.

Ar a trí a chlog a shéalaigh sé.

Trí Mháire a bhí ag bun na croise.

Trí achainí a d'iarr sé.

Trí lá tar éis a bháis a d'aiséirigh sé.

Tomás Ó Flatharta

"An té a thabharfadh gal dom nuair a bheadh gal aige le tabhairt dom agus gan aon ghal agam, thabharfainn gal dó nuair a bheadh gal agam le tabhairt dó agus gan aon ghal aige. Ach an té nach dtabharfadh gal dom nuair a bheadh gal aige le tabhairt dom, ní thabharfainn gal dó nuair a bheadh gal agam le tabhairt dó agus gan aon ghal aige."

Bhíodh an ráiteas beag seo acu: "Cis Mhuire faoi do cheithre chois, faoi do dhrioball agus faoi do cheann."

Peig Uí Fhátharta agus Máire Uí Chonghaile
An fadú crua sa spéir: comhartha stoirme.

Biseach an Domhnaigh: i mbéal an bháis.

Brocaimsir: múraíl agus tréimhsí gréine.

Cáir Mhuimhneach: straois gháire.

Chuaigh sé isteach de ghrá na hailpe: isteach le dúil.

Dháréag agus píobaire: trí déag.

Do chuid den ghé: do mhéar a leagan uirthi.

Doirtéal cnáibe agus é fite as cúl láimhe.

Fear ón aonach: strainséir.

Íocaíocht Chromail: íocaíocht ar obair gan chiall.

Lá an Lúbáin: an Lá Deireanach.

Ní ag baint fogha ná easpa as: gan dochar ar bith a dhéanamh dó.

Scéal an ghamhna bhuí: scéal mór fada.

Scéal i mbarr bata: scéal fánach.

Suafach phósta: macnas pósta.

Peig Uí Fhátharta agus Máire Uí Chonghaile
Chomh bacach le cearc.

Chomh basach le lacha bhacach.

Chomh bodhar le slis.

Chomh bog le leite.

Chomh buí le cois lacha.

Chomh cam le hadharc pocaide.

Chomh cantalach le dris chosáin.

Chomh caoch le gandal san oíche.

Chomh caol le cú.

Chomh catach le madra uisce.

Chomh ceanndána le muc.

Chomh ciúin le luch.

Chomh cneasta leis an sagart.

Chomh cruiteach le *camel.*

Chomh cuileach le gabhal géabha.

Chomh danartha le múille.

Chomh dearg le fuil.

Chomh díreach le dorú.

Chomh domhain le méaracán táilliúra.

Chomh dubh le hairne.

Chomh dubh leis an bpúca.

Chomh fuar leis an mbás.

Chomh geal leis an eala.

Chomh geal leis an sneachta.

Chomh géar le rásúr.

Chomh glan leis an gcriostal.

Chomh glic leis na luchain a bhí i mballaí Shadhbh.

Chomh gorm le plúirín.

Chomh haerach le Seán Buí.

Chomh hard leis an ngealach.

Chomh héadrom le cleite.

Chomh héasca le giorria.

Chomh holc leis na heasóga.

Chomh leisciúil le peaca.

Chomh liath le broc.

Chomh lite le lao óg.

Chomh luaineach le bean bhocht ar aonach.

Chomh luath leis an ngaoth Mhárta.

Chomh mall le seilmide.

Chomh meanmnach le mionnán.

Chomh milis le mil.

Chomh mín le síoda.

Chomh ramhar le rón.

Chomh righin le gad.

Chomh scaipthe le dinnéar mada.

Chomh sean leis an gceo.

Chomh slíoctha le cat siopa.

Chomh tanaí le scilling.

Chomh tirim le barrach.

Chomh tirim le plúr.

Chomh tiubh le clár.

Chomh trom le luaidhe.

6.8 Beannachtaí

Tomás Ó Flatharta agus Bairbre Mhic Dhonnacha

Beannachtaí an anama a bhí i gcolainn Anna Ní Áille ort.

> *Beannacht na Maighdine Muire atá i gceist anseo. Ba í Anna Ní Áille máthair na Maighdine, a bhfuil an tagairt di sa Marthain Phádraig.*

Ná raibh ionadh ar bith sa saol ach an rath shaolta shíoraí a chuirfeas Íosa Críost agus a mháthair bheannaithe ort.

Go mba seacht míle fearr a bheas tú bliain ó inniu agus ó amárach, agus mura fearrde, nár ba dhonaide thú.

Go mba fearrde amárach thú ná ar maidin inné agus go mba seacht míle fearrde thú bliain ó inniu.

Goirim agus coisricim slán thú agus ní tú a leagadh ann ach duine éicint eile.

> *Déarfá é seo le duine a thitfeadh agus chuirfí pinse salainn ina bhéal leis an drochrud a leigheas.*

Guím beannacht Dé agus na Maighdine Muire, Naomh Pádraig, Bríd agus Naomh uasal Colm Cille, sibh a thabhairt slán abhaile arís mar a d'imigh.

> *Déarfá é seo agus duine ag dul ar imirce. Tá sé ar nós: "Go n-éirí do bhóthar agus d'aistear leat."*

Fuil Cholm Cille i do chuisleacha.

Fear teasaí é Colm Cille a bhíodh ag iarraidh an bua a
bheith aige i gcónaí. Bhí spreacadh thar an gcoitiantacht
ann agus úsáidtear an bheannacht seo agus tú ag gríosadh
peileadóir, iománaí nó trodaí maith.

A Naomh Colm Cille, tabhair slán sábhailte ón mbá mé.

"Cuimhnigh ormsa," a dúirt Colm Cille, "agus tú i gcontúirt
do bháite agus tabharfaidh mé slán go talamh tú."

Guím beannacht Rí na Glóire ar a bhfuil tógtha i Ros an Mhíl;

Mar is áit é a bheannaigh Pádraig seachas aon áit a shiúil sé
riamh.

Duine de mhuintir Chonaola as Caorán na gCearc a chuir
an bheannacht seo ar Ros an Mhíl tar éis dó a dhul go
California. Is cuid d'amhrán é nach bhfuil i gcló. Go ndéana
Dia trócaire ar a anam.

A Íosa d'fhulaing an pháis, sábháil sinn ar thinte ifrinn.

Go n-ardaí Dia gach anachain thar ghial do dhorais.

Fágaim síocháin Dé faoi thalamh agus os cionn talúna ort.

Déarfá é seo le strainséara a thiocfadh chun cónaithe in aice
leat.

Go bhfortaí Dia sinn agus go sabhála sé sinn ar olc agus ar
anachain na bliana.

Sláinte ag Éirinn agus Condae Mhaigh Eo agus an té atá ina dhi-
aidh orm ná raibh sé i bhfad beo.

Goirim is coisricim slán thú, agus in aice do bhoilg is fearr thú.

Déarfá agus tú ag spraoi le leanbh nó páiste óg, mar sham-
pla, á chaitheamh in airde.

Faoi choimirce Dé, Mhic Duach agus Mhic Dara tú.

Peig Uí Fhátharta agus Máire Uí Chonghaile

Bail Mhuire agus Phádraig ort.

Beannacht Dé le hanam Phóil.

Tar éis a bheith ag caint ar dhuine le galar a déarfá é seo.

Fáinne óir ort.

Go gcuire Dia an t-ádh ort.

Go gcuire Dia dea-chríoch ort.

Go n-éirí sé leat.

Go bhfága Dia an tsláinte agat.

Go bhfága Dia lena chaitheamh thú.

Go maire tú an céad.

Go maire tú agus go gcaithe tú iad agus céad péire is fearr ná iad.

Go maire tú do nuacht.

Go méadaí Dia chuile shórt ar fheabhas agat agus go mba seacht míle fearr a bheas tú bliain ó inniu.

Go dtuga Dia fear mór maith duit.

Go dtuga Dia slán an mháithreach agus bean a roinnte.

Ná raibh an fhad sin de luí bliana ort.

Nár fheice Dia folamh thú.

Nár fheice súil an drochdhuine thú.

Saol fada agat.

Sonas agus só ort.

6.9 Mallachtaí

Cóil Learaí Ó Finneadha, Tomás Ó Flatharta, Máire Uí Chonghaile agus Peig Uí Fhátharta.

Titfidh an mhallacht a deirtear ar an té a ndeirtear air í, ar an té a dhéanann í agus freisin san áit a ndéantar í. Eascaine bain-trí, sagairt nó file is measa. Is ceart i gcónaí "Aingeal Dé in aghaidh do ghuibhe," a rá leis an té a dhéanfadh eascaine ort.

Fuadach géar chun cille ort.

Ná raibh mé fuaraithe romhatsa.

Troid a bhí ag beirt chailleach i bParóiste an Chillín ba bhunús leis an dá eascaine thuas. Ionsaí agus freagra atá anseo.

Fual an deabhail mar dheoch do shuain agus lón d'aistir.

Le binbhe a deirtí é seo le duine gortach nach mbeifeá ag iarraidh go gcasfadh sé leat arís.

An áit a dtuga tú do chúl nár thuga tú d'aghaidh.

Imeacht ghéanna an Oileáin ort.

Tubaiste mo ghabhail ort agus anachain mo mhagairlí.

Sin a déarfaí le duine a chuirfeadh cailín óg ó rath nó a bhrisfeadh a cliú agus a cáil.

An phlá phiteach ort.

Deirtí é sin ar an ócáid chéanna leis an gceann thuas.

Triuch agus broimneach ort agus ná raibh sé suaimhneach ort.

Déarfá é le duine gan choimhthíos a bheadh ag cur gaoithe uaidh agus a bhréanfadh an comhluadar.

D'imigh sí in airde,
Mo chuid tubaiste agus anachain lena sála;
Galra na codach seo go mbuaile an chuid eile agaibh,
Ochón agus ochón ó,
Agus ná raibh duine i gceann na seachtaine
Beo go deo deo deo.

Seo mallacht na mná caointe ar Bhlácaigh na Tulaí. Theastaigh uathu go gcaoinfí iad tar éis a mbáis. Ní raibh aon Ghaeilge acu agus chaoin an bhean chaointe go hoscailte iad leis an rann seo.

Leithead do dhroma ná raibh agat lá do bháis.

Ceaptar gur bhaintreach bhocht a chuir an mhallacht seo ar dhuine de na Blácaigh agus b'éigean an chónra a chur síos ar a corr i reilig Mhaírois lá an adhlactha.

Nárbh fhada go gcuirfear thú i Maíros agus leac ort agus madraí an bhaile ag cac ort.

Deirtear gur ar na Blácaigh a cuireadh an mhallacht thuas ar dtús.

Mo chuid tubaiste agus anachain na bliana ort; ní gan dochar duit agus ní á roinnt leat é, agus go mba leat féin é sin uaimse.

Déarfá é sin agus tú ag tuar droch-chríoch ar do namhaid nó duine éicint a rinne dochar duit.

Luí na loine ort.

Is é sin nach mbeifeá in ann éirí go dtógfadh duine éicint thú. Loine na cuinneoige atá i gceist: luí fada idir dhá mhaistreadh.

Mo mhallacht duit, fáilte an tsuicín agus an mhuicín mhara romhat, agus teacht an tseagail chugat.

215

Ní bhíodh fáilte ar bith ag an iascaire roimh an suicín nó an
mhuc mhara mar ní bhíodh siad le n-ithe, agus teacht mall
righin is ea teacht an tseagail.

Fán fada fuar ort.

Seo í an mhallacht a chuir an Gobán Saor ar a mhac.

Peig Uí Fhátharta agus Máire Uí Chonghaile

Nár thuga tú do lámh glan thar do thóin leat ná do thóin glan thar
na driseacha.

Déarfá le duine a shalaigh nó a bhrocaigh an áit a ghlan tú.

Leá chúr na habhann ort.

Sin é go n-imeodh an duine as de réir a chéile.

Marbhleathar ort lá teaspaigh.

An mothú a chailleadh le fuacht.

Snaidhm ar bhundún ort.

An mhallacht is mó a d'fhéadfaí a chur ort le do bheo – is é
sin nach mbeadh tú in ann do ghraithe a dhéanamh sa
leithreas.

Rath do cheirde ort, a ghraithe gan iarraidh.

Déarfá é seo le duine a mhillfeadh píosa oibre ort. Graithe
gan iarraidh na graithí is suaraí ar bith, a deir an sean-
fhocal.

Diomú Rí na hAoine duit mar gur chaill mé leat mo chiall.

Píoblach Bhairbre ort.

Le duine nó ainmhí nach stopfadh ach ag gleo a déarfaí é
seo.

Fuadach as ort, mo chuid peacaí ort agus leigheas in easnamh.

Nár chuire Dia ádh ná amhantar ort.

Luí fia ort.

Scéal cam ort.

Go dtuga an deabhal coirce duit agus clocha beaga tríd.

Go bplúcha an deabhal faoi phota thú.

An galar scrathach go mbuaile thú.

Go mbrise an deabhal cuinc do mhuiníl.

Mullach do chinn fút.

Mo ghéarchuntar duit.

Coisc is cónaí ort.

Bá agus múchadh ort i bpoll móna agus poll do thóna os do chionn.

Nár fheice Dia ina chathaoir thú.

Go mba seacht míle measa a bheas tú bliain ó inniu.

Droch-chríoch ort.

Ná raibh dea-bhail ort.

Mallacht asal na hainnise duit.

Turas na Cruaiche naoi n-uaire go Balla ort.

Loscadh na ladhar ort.

An galar cleiteach ort.

Mallacht Nimble Dick duit.

Teaspach ort.

Diomú na n-asal duit.

Lagar chróilí ort.

Diomú an chogaidh duit.

Marbhfháisc ort.

Do thóin amuigh agus cloch ina háit.

Codladh an tSuicín i bpluidín an bharraigh ort.

Brú agus dingeadh ort.

Éirí Chuinn faoi na gabhair agat.

Fad ar do theanga.

Loscadh agus bearna ort.

Nár thé braillín do bháis thar d'imleacán ná an oiread de spáid le fáil agus a chuirfeas fód ort.

Poll iata go raibh agat.

Na cosa go gcaille tú ó na glúine,
Radharc na súl agus lúth na lámh,
Loibhe Iób go dtaga anuas ort,
Eachma, rua is easpa bhrád.

Fiabhras creathach, fail is tocht fuail ort,
Sin go luath agus fuath ar do dháimh,
Scafach iongan agus galar súl ort,
Is ná raibh aon chluais ort ach amháin a n-áit.

Gráin is deacair, bac is truaill ort,
Rith agus ruaig agus galar an bháis,
Do ghruaig go dtite de do mhalaí gruama
Agus smior ná sú ná raibh id chnáimh.

Bearradh crosach is lomadh Luain ort,
Nár thé tú in uaigh ná i gcónra chláir,
Ach an ghaoth ag séideadh go géar ó thuaidh ort
I gcúinne fuar is tú id chuaile fáil.

Neascóid chléibh agus fiolún fuar ort,
Criothán, múchadh agus sine siain,
Domblas dreagúin agus nimh tríd suaite
Go mba í deoch do shuain í ar uair do bháis.

Bráithre Bhalla agus Bhun na Cruaiche
Na Coille Rua agus Bhaile an Chláir
A ndiomú go léir anuas ort
Agus breith ón slua ort, muna bhfuil tú sách.

7 Neacha agus Cumhacht Osnádúrtha

7.1 Sióga

7.1.1 AINMNÍOCHT AGUS BUNÚS

Bab Feirtéar

Tugtar na daoine maithe orthu. Tá trí shaghas acu ann, is dócha. Tá na mairbh, ár mairbh féin a fhágann an saol seo agus a mbíonn purgadóireacht orthu. Chítear iad sin go minic agus iad ag cúiteamh ar an saol eile. Deirtí go gcítí iad, agus ansin tá Aingil an Uabhair ann, a deir siad – na haingil sin a díbríodh amach as na flaithis an uair sin. Thit cuid díobh sin ar an dtalamh, agus tá a thuilleadh acu ag imeacht san aer. Glaoitear na deamhain aeir orthu sin. Thit a thuilleadh acu ar an dtalamh agus deiridís go mbídís ag déanamh díobhála. Bhí na daoine ansin, ár mairbh féin ... bhí cúiteamh le déanamh i bpurgadóireacht acu.

Joeen Sé

Tugtar púcaí, spioraid, sióga orthu, *fairies* as Béarla – daoine a bhí ann fadó. Deireann siad go gcuireann na paidreacha a deirtear tar éis aifrinn anois teitheadh ar na púcaí.

Bhíodh daoine ansin thiar i mBaile an Fheirtéaraigh agus deiridís go rabhadar sna púcaí, agus bhídís ag maireachtaint. Thiocfaidís chugat lá arna mhárach agus déarfaidís leat go dtugadar seans duit aréir. Sprideanna a thagadh as ifreann ab ea iad, deirtear.

Seosamh Ó Dálaigh

Ní dóigh liom go raibh an focal sióg in aon chor anseo. Is dócha go dtuigfidís é. Ach bhí an slua sí ann. Bhí cur síos ar an slua sí agus is beag caint a chloisfeá anseo go deimhin ar an

219

mbean sí. Ach thugaidís na *fairies* orthu. Thugaidís na *joeeys* orthu, thugaidís na daoine maithe orthu agus an dream aerach, agus ní fheadar an raibh ainmneacha eile orthu. Thuigeadar – mar a deirim, sa tseanshaol, in aimsir mo mhuintire – go rabhadar i ngach aon áit agus go mbeidís ag éisteacht leat agus b'in í an chúis go dtugtaí na daoine maithe orthu. Pé díobháil a dhéanfaidís, sciobadh nó poc a bhualadh ar dhuine, is iad na daoine maithe fós iad.

Chomh fada agus a bhain sé leis na sagairt, tá sé ráite go raibh sagart ag dul ar ghlaoch ola timpeall na Muirí nó Gallaras nó áit éigin agus d'iarr sé ar an gcléireach teacht ina theannta agus bhraitheadar an fhothramáil go léir ag teacht agus dúirt an sagart: "Scaoilfimid tharainn iad," agus chuadar thar claí. Agus bhí dream áirithe, ach go háirithe, agus dúirt an sagart leis an gcléireach: "Ní baol duit an dream sin, sin é síol Éabha agus Ádhaimh." B'in iad na daoine a bhí ar an saol seo agus a d'imigh. Bhí dream eile ansin ann agus b'in iad muintir an leasa agus bhí dream eile ann ... agus dúirt an sagart gurbh iadsan ba mheasa ar fad, ach d'imíodar thar n-ais agus bhí an Corp Naofa ina phóca ag an sagart agus ní fheadar arbh é sin a chosain é.

Nóra Uí Chualáin

As Albain na sióga, sin daoine a raibh draíocht acu fadó, aimsir na ndraoithe, a cuireadh faoi chois agus a cuireadh faoi thalamh sna háthanna agus sna liosanna in Albain agus in Éirinn. Chuir Naomh Pádraig, chuir sé an ruaig orthu agus chuir sé isteach sna liosanna iad. Ghlan sé Éire. Ní raibh cead acu níos mó a bheith ag siúl ar thalamh na hÉireann ar nós mar a bhí daoine daonna a dhéanamh; ach daoine daonna iad sin i gcónaí ach gur cuireadh an bhreith sin orthu, agus níl aon chead acu siúl amach san oíche. Níl aon athrú orthu ach nach bhfuil aon chead acu a bheith ar aon taobh linne ag siúl thart, agus níl aon chead iad a fheiceáil mar go bhfuil na bannaí sin curtha orthu. Daoine chomh maith linne iad. Daoine maithe a thugtar ar an gcuid acu atá in Éirinn.

Nóra Uí Chualáin

Maireann siad istigh sna liosanna, sna bruíonta agus sna cnoic, sna halltracha.

Deir siad nach bhfuil sé ceart aon teach a thógáil ar na cosáin sí ná ar chosán a bheadh ag dul go dtí seantobar uisce.

Joeen Sé

Ó na liosanna is mó a thagaidís. Bheadh lios uaigneach ag dul abhaile san oíche. Tá lios thiar i gCill Mhic an Domhnaigh ansin ar thaobh do láimhe deise ag dul go dtí Ceann Sléibhe. Bhíodh púcaí ann. Tá an lios ann fós. Tá díg mhór lasmuigh ann. Agus is ansin istigh, a deirtear, a bhídís – sna liosanna.

Bhí sé an-mhísheansúil lios a leagadh. Ní cheadódh an seandhream do na *JCBs* atá inniu acu na liosanna a leagadh. Deir siad chomh maith ná raibh aon tuama ná teampall ann fadó ar nós an ceann sin thall i gCeann Trá. Ansin sa lios a chuiridís a lán acu.

Bhí cosán sí ag na sióga ag teacht isteach tríd an dtalamh agus ag dul go dtí na liosanna. Tá liosanna i gCill Mhic an Domhnaigh, sa Chathair agus i Mám an Óraigh agus bhí cosán ag teacht isteach go dtí gach aon lios acu.

Tom Martin

They live in the lisses. They are still there. They won't show themselves to you because there is draíocht *on them.*

Seosamh Ó Dálaigh

Bhí sé ráite go rabhadar ag maireachtaint sna liosanna agus bhí liosanna áirithe, is dóigh liom, a raibh níos mó seanchais mar gheall orthu ná liosanna eile. Lios Chathair Deargáin anois, abair. Is dóigh liom go bhfuil seanchas bailithe timpeall air sin, agus lios Chill Mhic an Domhnaigh. Bhíodar sna liosanna eile chomh maith ach ní raibh aon áireamh mór déanta orthu, ach mar sin féin, bhí roinnt mhaith scéalta mar gheall orthu. Bhí eagla ar na daoine aon chur isteach a dhéanamh ar na liosanna sin, mar nárbh fhearr dóibh é.

Is cuimhin liom a bheith i dTiobraid Árann, thuas i dTeampall Tuaithe, agus bhí cosán cairte ag dul ar an mbóthar suas go dtí an dtigh agus bhí an oíche tite agus ní ligfeadh fear an tí domsa siúl anuas ón dtigh go dtí an mbóthar. Dúrtsa: "Gheobhadsa mo shlí."

"*Oh*," arsa é, "*there's a stray in that field.*"

Ní chuaigh aon strainséir riamh tríd an ngort sin ná chuaigh sé amú. Chuireadh síóga daoine amú, agus go dtí le an-dhéanaí, bhí aithne agam féin ar fhear, sa Daingean a bhí sé, agus bhí tórramh ann. Is dócha go raibh sé leadránach sa Daingean agus tháinig sé isteach ar an dtórramh agus an taobh tuathail dá chasóg amach. Dúirt sé ó d'fhág sé an Daingean go raibh an slua sí ag iarraidh é a chur amú, ach ná raibh aon bheann aige orthu mar bhí taobh tuathail dá chasóg iompaithe amach aige agus tháinig sé uathu.

Bhí cosán na marbh ann – seanbhóithre ab ea iad sin go dtí reiligí. Nuair a bheadh duine caillte ní fhéadfadh an corp dul in aon áit ach chaithfeadh sé dul bóithrín na marbh.

Seán Pheats Tom Ó Cearnaigh

Ní fhéadfaí corp a thabhairt in aon bhealach eile ach amháin bóithrín na marbh. Bhí sé de nós acu stopadh ag gach aon chrosaire agus an chomhra a bhualadh ar phaiste glas a bhí ar an gcrosaire. Théadh gach éinne ar a nglúine ansin agus ghuídís ar a anam. Thógaidís leo arís é go dtí an reilig. Bhí sé mí-ámharach tigh a thógaint ar an gcosán. Bheadh sé leagtha ar maidin.

Bhí múinteoir scoile ar an Oileán [An Blascaod Mór]. Timpeall pharóiste Fionntrá ab ea í agus bhí lios ar a cuid talún. Deireadh sí linne, má b'fhíor í, b'fhéidir gurbh fhíor, gach aon tráthnóna nuair a bhí an ghrian ag dul fé go gcloisfeá ceol sa lios. Deireadh an seandhream nuair a bheifeá ag siúl amach tráthnóna agus an ghrian ag dul fé, dá mbeadh maide agat, nár cheart duit a bheith ag bualadh na dtor go deo, ar eagla go mbeadh anam duine i bpurgadóireacht fúthu. Bhí an-chreideamh ag na seandaoine.

222

Dan Choilm Ó Concheanainn

Deirtear go mbíodh sióga taobh thoir den áit a bhfuil teach an phosta i mBaile Logáin anois, ag an Sruthán Mór. Bhí coiléar ann fadó agus bhí sé ráite go mbíodh rudaí le feiceáil ann agus torann slabhraí le cloisteáil ann sa meán oíche. Bhí aill mhór eile i gCor na Rón Láir agus deirtí go mbíodh sióga le feiceáil ar Bhóithrín na mBallaí – sna seanbhallaí ar an mbaile.

Hannah Uí Thuairisg

Tá cloch mhór taobh thiar den teach seo againn féin [sa Lochán Beag Thoir]. De réir sheanchas na háite bhí troid idir cailleach as an áit agus cailleach as Condae an Chláir. Chaith cailleach Chondae an Chláir cloch le cailleach na háite agus tá an chloch sin – cloch mhór mhillteach – sa ngarraí ina bhfuil an teach seo againne tógtha.

Máirtín Ó Cualáin

Bhí teach tórraimh oíche amháin ar an Teach Mór in Indreabhán agus bhí fear deirfíre an mharbháin leagtha amach ar an leathdhoras. Oíche álainn ghealaí a bhí ann. Chonaic sé solas ag teacht anoir Bóithrín Beag an Tobair – tá an bóithrín ann fós – d'fhan sé ann agus stop sé amuigh ar aghaidh an tí. Choinnigh an fear a shúil ar an solas. D'imigh sé faoi dheireadh agus tháinig sé anuas ar nós pointe bioráin agus ansin scaip sé leis. Tá an t-uafás faoin ngleann sin, scéalta sióga.

7.1.3 EAGAR SÓISIALTA AGUS SAOL NA SIÓG

Seosamh Ó Dálaigh

Bhí máistreás an leasa ag na sióga. Dúrt banríon ó chianaibh, ach máistreás ba cheart dom a rá. Níor chuala riamh máistir an leasa, ach máistreás an leasa.

D'fhéadfadh daoine na sióga a fheiscint, agus chonaiceadar. Dar le scéalta a chuala féin, go rabhadar ar aon dul leis na gnáthdhaoine, nach daoine beaga iad ná daoine suaracha ná rudaí mar sin fé mar a chífeá i bpictiúirí nó i rud éigin mar sin,

223

ach gnáthdhaoine, agus is minic a deineadh dearmad nó botún gur cheapadar gur daoine ón gcomharsanacht iad agus nárbh ea, ach ón lios.

BEAN CHABHARTHA SA LIOS

Ní fheadar ar saolaíodh iad, ach tá scéalta ann mar gheall ar mhná cabhartha agus gur glaodh orthu i lár na hoíche agus tugadh isteach don lios iad chun freastal ar bhean a bhí i mbreoiteacht linbh. Agus tá an scéal ann mar gheall ar an bhfrog – bean a bhí ag siúl cosnochta, bean chabhartha ab ea í, agus chonaic sí frog ar thaobh an bhóthair agus í an-mhór, an-ata. Agus chun seoigh, bhuail sí méar a coise air mar bhí sí cosnochta. Bhuail sí fén bhfrog é agus thit an frog i leataobh isteach sa díg.

"Ó, mhuise," a dúirt sí, "dá mbeinn in aon chóngar duit thiocfainn i gcabhair ort nuair a bheadh gá agat liom," ag magadh.

Ach an oíche sin glaodh uirthi agus tugadh isteach sa lios í agus tugadh suas sa seomra í agus bhí bean i mbreoiteacht linbh sa leaba.

"Ní aithníonn tú in aon chor mé," arsa an bhean a bhí sa leaba.

"Ó, mhuise, ní aithním," a dúirt sí.

"Mise an frog a chaithis isteach sa díog agus dúraís liom go dtiocfá i gcabhair orm nuair a bhí gá agam leat agus chuireas teachtaire ag triall ort."

Is dóigh liom gur chomhairligh sí don mbean chabhartha gan aon bhia a ithe sa lios.

IASACHT CORCÁIN AGUS ORDÚ SÍ Á SHÁRÚ

Scéal bhean Chathair Deargáin: tháinig an bhean seo chuici go dtí an doras lá a bhí sí istigh ina haonar agus lorg an bhean iasacht corcáin uirthi. Agus bhí sí cosúil le haon bhean eile, de réir an scéil ach go háirithe, agus thug sí di an corcán. Sa tseanshaol ní bheadh corcán i ngach aon tigh in aon chor. Bhídís ag déanamh uainíochta ar a chéile, féachaint cá mbeadh corcán nó oigheann críochnaithe ag duine, ach cheap sí ... agus chuir sí an

21. Cill Uru, Ceann Trá. Lch 243.

22. Radharc ó Mhám na Gaoithe i dtreo Chnoc Bhréanainn. Lch 229.

23. Ceo ar Chruach Mhárthain, paróiste Mhárthain. Lgh 243, 269.

24. Bláthanna faoi bhun an Stroicín, Lios Póil.

drol ar an gcorcán agus rug an bhean ar an ndrol, agus sin é an uair a chuimhnigh sí nár aithnigh sí an bhean in aon chor agus sheas sí ag an ndoras agus chonaic sí an bhean agus níor dhein an bhean aon stad nó go gcuaigh sí isteach i mbearna an leasa, agus chuaigh sí isteach sa lios agus d'imigh sí as a radharc ansin.

Tráthnóna bhí sí thar n-ais leis an gcorcán nó leis an oigheann arís. Dúirt sí:

"Táimíd an-bhuíoch díot agus tá Banríon an Leasa an-bhuíoch díot, leis, mar níor chuiris amach do chuid luatha riamh, ná gur chroithis uisce uirthi chun ná beadh an ghaoth ag séideadh na luatha, mar is minic a bhíonn clathacha móra níocháin amuigh againne agus ná feiceann tusa ná éinne eile iad agus bheidís salaithe ag an luaith, ach tá bean an tí seo an-chineálta ar fad anois," a dúirt sí. "Is mór an trua é go mbeimidne ag fágaint Lá Bealtaine seo chugainn agus beidh dream eile ag teacht inár ndiaidh agus ní fheadar an bhfuil siad go maith nó go holc."

D'athraídís, de réir dealraimh, ó lios go lios.

Bab Feirtéar

Ní ghoidídís aon rud ach thagaidís ag lorg iasachta. Deir siad go dtagaidís go dtí tithe áirithe ag lorg iasachta. Bean éigin – is dóigh liom gur ó thuaidh í, Cathair Deargáin nó áit éigin – bhídís ag teacht ag lorg iasacht corcáin uirthi agus ag triall ar iasacht meidre, tá a fhios agat, meadar chun ime, agus is é an rud a thugadar di sin ná tiocfadh aon bhláthach ar a cuid ime – gur im ar fad a bheadh aici, pé méid a chuirfeadh sí isteach.

Agus bhí sí ag déanamh go hiontach mar sin ach chuireadar geasa uirthi gan é a rá le héinne mar gheall ar an im. Bhíodh an-chuid ime aici agus é an-bhlasta agus bhíodh an-lorg sa bhaile mór air. Ach nár tháinig bean de na comharsain isteach lá ag lorg deoch bhláthaí agus lig sí thar a cluasa ar dtús é agus lorg sí thar n-ais é.

"Ní bhíonn aon bhláthach," ar sise, "ar mo chuid ime-se. Im ar fad a bhíonn agam."

Agus an mhaidin lá arna mhárach nár tháinig bean an leasa chuici agus dúirt sí:

"Ná dúrt leat gan do bhéal a oscailt? Táimse á aistriú anois. Cuirfear síos go híochtar na hÉireann mé mar gheall ort. Agus bhíomar chomh buíoch díot," a dúirt sí, "mar ná cuirteá amach an luaith déanach san oíche."

Mar dúirt sí nuair a bhíodh níochán amuigh acu féin go gcuireadh mná an bhaile an luaith amach déanach agus go dtéadh na sméaróidí sna héadaí orthu.

BUNADH NA FARRAIGE

Seosamh Ó Dálaigh

Ní fheadar an bhféadfaidís codladh a dhéanamh ach tá scéal ann mar gheall ar Bhaile an Mhóraigh, go raibh an cailín sin a bhí i gCaisleán an Mhóraigh, agus go gcuaigh sí ag snámh agus go bhfaca sí scáth an fhir san uisce, sa tonn, nuair a d'éirigh an tonn. Chuaigh sí abhaile agus i gceann trí ráithe saolaíodh leanbh di. Ach bhí sé de bhreith ar an leanbh seo ná titfeadh aon chodladh air agus nuair a bhí sé bliain is fiche – bhí an scéal ag Peig Sayers – go gcuaigh sé amach sa bhfarraige arís agus bhailigh sé leis. Níor thit aon chodladh air fad a bhí sé ann ach b'fhéidir gurb é sin dúchas na farraige nó rud éigin.

Nóra Uí Chualáin

Bíonn ríthe agus banríthe i gceannas ar na sióga agus móruaisle, ar nós chuile chineál dream. Agus tá páláis bhreátha agus áiteacha breátha acu istigh sna láithreacha agus sna cnocáin agus sna háiteacha eile, agus a mbealach féin acu mar atá ag daoine beo. Bhíodh ór ag sióga ach chasadh an t-ór isteach ina bhileoga sa lá.

Tá chuile cheird acu, chuile shórt beo. Tá siad ag maireachtáil ar nós muid féin. Tá múinteoirí acu is tá sagairt acu. Ach sin sagairt a dhéanann dearmad éicint ina mbealach féin nuair a bhíonn siad ar an saol seo agus tá siad seo in ann iad a thabhairt leo agus cuireann siad ola ar nós mar a chuireann daoine eile.

Saolaítear iad agus faigheann siad bás ach tá cosc orthu imeacht sna flaithis agus, deir siad, an té a shaolaítear sa mbruíon go leáfadh sé an saol le hamharc a shúl dá ligfí chun cinn é.

Joeen Sé

Bhí daoine daonna mar bhuíon de na sióga. Bhí fíodóirí agus gach aon saghas ann.

Seán Pheats Tom Ó Cearnaigh

Tá sióga ábalta siúl, rith, léim agus eitilt – san oíche is mó agus le linn don ngrian a bheith ag dul fé. Is féidir leo obair a dhéanamh ar nós daoine daonna.

Is deacair a rá an féidir leo codladh agus béiceach nuair ná beifeá ina dteannta. Ní fheadar mar gheall ar chodladh, ach deirtear go gcloisfeá ag gáirí iad. Ná deirtear go bhfuil daoine áirithe de mhuintir Shúilleabháin, agus ní fheadar cén dream eile, nuair a bhíonn duine acu sin caillte go gcloiseann siad bean sí ag caoineadh nó ag déanamh ceoil ... agus bhí dream eile, ní fheadar an iad na Ryans iad nó daoine éigin eile, leis. Ní fhéadfainn é sin a rá leat.

Ní dóigh liom go raibh gach duine ábalta sióga a fheiscint. Deir siad go gcaithfí tú a shaolú am áirithe den lá nó den oíche agus gurbh in iad a chífeadh iad, agus go raibh daoine eile ansin a shaolófaí an t-am seo, dá mbeidís amuigh go deo ní chífidís iad ná ní chloisfidís iad. Ní maith leo chuige iad a fheiscint, is dóigh liom mar má chífidís iad, go mbeadh scéal le fáil agatsa do do mhuintir féin, duine éigin acu a bhí le tógaint nó rud éigin mar sin.

Ní fheadarsa conas a bhíodar gléasta. Is dócha ná feiceadh éinne iad nuair a bhídís chun an rud sin a dhéanamh, go raibh scáil éigin curtha acu ar dhaoine saolta agus ná cífidís chuige iad. Is dóigh liomsa go ndéanfaidís an-shimplí é.

Tom Martin

You couldn't carry any milk by night. It would be taken off you by the fairies. I don't know whether they milk farmers' cows at night but I heard a hare used to milk the cows and the hare was as big as three hares because he had the milk of the cow. But the fairies can take butter from the farmer. They had some prayer.

Micheál Ó Ceallaigh

Bhíodh sióga sna báid. Daoine a cailleadh, dá mbeadh aon bhaint acu le báid, bheadh siad le n-aireachtáil ag obair sa mbád. Bheadh a fhios ag muintir an tí go raibh siad ann agus ní tharlódh aon bhlas don bhád a mbeadh siad inti. Fadó, ba leis na báid a dhéantaí go leor den obair – ag tarraingt mhóna, ag tabhairt ábhair ó shiopaí ar ais abhaile. Deirtí go mbíodh na báid sí ag seoladh in éineacht leo. Bhí siad in ann iad a fheiceáil. Dá mbeadh an dream beo in ann tine a chur sa mbád sí, ba leo féin an bád an uair sin. Nuair a d'aireodh na daoine maithe caint nó dá bhfeicfidís deargadh píopa, d'fhanfadh an bád sí i bhfad siar an uair sin. Bhí go leor scéalta ag baint leis na rudaí seo fadó.

7.1.4   BIA

Nóra Uí Chualáin

D'íosfaidís bia ar bith a chasfaí leo, ach gan aon salann air; níl siad in ann fanacht beo gan rud éicint a ithe. Níl aon chead acu a dhul gar do shalann.

Ach nuair a bhíodh daoine ag déanamh poitín ar chuma ar bith, an chéad ghloine, nuair a bhí sé ina phoitín, athraithe ó bheith ina leann go mbeadh sé ina phoitín, scaipidís amach é agus deiridís: "Sláinte sí," nó rud éicint den tsórt sin.

Ní íosfadh na daoine bochta an plúr a bheadh ag na sióga. Ach cuir i gcás bád lán le plúr a bheadh ar an bhfarraige, go gcuirfidís isteach i dtír chucu ar an gcladach an plúr. Rinne siad é sin agus rudaí eile. Cuireann na sióga dúchan ar fhataí. Sin é an uair a bhíonn an fómhar caillte acu féin agus é bainte ag sióga na hAlban díobh. Do na daoine maithe a tharlaíonn sé sin.

Bab Feirtéar

Deirtí go raibh an-dhúil i mbagún acu.

Seán Pheats Tom Ó Cearnaigh

Is dócha gur deacair a dhéanamh amach cén sórt bia a d'itheadar. Deirtear go mbídís ag crú na mba agus go dtugaidís leo an bainne agus ba cheart, is dóigh liom, salann a bheith ann chun an bainne a chosaint.

Seosamh Ó Dálaigh

Chrúdh na sióga na ba ach go háirithe. Tá scéal ann mar gheall ar bhean an leasa. Bhí an-bhó bhainne ag duine éigin agus tar éis tamaill thugadar fé ndeara gur chuaigh sí siar an-mhór sa bhainne agus d'fhaireadar í agus chonaiceadar bean an leasa ag teacht amach as an lios agus thosaigh sí ag crú. Sin comhartha go n-ólaidís bainne.

7.1.5   CEOL AGUS DAMHSA

Seosamh Ó Dálaigh

Chomh fada le rince, dream mór rince ab ea na sióga, agus dream mór ceoil ab ea iad. Bhí Máire Ní Chinnéide anseo timpeall agus is dóigh liom go ndeireadh sí go mbíodh cothalán rince ag na daoine maithe thuas ar Fhaiche Bhaile Bhiocáire gach aon oíche Déardaoin. Bheidís bailithe ansin ach ní chífeadh éinne iad ach Máire.

DROCHSHLÁINTE DE BHARR RINCE LE CEOL SÍ

Tá scéal ann mar gheall ar fhear ó Dhún Chaoin a bhí ag filleadh ó Mhám na Gaoithe tar éis dó a bheith ag rince mar b'áit mhór rince amuigh fén aer ab ea Mám na Gaoithe agus bhíodh ceoltóirí ann, agus nuair a tháinig sé go Barr an Chlasaigh ar radharc Dhún Chaoin, ansin chuala sé an ceol, agus ós rud é go raibh ceol an rince ina chluasa fós, dhein sé babhta rince agus é ina aonar leis an gceol, agus tháinig sé abhaile agus b'in é an lá is fearr a chonaic sé as sin amach. Bhí sé ag dul le fána as sin amach go dtí gur cailleadh é.

CEOL NEAMHSHAOLTA AG MEALLADH SAGAIRT AR GHLAOCH

Tá sé ráite ... tá scéalta scríofa síos agamsa mar gheall ar shagart a cuireadh amú ach is é an diabhal a chuir amú é agus ní hiad na daoine maithe, mar bhí sé ag dul ar ghlaoch breoiteachta. Bhí an-dhúil i gceol ag an sagart agus chuala sé, ní fheadar an ceol draíochta nó "Eibhlín a Rúin" – tá ainm an amhráin imithe as mo cheann anois. Ach chuala sé é agus é ar chapall iallaite ag dul ar ghlaoch breoiteachta agus an oíche ann, agus chuala sé an t-amhrán á chanadh agus stad sé agus d'éist sé leis agus cheap sé nár chuala sé riamh an t-amhrán céanna á chanadh chomh binn, agus d'fhan sé ann go dtí an deireadh. Chuaigh sé ar aghaidh ansin agus bhí an duine breoite marbh roimis.

Ach deineadh amach gurbh é an diabhal a bhí ann agus gurbh amhlaidh a chuir sé moill ar an sagart. Coisceadh an t-amhrán sin a chanadh sa cheantar sin ar feadh i bhfad. Leagan gearr éigin den amhrán a ceadaíodh ach níor ceadaíodh an t-amhrán iomlán in aon chor agus sin í an chúis gur cailleadh cuid mhór den amhrán céanna.

CEOL SÍ AG MEALLADH SAGAIRT AR GHLAOCH

Bab Feirtéar

Bhí scéal anseo ar dhuine a bhuail breoite in áit iargúlta agus bhí sé ag fáil bháis agus chuaigh a mhac nó duine éigin muin-teartha leis ag triall ar an sagart ar chapall iallaite agus ó thuaidh ar an gCill a bhíodh an sagart an uair sin. Nuair a tháinig sé amach, deiridís, agus an sagart ar chúlóg aige, bhíodar ag cur an bhóthair díobh aduaidh nuair a d'éirigh píobaire amach ón gclaí agus lean sé ag seinnt rompu agus rompu go dtí gur bhaineadar an droichead seo thíos amach, más é an droichead seo é, ach bhaineadar droichead amach. Stop an píobaire ansin agus dúirt an sagart gur mhaith leis féin cúiteamh éigin a thabhairt don bpíobaire mar gur ghiorraigh sé an bóthar. Labhair sé leis an bpíobaire agus dúirt sé:

"Ba mhaith liom cúiteamh a thabhairt duit."

"Níl aon chúiteamh agamsa á iarraidh," ar seisean, "ach nuair a rachaidh tú go dtí an bhfear atá ag fáil bháis, sula bhfaighidh sé bás, cuir ceist air cá rachaidh anam an phíobaire nuair a fhág-faidh sé an saol seo?"

Sin é mar a bhí. D'imigh sé, agus ní fheadarsa an thoir sa Ghleann Mór anois nó in áit éigin iargúlta a bhí an fear ag fáil bháis, chuaigh sé isteach agus chuir sé an ola air agus ní raibh ann ach an dé, ach nár dhein sé dearmad ar an bpíobaire agus nuair a ghabh sé amach dhorchaigh an bóthar go léir roimis fé mar a bheadh ailp mhór dhubh i lár an bhóthair agus ní fhéadfadh sé dul soir ná siar. Ní fhéadfadh sé corraí agus sin é an uair a chuimhnigh sé go ndein sé dearmad ar an bpíobaire. Chuaigh sé thar n-ais go dtí an bhfear a bhí ag fáil bháis agus chuir sé ceist air.

"Mhuise," ar seisean, "a leithéid seo: chuir píobaire de gheasa orm ceist a chur ort, cá rachaidh anam an phíobaire nuair a gheobhaidh sé bás?"

"Abair leis anois, mhuise," ar seisean, "cleite a fháil agus braon dá chuid fola a tharraingt, agus má fhaigheann sé an oiread fola ina chorp agus go scríobhfaidh sé a ainm leis, rachaidh sé go flaithis Dé, ach mura bhfaighidh, tá trua agam dó," a dúirt sé. Sin a ndúirt sé agus fuair sé bás.

Tháinig an sagart ansin chomh fada leis an bpíobaire agus bhí sé ag insint an scéil sin dó. Thóg an píobaire cleite agus phrioc sé é féin agus bhí sé ag tarraingt na fola. Dá mbeadh sé ag tarraingt ó shin ní thiocfadh aon bhraon fola.

"Is trua liom é sin," arsa an sagart leis.

"Bhuel anois," ar seisean, "ní dheineas-sa díobháil d'éinne riamh ó thiteas ar an saol seo ach as seo amach déanfaidh mé is dócha, ós rud é ná fuilim le dul isteach i bhflaithis Dé."

Chuir sé sin isteach go mór ar an sagart.

Bhíodh scéalta mar sin acu. Is dócha gur cuid de na deamhain é sin a thit ar an dtalamh seo nó rud éigin. Ní fheadar.

Nóra Uí Chualáin

Bhuel, go deimhin bhí sióga in ann ceol agus rince. Is acu atá na ceoltóirí is fearr agus a imíonn go hóg. Is acu atá siad, agus na damhsóirí.

CEOLTÓIR BÁSAITHE AG SEINM

Bhí tórramh i Maínis fadó ar fhear óg a bhí ina an-cheoltóir agus bhí aintín den fhear ag teacht ar an tórramh. Tháinig siad

anoir go Maínis agus ní raibh a fhios cé na ceoltóirí ná na damh-
sóirí a bhí ar dhomhnas Mhaínse. Agus i measc na gceoltóirí,
nach raibh an fear a bhí sínte ar lár, mar ó dhia, agus iad ag ceap-
adh go raibh sé caillte le tinneas éicint a tháinig go Maínis a
dtugaidís an fiabhras dubh air. Agus, mo léan, d'aithnigh siad é
agus é ceaptha a bheith caillte sa mbaile agus é ar chlár. D'imigh
go leor daoine óga as Maínis an t-am sin, damhsóirí agus fonn-
adóirí agus ceoltóirí agus chuile shórt. Ní raibh cead ag daoine
daonna páirt a ghlacadh iontu mura n-iarrfaí orthu é, mar bhí
siad in ann an smailcín a bhualadh orthu dá dtéidís ag damhsa.

SEACHMALL AMA DE BHARR CEOL SÍ

Bhí beirt fhear ag dul ar aonach fadó, agus níl a fhios agamsa
cárbh as iad, ach pé scéal é chualadar an ceol agus suas le fear
acu – bhí leic ann a raibh siad ag damhsa uirthi – agus d'fhan sé
ag damhsa. Níor airigh sé tada ach achar fada ón lá sin arís
tháinig an fear eile.

"Tuige nár fhan tú liom?" arsa an chéad fhear.

"Bhí mé ag iarraidh teacht suas leat," arsa an dara fear. "Bhí
tú ar iarraidh ar feadh píosa mór den bhliain mura raibh sé bliain
uilig."

Níor airigh sé ach timpeall uair an chloig san achar agus
tháinig sé suas leis an bhfear eile agus tháinig sé abhaile slán
sábháilte. Tá siad in ann smailcín a bhualadh ar dhuine.

"DÉ LUAIN, DÉ MÁIRT"

Bab Feirtéar

Bhíodh canadh agus rince á dhéanamh acu. Ná bíodh an scéal
seo ar scoil againn. Fear éigin agus go raibh droinn air, ag teacht
ón nDaingean agus a dhóthain ólta aige, ná chuala sé na sióga
istigh agus iad ag amhrán. "Dé Luain, Dé Máirt, Dé Luain, Dé
Máirt, Dé Luain, Dé Máirt," an t-amhrán a bhí acu, agus ná bhí
a dhóthain thiar aige agus dúirt sé: "Dé Luain, Dé Máirt, Dé
Luain, Dé Máirt agus Dé Céadaoin," agus ná dúirt an bhanríon:

"Scaoil isteach an fear sin mar tá an t-amhrán socraithe aige
dúinn. Ní raibh sé againn i gceart riamh go dtí anois."

Tugadh isteach é agus baineadh de an droinn. Agus bhí sé go hiontach ar fad.

Ach bhí sé á insint d'fhear eile go raibh droinn air agus ná chuaigh sé sin taobh amuigh den lios agus bhíodar ag amhrán leo agus "Dé Luain, Dé Máirt, Dé Luain, Dé Máirt, Dé Luain, Dé Máirt agus Dé Céadaoin," acu. "Agus Déardaoin," arsa é sin. Agus ná dúirt an bhanríon:

"Tabhair isteach é sin. Tá an t-amhrán loite aige orainn."

Cad a dheineadar ná an droinn a bhí ar an bhfear eile a bhualadh anuas ar an droinn a bhí air sin.

'hump??'

7.1.6   CLEASAÍOCHT AGUS TAISTEAL

Seán Pheats Tom Ó Cearnaigh

D'imreodh siad cleasanna ar dhaoine. Nuair a bheifeá ag imeacht san oíche nó ag imeacht i d'aonar, chuirfidís amú tú. Chuirfidís as an slí tú. Deiridís ná beadh aon rud le déanamh an uair sin ach dá mbeadh fear ann, an taobh tuathail dá chaipín a iompu amach. D'fhéadfadh na síóga plandaí a aistriú go dtí ainmhithe. Ní raibh aon rud ná féadfaidís a dhéanamh. Chabhródh na síóga le bean fíodóireacht a dhéanamh agus uaireanta eile chuirfidís amú í.   weaving

Nóra Uí Chualáin

Tugtar an capaillín sí ar an mbuachallán buí in áiteacha áirithe. Is túisce a thabharfadh, b'fhéidir, seandaoine a tháinig romhainn, agus rompu sin, an capaillín sí air.

Cuir i gcás, mar shampla, dá mbeadh oíche cheo ann nó oíche dhubh nó oíche ar bith eile, ní bheadh a fhios agat beo cá mbeifeá ag leagan do choise ach amháin dá mbeadh solas i do lámh agus bheifeá ag imeacht leat. Bhí mé istigh sna garranta agus bhí sé deireanach agus bhí orm na beithígh a thabhairt aníos le haghaidh bleáin nó rud éicint. Chonaic mé solas ag dul anoir an spéir agus bhí mé ag súil go mbeadh na beithígh abhus agam sula mbeadh an solas níos gaire dom – solas strainséartha a bhí ann. Chonaic mé an solas ag scaladh fós sa ngarraí taobh

233

thoir díom. Bhí sé tagtha go dtí sin agus níor tháinig sé thairis. Bhuel, d'imigh sé ó léargas orm cá raibh mé ag dul. Chuaigh na beithígh abhaile ach bhí mise ag imeacht ar fud an gharraí soir agus siar ag feiceáil tithe agus garranta agus ag feiceáil rudaí nach raibh ann agus nach mbeidh ann ach oiread, choíche. Ach chuaigh mé amach in áit éicint agus d'éirigh liom a dhul abhaile agus an oíche chéanna buaileadh síos tinn mé; níl a fhios agam an mar gheall air sin é nó rud éicint eile, ach tháing mé as ar an bpointe.

Tháinig fear as Caladh Mhaínse fadó agus chuala sé fuaim á séideadh i nGlionnán, thuas sna sléibhte atá sé sin, agus bhí gleo agus troid agus uafás ann agus d'imíodar amach os cionn an mhullaigh agus bhailíodar soir Caladh Mhaínse as léargas ó fhear as Caladh Mhaínse a bhí ag dul aniar an bealach sin. Bhí. Chuala mé féin iad oíche éicint mí na Samhna fadó riamh ag dul thar choirnéal an tí, an coirnéal sin den teach, agus bhí búireach mar sin ann agus d'imíodar soir ansin thar an oileán, soir ar an aill sin thuas, soir an bealach sin pé áit a ndeachadar.

7.1.7 CLUICHÍ AGUS TROIDEANNA

Nóra Uí Chualáin

As Albain a thagann na sióga agus bíonn troid acu go minic sa bhfómhar leis na daoine maithe in Éirinn. Daoine maithe a thugtar ar an gcuid acu atá in Éirinn. Bíonn siad ag troid sa bhfómhar agus bíonn fómhar maith ansin in Éirinn. Má bhuachann na daoine maithe an cogadh nó má chailleann siad, bíonn drochfhómhar in Éirinn nó in Albain. Bhuel, sin iad na sióga.

Bab Feirtéar

Bhídís ag imirt peile. Deirtear go bhfeictí le buíú gréine iad agus iad ag imirt peile.

Seosamh Ó Dálaigh

Bhídís ag imirt peile agus iománaíochta. Bhí sé thuas i nGleann Loic agus d'éirigh sé amach oíche ghealaí nó oíche spéirghealaí, pé cúram a thug amach é, agus ní raibh sé ach imithe amach nuair a thuirling an chaid ar cheann de na leacacha a bhí sa ghort taobh amuigh den dtigh agus d'éirigh sí ón dtalamh agus bhí dúil aige sa chaid gan dabht. Cad a dhein sé ach a bhróga a bhaint de agus lascadh a thabhairt don gcaid agus b'in é an lá ab fhearr a chonaic sé as sin amach. Tá a lán scéalta mar gheall ar dhaoine a chuaigh ag imirt ina dteannta.

Seán Pheats Tom Ó Cearnaigh

D'imríodh na sióga peil agus iománaíocht. Chuala fear á rá go háirithe agus é ag teacht abhaile, é féin agus a bhean agus a chapall, bhí sé timpeall a dó dhéag a chlog agus bhíodar ag dul ar ais abhaile oíche bhreá ghealaí nuair a chonaiceadar na sióga ag imirt istigh i bpáirc. Ghlacadh daoine daonna páirt leo. Chaithfidís nuair a bheidís ina dteannta. An gcualaís an t-amhrán seo, "Casadh slua sí orm síos chun lios Bhaile Dháith"?

7.1.8   AR CUAIRT I DTITHE

Bab Feirtéar

Deirtear go bhfaigheann siad sin go léir cead speisialta le cuairt a thabhairt ar a dtinteán féin Oíche Shamhna agus Oíche Nollag. An seandhream, m'athair críonna féin, is cuimhin liom féin é, is cuimhin liom go maith nuair a bhíomar inár gcónaí anseo thoir, chuirtí síos tine bhreá Oíche Shamhna agus deirtí linne pé spórt a bhí le déanamh againn le húlla agus le rudaí beaga mar sin, é a dhéanamh, mar go gcaithfí an chuid eile den oíche a fhágaint fé na mairbh.

Agus dheineadh sé píb, chuireadh sé tobac inti agus chuireadh sé isteach i bpoll an iarta í nuair a bhíodh sé ag dul a chodladh ar eagla go mbeadh gal tobac uathu. Ansin chuireadh sé an tlú ina sheasamh leis an iarta agus is minic a chloisinn iad á rá ina dhiaidh sin: "Tháinig cuid éigin acu aréir mar tá an tlú leagtha agus d'airíomar an tlú ag corraí." B'fhéidir gurbh é an an tlú féin a thit, ach chreididís go láidir é.

Nóra Uí Chualáin

Thagadh na sióga isteach i dteach san oíche. D'fháilteofaí rompu. Bhíodh an t-úrlár scuabtha. Bhíodh an tine thíos rompu, bia leagtha amach, uisce fágtha ansin agus an doras fágtha oscailte. Deir siad mura mbeadh uisce istigh agat san oíche go bhfuil na sióga in ann fuil an duine a ól in áit uisce. Níor mhór duit uisce a bheith leagtha thart agat san oíche dóibh. Sin é Oíche na Marbh – an dara lá de mhí na Samhna atá i gceist agam. Chuala mé in áit éicint a raibh fataí an oíche sin agus nuair a bhíothas ag dul ag baint an chraicinn de na fataí ar maidin, is éard a bhí iontu bualtracha beithíoch.

Nóra Uí Mhurchú

D'éiríos oíche amháin mar theastaigh uaim an bainne a théamh don leanbh agus nuair a chuas isteach sa chistin bhí na cathaoireacha ar fad os comhair na tine ag Johnny Murphy, ar eagla go dteastódh ó na daoine maithe suí síos.

Dúirt mo sheanmháthair liom nár cheart duit riamh uisce na gcos a chaitheamh amach an doras ar eagla go mbeadh na púcaí lasmuigh.

Peig Uí Fhátharta agus Máire Uí Chonghaile

Ní chaití amach aon uisce salach ó thiteadh an oíche, go mór mór an t-uisce a nití na cosa ann. Dá mba rud é go gcaithfí amach é sin ba cheart: "Chugaibh, chugaibh, uisce na gcos," a rá ar fhaitíos go mbuailfí aon duine maith sa bpus.

Meaig Uí Dhomhnaill

Ní chaitheadh na seandaoine amach aon deoir uisce nuair a thagadh an oíche, ná an luaith ach an oiread. Ní chaithidís amach an t-uisce salach go mbeadh an t-uisce glan istigh, aon uair. Ní bheadh daoine ag iarraidh a dhul chuig an tobar san oíche dá bhféadfaidís ar chor ar bith, ach dá dtarlódh sé go gcaithfidís uisce a thabhairt isteach san oíche lasfaidís paipeár agus chuirfidís an paipeár dóite síos san uisce. Bhí fear ar an mbaile agus chaith a bhean amach uisce san oíche a raibh na gasúir tar éis a gcosa a níochán ann, agus chuala sé slabáil san uisce nuair a bhí sé caite amach aici.

Bríd Uí Thuathail

Ní chaití aon uisce salach amach san oíche fadó nó go ndeiridís: "Chugaibh! Chugaibh!" i dtosach. Deirtí é seo ar fhaitíos go mbeadh na daoine maithe ag siúl taobh amuigh agus go mbuailfeá an t-uisce orthu.

7.1.9 FUADACH AS AGUS COSAINTÍ

Nóra Uí Chualáin

Tugtar sióg ar dhuine a bheadh ag breathnú go dona go minic, duine a bheadh i bhfad tinn. "Deabhal ann ach sióg," a deirtí.

Deir siad an áit a mbíonn talamh lom, gurb iad beithígh na sióg a bhíonn á ithe sin. Tá beithígh acu ar nós muid féin agus leath na mbeithíoch a chailltear ar dhaoine, nó b'fhéidir iad ar fad, nó a mbunáite, siúd iad a thugann leo iad. Bhí ainmhithe dóibh féin acu – cait, gadhair – tugann siad do dhaoine eile iad. Théidís chuig an aonach freisin.

BANALTRA SA BHRUÍON

Bhí bean fadó ann agus tháinig fear roimpi agus í ag dul ar an aonach agus d'iarr sé uirthi a theacht leis go dtabharfadh sí cíoch don pháiste mar go raibh sé ag caoineadh agus nach raibh a mháthair ag baile. Bhuel, is é an chaoi nach raibh aon mháthair ag an bpáiste bocht agus thug sí bainne don pháiste agus bhí seanfhear ann agus mar a bheadh maide sáite trasna trína dhá chluais ...

Ach theagmhaigh lámh na mná le rud éicint sa mbruíon. Chuimil sí a lámh dá súil agus bhí sí in ann na sióga a fheiceáil. Is gearr go raibh an bhó is fearr ar an aonach, a muineál briste ag troid, agus í curtha le fána. Bhí sí tugtha leo ag na sióga agus an seanfhear caite ansin. Is dócha go raibh adharca uirthi mar bhí maide sáite trína dhá chluais.

Ach chuimil sí a lámh dá súil ar chuma ar bith agus bhíodh sí ag caint leis na daoine maithe áit ar bith a bhfeicfeadh sí iad. D'iarr an seanfhear sa deireadh an tsúil as ar tharla sé a thaispeáint dó. Thaispeáin sí an tsúil dó. Ní dhearna sé ach a mhéar a chur faoina súil agus an tsúil a bhaint aisti.

BAINNE DO LEANBH SÍ

Is dócha nach dtagadh aon ghalar ar na beithígh a d'fhaigheadh na sióga mar bhí bó thuas sna sléibhte in áit éicint ag fear éicint as an Oileán Máisean fadó agus bhí an bhó le lao agus fuair sé scéala go raibh an lao ag an mbó. Chuaigh sé go dtí an bhó go dtugadh sé an bhó abhaile agus bhí an bhó ann ach bhí sí ar an taobh eile den bhruíon, d'aill, nó de rud éicint a bhí acu seo agus bhí an páiste ag caoineadh istigh san aill.

"Ó, stop, stop, a linbh," a deir an té a bhí sa mbruíon ag mealladh an pháiste. "Tá bó a leithéid seo d'fhear as an Oileán Máisean le tabhairt aniar chugatsa anois," a deir sí.

"Ó, muise, más mar sin é," a deir fear Oileán Máisean, "ní thabharfaidh mise an bhó uaibh. Fágfaidh mise agaibh í," a deir sé, "an fhad agus a theastós sí uaibh agus ní fhágfaidh mise an páiste seo gan bhainne."

Chuaigh sé abhaile agus d'fhág sé an bhó ansin. Bhuel, pé achar é ina dhiaidh sin, bhí an bhó slán sábháilte ar maidin istigh ar an Oileán Máisean. Chaitheadh an gasúr a bheith ag caoineadh nuair a bhíodh ceal bainne air agus ba mhór an grá Dia dó an bhó a fhágáil acu ar an gcuntar sin, agus ní raibh aon bhlas ar an duine ná ar an mbó níos mó.

Seán Pheats Tom Ó Cearnaigh

Ghoididís daoine agus ghoididís ainmhithe. Chrúidís na ba ach go háirithe. Is dócha dá dteastódh aon rud uathu go ngoidfidís é. Ní raibh aon rud ná féadfaidís a dhéanamh dá mba mhaith leo. Bhíodh cuid acu a bhíodh sciobtha agus thagaidís go dtí a muintir agus deiridís leo dul ag triall orthu. Chaithfeadh rudaí áirithe a bheith ag a muintir – scian le cos dhubh inti. Sa tseanshaol bhí sé ar siúl gach aon oíche. Shábháladh na feirmeoirí na ba trí uisce coisreacain a chaitheamh orthu ag gabháil amach dóibh.

Mura mbeadh uisce coisreacain agat dhéanfadh steámar an bheart. Bhí sin ann fadó ag na seandaoine agus ag na seanmhná mar bhídís ag baint úsáide as chun olann a ní. Bhíodh buicéad mór adhmaid acu agus gach aon oíche nuair a bhídís ag dul a chodladh dheinidís a gcuid fuail ansin agus choimeádaidís é sin. Bhíodh sin i gcomhair níocháin acu. Steámar a thugtaí air sin. Dá gcaithfeá é sin i ndiaidh na n-ainmhithe nó i ndiaidh an duine níor bhaol dóibh na síóga.

Thógaidís daoine óga agus thógaidís daoine an-dhathúil ar fad. An chuid is dathúla, bhídís sin acu, agus na daoine saolta is le coiriú a thógadar iad. Is é an rud a chiallaíonn coiriú go mbeadh tusa ansin, agus bheinnse agus fear eile ag caint ort. Is iad na síóga a dheineadh an rud sin. Dheinidís é sa tslí ná beadh a fhios agat go deo gurbh iadsan a bhí laistiar de. Bhíodar glic go maith chun rudaí a dhéanamh.

Is dócha go gcuiridís moill ar shagart ach tá an-chumhacht ag an sagart. Is féidir le sagart na síóga a chur i bponc. Is dócha dá ndéanfá aon ní as an tslí orthu go ndéanfaidís mórán rudaí i do choinne. Dhéanfaidís díobháil ar chuma éigin duit dá ndéanfá aon chur isteach ar a gcúram féin – b'fhéidir go dtógfaidís do chapall. Ní bheadh faic sábháilte uathu is dóigh liom. Bheadh mísheans as sin amach leat. Fadó, ní chorraíodh aon duine amach gan a phaidrín nó leabhar urnaithe nó rud éigin beann-aithe ionas ná féadfaidís aon bhaint a bheith acu leo.

DAINSÉAR IN OBAIR LASMUIGH GO DÉANACH

Chuala fadó riamh, bhí mo sheanmháthair á rá mar gheall ar an mbean seo, bean phósta ab ea í. Bhí sí ag níochán amuigh san abhainn san oíche, tar éis a dó dhéag a chlog nuair a ghabh na síóga an droichead os a cionn. Dúirt duine de na síóga go raibh sé chomh maith acu í a thógaint, ach ná raibh duine ón áit an uair sin ag imeacht ina dteannta, agus dúirt an bhean seo ligint di féin. Níor thógadar leo í ach thógadar capall nó rud éigin ina hionad. Ach chuaigh an bhean ón áit ansin chuici.

239

"Cogar," ar sise, "ná bí amuigh chomh déanach aon oíche eile. Níl sé ceart agat a bheith ag níochán amuigh san abhainn. An gcualaís na sióga ag dul tharat aréir? Mura mbeadh mise a bheith ina dteannta," a dúirt sí, "ní bheifeása anseo anois."

IARLAIS Á DHÍBIRT LE BAGAIRT TINE

Chuala gur tharla sé seo timpeall pharóiste Fionntrá i bpoll éigin. Bhí lánúin ann agus bhí leaibhín acu ach ba ón saol eile an leaibhín. Nuair a bhíodar ag súil é a bheith ag siúl agus mar sin ní raibh borradh ná méid ag teacht air ach bhí cuma an-chríonna air agus é sa chliabhán i gcónaí. B'ait leo é. Bhí mórán mná Ultacha ag imeacht fadó an uair sin, mná go mbíodh fios acu, mná siúil is mó. Bhídís ag imeacht ó thigh go tigh agus iad ag bailiú, na rudaí bochta. Thabharfá lóistín na hoíche dóibh. Ach pé scéal é, nuair a ghabh an bhean seo isteach dhein bean an tí braon tae di. Bhí sí caite traochta mar bhí sí ag siúl i gcónaí. Nuair a bhí an tae ólta thosaíodar ag caint agus d'fhiafraigh an bhean siúil di mar gheall ar an leanbh. Dúirt sí go raibh sé trí nó ceathair de bhlianta agus ná raibh borradh ná méid ag teacht air.

"Ná ní thiocfaidh," arsa an bhean siúil. "Ach cogar," a dúirt sí, "fadaigh síos tine bhreá mhóna anois. Fadaigh síos tine bhreá mhóna, a deirim leat."

Chaith sí é a rá trí huaire agus dhein bean an tí rud uirthi an tríú huair. Nuair a bhí an tine breá dearg ansin:

"Seo anois," arsa an bhean siúil, "tar anseo i mo theannta go mbéarfaimid ar an síofra" – síofra a thabharfá ar dhuine mar sin ná beadh críoch ná crot ag teacht air – "agus go gcaithfimid isteach sa tine é."

Nuair a chuala an síofra go raibh sé le caitheamh isteach sa tine léim sé as an gcliabhán agus bhailigh sé leis. Bhí sé curtha ina ionad ag na sióga. Sin é mar a bhí.

"DIA LINN AGUS MUIRE" MAR CHOSAINT

Thiocfadh na sióga ag triall ar leanbh óg dá mbeadh sé sa tigh. Fadó, tháinig siad ag triall ar dhuine éigin. Bhíodar in airde sa lochta ag faire air, lochta beag a bhí sa tigh. Dhein sé sraoth, an dtuigeann tú, mar dhea go raibh sé ag fáil breoite. Chuir na sióga sa tslí sin é mar dhea go ndéarfadh a mhuintir gur breoite a fuair sé in áit iad féin á sciobadh. Ach tar éis don bhfear an tsraoth a dhéanamh ná dúirt bean a bhí istigh sa tigh: "Dia linn agus Muire." Chaitheadar éirí as. Chaitheadar é a fhágaint ina ndiaidh ansin. Ní raibh sé de chumhacht acu é a thógaint.

Bhí an-chuid daoine ag fáil bháis mar gheall ar an sraoth sa tseanshaol. Galar ab ea é, breoiteacht ab ea é. Ach sin é an leigheas a fuaireadh air: "Dia linn agus Muire."

"DIA LINN AGUS MUIRE" MAR CHOSAINT
Micheál Ó Ceallaigh

Thug na daoine maithe fear saolta as an gceantar seo leo tráthnóna samhraidh. Bhí sé deireanach go leor. Bhí pota fataí dóirte amach ar chiseog le fuarú i dteach in íochtar an bhaile agus d'ísligh sé anuas as an spéir agus thóg sé dhá fhata as an gciseog. Is é an áit a raibh an dara ceann ite aige, ar mhullach Cheann Boirne. Chuaigh siad san áit a raibh an bhainis á caitheamh ann mar bhí siad ag iarraidh an bhean óg a thabhairt leo. Ba leis an bhfear saolta í a shábháil nó í a ligean leo. Is é an áit a ndeachaigh siad, suas ar bhoimbéal an tí.

Thosaigh an bhean óg ag sraofairt agus dúirt an fear saolta: "Dia linn." Rinne sí sraoth eile agus agus dúirt sé: "Dia linn", arís. Rinne sí an tríú sraoth agus níor mhaith leis go dtabharfadh na daoine maithe leo í agus dúirt sé: "Dia linn agus Muire." Bhí an cailín sábháilte aige. Rug na daoine maithe air agus chaith siad anuas ar an urlár é. Ní raibh aon ghlacadh acu leis níos mó.

D'inis an fear a scéal do mhuintir an tí agus choinnigh siad go maidin é. Bhí neart le n-ithe agus le n-ól aige agus thug siad abhaile lá arna mhárach é.

Tom Martin

I never saw the fairies. Nobody can see them – a good looking girl like you now, yera, they'd come for you. They'd come for you but they'd have to have a fella with them and they'd go up in the rafters and of course the girl might be around the fire and they'd throw down snuff and she'd start sneezing. She'd have to sneeze three times before they could take her.

But this fella was up in the rafters with them and she was a fine looking girl and they threw down the snuff and she starting sneezing. Some fella should say: "Dia linn is Muire", or if anyone didn't say that they'd have you gone out the door. And the last sneeze she done, didn't someone say: "God bless us". Didn't they catch him and threw him on the floor. So the fine girl was below. I suppose she got afraid and he was telling her what happened and so he got married to her.

Seosamh Ó Dálaigh

Chosnaíodh an tine dhearg na daoine daonna agus scian coise duibhe agus le déanaí an t-uisce coisreacain, ach do chaithidís a gcuid uisce féin orthu féin, leis, chun iad a chosaint. Caithfidh mé na céimeanna ar fad a thabhairt duit: nuair a bhíonn leanbh an-óg fliuchann sé agus nuair a bhíonn sé, b'fhéidir ag siúl, deineann sé srutháinín, agus ansin le mo linn féin, ach go háirithe, bhainidís úsáid as an maothachán, a gcuid uisce féin, chun níocháin, go mórmhór chun olann a ní. Bhailídís é agus ghlaoidís steámar air. Bhíodh boladh an-láidir uaidh. Ghlaoidís an máistir air. Ní fheadar cad ina thaobh go dtugaidís an máistir air. Ghlaoidís maothachán, leis, air.

Chaithfeadh fear daonna a bheith leo i gcónaí: ní fhéadfaidís aon duine a sciobadh gan duine daonna a bheith ina dteannta. Agus de ghnáth ba í an tslí a sciobfaidís iad – bhainfidís trí shraoth astu. D'fhaighidís cleite nó sop nó rud éigin mura mbeadh aon duine ann chun "Dia agus Muire," a rá agus ansin bheidís bailithe leo.

Bhíodar an-mhór ag faire ar bhean a bhí tar éis leanbh a bheith aici. Bhíodar an-mhór ag faire ar na leanaí – iad a sciobadh chomh maith. Agus is ar mhná óga tar éis leanbh a bheith acu is mó go rabhadar ag faire orthu agus ba iad ba mhó a mbíodh daoine á gcosaint orthu. Ní fheadair éinne na searmanais a bhí acu ag iarraidh an bhean a bhíodh i mbreoiteacht linbh a chosaint orthu. Bhí an-chur síos agamsa ar conas a hullmhaítí an

242

leaba don mbean a bheadh i mbreoiteacht linbh agus mar a chuirtí an steámar sa leaba.[1] Chroití ar an leaba é, ní fheadar ná go gcroití an t-uisce coisreacain, agus ansin chuirtí sop tuí, dhéantaí é a shá isteach sa tine, agus lasadh sé gan dabht ach mhúchadh sé arís, agus sháití isteach fén leaba é sin. Ní ligfí do bhean an linbh a ceann a chíoradh ná a haghaidh a ní go ceann naoi lá tar éis an leanbh a bheith aici, mar ba mhó an seans go sciobfaí í dá mbeadh sí cíortha, piocaithe, greanta.

Tá sé an-choitianta leanaí a sciobadh. Bhí daoine ábalta ar iad féin a chosaint ó na púcaí. Dá mbeadh leanbh ansin agus dá rachadh an bhean amach agus an leanbh sa chliabhán, chuirfeadh sí an tlú le hais an chliabháin ar eagla go dtiocfadh na púcaí – dream an leasa – isteach. Chosnódh sí an leanbh mar sin.

GIORRIA SÍ AG LEABA LUÍ SEOIL

Ansin, bhí bean ar leaba luí seoil agus bhí a máthair tagtha ó Chill Uru le haire a thabhairt di agus níor cheart don mháthair go dtitfeadh aon néal codlata uirthi ach thit srumataíl éigin uirthi agus nuair a dhúisigh sí, cad a bhí suite le hais na leapan ach giorria, agus nuair a mhúscail sí ansin d'imigh an giorria agus rith sé trasna na leapan agus tuigeadh di gur las an leaba agus dúirt Neil Ní Chonchúir liomsa:

"Mhuise, Joe," a dúirt sí, "ní dócha gur las sí in aon chor ach gur dócha gur samhlaíodh di é." Ach b'in an uair a cailleadh í.

COSAINT ÓN mBÁISTEACH AG DAOINE A SHIÚLANN LE SÍ

Bhí fear i Márthain agus bhí sé ag imeacht in éineacht leis na púcaí. Bhí sé breoite ar feadh tamaill. Aon duine a chaitheadh tamall breoite, deiridís gurb amhlaidh a bhí sé sna púcaí dá dtiocfadh sé chuige féin arís. Ach bhí Micilín Walsh lá báistí agus asal agus cairt aige, agus shuigh mo dhuine isteach ina theannta ag dul ar shochraid. Lá mór báistí ab ea é agus hata a bhí ar mo dhuine agus nuair a bhíodar ag filleadh ón tsochraid dúirt Micilín go raibh an braon go craiceann air féin agus ná

---

1. Chaith Seosamh Ó Dálaigh na blianta 1936–51 mar bhailitheoir lánaimseartha béaloidis ag Coimisiún Béaloideasa Éireann. Féach Almqvist 1992–3; Tyers 1999.

raibh aon bhraon buailte ar fhear na bpúcaí ach saghas ceobhráin a bhí ar a hata.

Agus Máire Ní Chinnéide, an oíche ba fhliche a tháinig riamh as an spéir, dá mbeadh sí amuigh leis na sióga ní bheadh aon fhliuchán uirthi.

CAILLEACHA AN DÚNA

Bhuel, Cailleacha an Dúna – sióga ab ea iad – a bhí istigh san Oileán a tháinig i gcabhair ar bhean an tí ansin nuair a bhí sí ag sníomh chun go mbeadh an sníomh déanta aici agus nuair a bhíodar ag druidim le deireadh, chuireadar bean an tí ag triall ar uisce agus is é an port a bhí acu istigh nuair a d'imigh sí amach:

> Snáithín á chíoradh,
> Agus snáithín á chardáil,
> Agus nach maith an scroid airneáin,
> Bean an tí.

Mar lorgaíodar scroid airneáin ar bhean an tí agus chuireadar ag triall ar uisce ansin í, agus is é an rud a bhí beartaithe acu í a mharú agus í a chur síos sa chorcán agus í a ithe, ach d'éalaigh sí thar n-ais agus bhí sí ag éisteacht leo istigh á rá sin. Chuaigh sí ag triall ar uisce agus nuair a bhí sí ag déanamh ar an ndoras ansin chaith sí uaithi an t-uisce agus siúd léi agus gach aon bhéic aici. Pé rud é, dúirt sí: "Dún na mBan trí thine." Agus siúd amach iad agus gach aon bhéic acu agus "tóin mo linbhse dóite," ag duine acu, "ceann mo linbhse dóite," ag duine eile acu, "tóin mo linbhse dóite," agus bhailíodar leo agus dhaingnigh sí ansin an áit istigh. Bhí an t-eolas aici. Chuir sí an tlú mar bhata sa doras agus na gnáthrudaí agus thángadar thar n-ais chun deireadh a chur léi agus bhíodar ag déanamh poill sa díon ach do ghlaoigh an coileach agus bhí deireadh leo. Sin é a chuireadh deireadh i gcónaí leis na mairbh agus an slua sí – glao an choiligh.

"LIG ISTEACH MÉ, A BHOLLÓIGÍN GAN BHEARNA"

Peig Uí Fhátharta agus Máire Uí Chonghaile

Ba cheart pinse a bhaint as coirnéal an cháca tar éis a bheith bácáilte dó ... Bhí na daoine maithe ag iarraidh teacht isteach i dteach áirithe uair, ach bhí an doras dúnta go daingean ina gcoinne. D'iarr siad ar an tlú iad a ligean iseach ach dúirt an tlú go raibh sé féin níos faide amach ná iadsan. D'iarr siad ar an scuaibín fraoigh iad a ligean isteach ach dúirt an scuaibín fraoigh go raibh sé féin ag an gcúldoras. Bhí bollóigín aráin ar an mbord. Dúirt na daoine maithe: "Lig isteach mé, a bhollóigín gan bhearna." Bhí an bollóigín ar a bhealach chun an doras a oscailt ach d'éirigh bean an tí agus bhain sí ailp as a choirnéal agus níor ligeadh isteach na daoine maithe. Is cosúil go gcoinníonn an bhearna bhruite as an gcáca na daoine maithe amach.

PÍTHEAL AGUS CATHAL
Seosamh Ó Dálaigh

Tá scéal i gCill Mhic an Domhnaigh mar gheall ar an mbean a raibh cúpla aici ach bhí sí cráite acu. Níorbh fhéidir iad a *humour*áil. Ach lá amháin, d'imigh sí ón dtigh agus d'fhill sí ar an dtigh arís agus chuala sí ag caint istigh iad. Is é an ainm a bhí orthu Pítheal agus Cathal. D'éirigh duine acu amach as an gcliabhán, fuair sé veidhlín, pé áit a fuair sé é, agus bhí sé ag seimint. Bhí Pítheal ag seimint agus Cathal ag rince. Ach dúirt sí lena fear céile é, ach go háirithe, agus fuaireadar an tine dhearg an oíche sin agus tine bhreá mhór a bhí inti. Chuireadar an tine ar shluasaid agus chuireadar teitheadh ar Phítheal agus ar Chathal agus tháinig a gcuid leanaí féin ar ais chucu.

BEAN CHÉILE AG IARRAIDH FILLEADH ÓN LIOS

Bhí an-scéal ag Neil Uí Chonchúir, Baile Dháith. Bhí bean i Ráth Fhionnáin agus is dóigh liom gur sciobadh í, ach go háirithe. Bhí sí pósta agus tamall ina dhiaidh sin phós a fear arís, ach san am céanna bhí fear sa Daingean agus bhí sé ag obair síos fén dtír in Uíbh Fhailí nó áit éigin. Nuair a thiocfadh sé isteach ó na botháin gach aon oíche bhíodh bia féna bhráid, ach an oíche seo ní raibh aon bhia féna bhráid, agus an dara hoíche ní raibh aon bhia féna bhráid, agus an tríú hoíche ní raibh aon bhia féna bhráid agus dúirt sé go raibh sé féin ag imeacht, go raibh seanbhlas anois air agus ná fágtaí aon bhia féna bhráid. Chuaigh sé ag caint le bean an tí agus dúirt sise: "Fágaim bia fé do bhráid gach aon oíche."

Ach bhí a fhios acu ansin go raibh duine éigin ag tógaint an bhídh agus d'fhaireadar agus rugadar ar an mbean seo agus bhí cur síos ag Neil Bhaile Dháith ar an éadach a bhí á chaitheamh ag an mbean seo: gúna de shnáth mín dearg a bhí uirthi, bhí sé an-chruinn ar fad aici ach d'inis an bhean dóibh ná raibh sí dulta isteach sa lios fós i gceart, go hoifigiúil, mar nár bhlais sí d'aon ghreim de bhia an leasa, ach go mbíodh sí ag imeacht timpeall mar sin féachaint an bhfaigheadh sí aon ghreim anseo nó ansiúd. Agus d'inis sí conas a thabharfaí thar n-ais í. Dúirt sí dá dtabharfaí thar n-ais abhaile í ná déanfadh sí aon díobháil dá fear céile a bhí pósta arís, go bhfanfadh sí i dtigh a hathar.

Chuir an buachaill, Conchúrach ab ea é, tuairisc go dtí an athair agus chuaigh an t-athair go dtí muintir na mná seo. D'ullmhaigh an t-athair agus duine de na comharsain capall agus bhíodar ullamh chun tabhairt fén mbóthar síos go hUíbh Fhailí chun í a fhuascailt. D'imíodar agus nuair a bhíodar ag dul tríd an nDaingean dúirt an t-athair gur cheart dó dul ag caint leis an sagart paróiste agus chuaigh, agus chomhairligh an sagart paróiste dó filleadh abhaile mar go raibh a fear céile sin pósta anois agus ná déanfadh sí ach tinneas agus tranglam, agus dul abhaile. Chuaigh sé abhaile go dubhach brónach, is dócha, agus shuigh sé cois na tine agus le linn dó a bheith cois na tine shéid séideán gaoithe anuas an simné agus níor fhan aon ghlór ná anam as sin amach ann ach sínte sa leaba sa chúinne, agus chuireadh sé an t-éadach anuas ar a cheann go dtí gur cailleadh é.

Joeen Sé

Bhí na tithe fadó an-chóngarach dá chéile. Bhíodar buailte isteach ar a chéile mar bhí eagla púcaí ar dhaoine. Sciobadh na sióga daoine agus thugaidís leo iad. Dá mbeadh cúigear anois sa tigh thabharfaidís duine leo agus choimeádfaidís i rith na hoíche é agus scaoilfidís leis ar maidin. Deirtí go mbeadh máchail éigin ar an duine a sciobadh tar éis dó teacht abhaile. Bheadh sé neamhchainteach nó bacach nó rud éigin mar sin. Chaithfí rud éigin a thabhairt do na púcaí agus leigheasfaidís an duine nó an leanbh arís.

Bab Feirtéar

Na seanmhná ansin a bhíodh ag fáil críonna sa lios, chuiridís mar iarlaisí iad. Sin iad a chuiridís in ionad cailín breá óg. Chrádh sí sin muintir an tí ar fad mar cheapaidís gurb í a gcuid féin a bhíodh ann agus bhídís ag iarraidh í a chur ó bhois go bois. Peataireacht a bhíodh ann.

Bhí bean éigin anseo ó Dhún Chaoin i dteannta na sióg. Deiridís go mbíodh sí in éineacht leo, go mbíodh sí á bhfeiscint. Máire Ní Chinnéide a ghlaoití uirthi. Deiridís go mbeadh sí fliuch salach ar maidin tar éis di oíche a bheith tugtha amuigh aici.

Tá an dream a bhíonn sna liosanna ansan a nglaoitear na daoine maithe orthu ... fuadaíonn siad sin. Dá gcífidís sin cailín breá óg anois, abair, dathúil agus breá, dhéanfaidís í a fhuadach. Ach chaithfeadh duine beo a bheith leo i gcónaí. Bheartaídís ar dhuine éigin.

NA TRÍ SHRAOTH

Bhí scéal an-dheas ag m'athair críonna, deireadh sé siúd gur scéal fíor é mar gur thit sé amach ina pharóiste féin.

Bhí feirmeoir ann agus bhí sé pósta, é féin agus a bhean go sona sásta agus ní raibh acu ach aon chailín beag amháin. Cailín beag an-ghleoite ar fad ar fad ab ea an cailín. Fé mar a bheadh an nimh ar an aithne ná fuair a mháthair bás. Bhí feirm mhór thalún aige agus phós sé arís. Is dócha gur chaith sé pósadh mar bhí a lán cúraim sa tigh agus an rud is annamh is iontach, bhí an-chion ag an leasmháthair ar an gcailín, bhí an-chion ar fad aici uirthi.

Maidin áirithe d'éirigh fear an tí amach agus ná raibh an bhó ab fhearr a bhí aige sínte sa ghort agus í ag fáil bháis. Tháinig sé isteach agus dúirt sé lena bhean é:

"Caithfidh mé dul anois," ar seisean, "chomh fada le Dún Chaoin go dtí bean feasa."

247

Chuir sé an scéal in iúl di agus dúirt sí:

"Bhuel, anois," ar sise, "is oth liom a rá leat ach ní fhéadfaidh sé a bheith ina ghruth agus ina mheadhg agat. Caithfidh tú scarúint leis an mbó nó leis an gcailín deas d'iníon atá agat."

"An ea?" ar seisean.

"Bhuel, caithfidh tú féin agus do bhean chéile dul agus a bheith ag cur agus ag cúiteamh agus á chur trí chéile cé acu is fearr libh scarúint leis an mbó nó leis an gcailín beag, ach caithfidh tú scarúint le ceann éigin acu, agus más í an cailín go bhfuileann tú chun scarúint léi, caithfidh tú ligint di trí shraoth a dhéanamh. Éireoidh sí breoite agus déanfaidh sí sraoth ach ná freagraíodh éinne í. Déanfaidh sí an dara sraoth agus ná freagraíodh éinne í agus déanfaidh sí an tríú sraoth agus ná freagraíodh éinne í. Ansin beidh sibh réidh léi. Ach más í an bhó gur fearr leat scarúint léi, fág í mar atá sí agus fanfaidh sí ann."

Chuaigh sé abhaile agus bhí sé ag cur agus ag cúiteamh, é féin agus a bhean chéile.

"Tá sé an-dhian," arsa an bhean leis, "an-dhian ar fad."

"Ara," ar seisean, "táimid óg, táimid i dtosach ár saoil agus beidh ár ndóthain clainne againn fós. Ach féach, táimid i dtosach biaiste agus i dtosach séasúir agus teastaíonn an bhó agus a cuid bainne agus nach uirthi atáimid ag brath chun maireachtaint."

"Fágfaidh mé fút féin é, a chroí," ar sise.

D'fhág sí fé féin é agus dhein sé suas a aigne go scarfadh sé leis an gcailín. Nuair a chuaigh sé amach bhí an bhó ina seasamh fé mar a bhí sí riamh. Nuair a tháinig sé isteach bhuail an cailín beag breoite agus chuir an leasmháthair ar an leaba í. D'imigh sé féin amach agus chuir sé fé gheasa an leasmháthair gan freagairt.

Tar éis tamaill dhein an cailín beag sraoth agus bhí an leasmháthair i ngalar na gcás ag iarraidh gan í a fhreagairt. Dhein sí an dara sraoth agus dhein sí an bheart arís. Níor fhreagair sí. Ach dhein sí an tríú sraoth agus tógadh an leasmháthair ó bhonn agus ar sise: "Dia linn agus Muire, a linbh gan mháthair." Agus deireadh sé gur freagraíodh de gheit í agus go ndúirt an guth ón seomra:

Dia agus Muire leat,
A bhean mhín mhánla;
Bíodh an bhó agus an leanbh agat
Agus an rath go brách ort!

D'éirigh an leanbh fé mar a bhí sí riamh, agus an bhó, ach ní raibh aon mhuirear orthu.

AN BIORÁN SUAIN

Tá sé de nath cainte anseo riamh dá gcuirfí ceist ort cá bhfuairis é sin, cá bhfuairis rud éigin, déarfása: "Fuaireas ó Bhrian é fé mar a fuair Brian bean." Brian, fear a bhí ann fadó, agus bhí sé ag teacht ón nDaingean oíche agus bhí lios ansin i gCill na gCléireach. Thuas ansin, is dóigh liom, a bhí an lios agus bhí sé ag éisteacht. Bhí sé ansin taobh amuigh de chlaí agus nár ghabh beirt fhear chuige agus cailín óg á hiompar acu i gcomhra nó rud éigin. Agus nuair a chonaiceadar é chaitheadar uathu í agus ritheadar. Nár bhuail sé thiar ar a dhrom í agus thug sé abhaile í agus cailín an-álainn ar fad ab ea í ach ní raibh aon fhocal cainte aici. Bhí a mháthair ag gabháil dó mar gheall uirthi ach ansin bhí an mháthair lán de chion uirthi. Dhúisíodh sí agus gach aon ní; bheadh sí ag féachaint ach ní labharfadh sí.

Ach oíche éigin ina dhiaidh sin ná bhí sé ag teacht arís ón nDaingean agus nár chuala sé istigh sa lios iad ag cur trí chéile agus dúirt duine acu istigh go socair:

"Ná himíodh an galar orainn a d'imigh orainn anuraidh nuair a thóg sé an cailín breá úd uainn."

"Tá sí go tairbheach aige, mhuise," arsa duine eile acu.

"Níl aon ní uirthi," arsa bean eile, "dá mbeadh an biorán suain sin bainte as a cúl, bheadh sí sin chomh maith agus a bhí sí riamh. Tá sé thiar ina cúl istigh fén ngruaig."

Chuaigh Brian abhaile agus áthas a chroí air agus bhain sé amach an biorán agus labhair sí agus dúirt sí gur aníos as íochtar na hÉireann í – thuas i dTír Chonaill nó áit éigin suas ansin.

Máirtín Ó Cualáin

Nuair a bhíodh naíonán sa gcliabhán agus dá mbeadh bean an

tí ag dul amach chuirfí an tlú trasna ar an gcliabhán mar nach rachadh an mí-ádh thar an iarann.

Bhí fear amháin ar an mbaile agus ní bhíodh aon pháiste ag maireachtáil dó. Bhí beirt pháistí curtha thíos i nDumhach na Leanaí aige agus an tríú páiste buailte síos air. An lá seo bhíodar thiar ag iascach bréimeanna i bpúcán amach ón Tulach ar Mhullán Indreabháin agus nuair a tháinig sé abhaile bhí an tríú páiste básaithe. Cuireadh an páiste i mboiscín adhmaid agus chuadar síos le í a chur ach nuair a bhain sé an *lid* den bhosca is fóidín móna a bhí ann. Rinne sé amach gurbh é an chaoi ar tógadh chun bealaigh an páiste agus nach bás ar bith a fuair sé. Chreid siad ansin go damanta. Thugtaí an fuadach as air seo.

Deir fear eile as Clochar na gCon – Céideach a bhí air – go raibh ciseog fhataí taobh amuigh de theach sna hAille, agus gur sciob sé nó gur thug sé leis fata agus thosaigh sé á ithe agus is é an áit ar chríochnaigh sé an fata, soir ó Bhaile Uí Bheacháin.

Bhíodh an Leabhar Eoin ag daoine le haghaidh na daoine seo a thabhairt ar ais. Cineál scaball a bhíodh inti, ceangailte faoi do mhuineál. Bhí fear eile ag snámh thuas i Loch Bhoth Loiscthe agus tháinig an chuaifeach mhillteach seo agus bhí an fear ar a bhealach leis na daoine maithe. Ach bhí dream leis a bhí in ann an Leabhar Eoin a léamh agus d'éirigh leis éalú uathu.

RABHADH FAOI ATHPHÓSADH

Bhí bean thoir sna hAille agus bhí sí imithe ar feadh tamaill. Bhí sí imithe agus tháinig sí ar ais. Bhí sí in áit éicint ina raibh go leor daoine, bhí sí imithe sa mbruíon. Bhí sí imithe i bhfad agus d'inis sí go leor a chonaic sí ann. D'inis sí go raibh sí thíos ar an Aill Fhinn – bhí bruíon na síóg thoir san Aill Fhinn – agus go leor áiteacha eile. Bhí athair na mná ag pósadh mná a bhí pósta cheana féin, ach gur maraíodh an fear agus deirtear gur tháinig an chéad fhear a bhí pósta aici isteach sa doras agus d'iarr sé air gan í a phósadh. Níor phós sé í. Chónaigh siad ar an tsráid chéanna.

PÁISTE SÍ AR AN GCARN AOILIGH

Faisnéiseoir gan ainm

Blianta fada ó shin bhí lánúin óg ann a raibh naíonán acu, is

250

an lá seo sa bhfómhar thug an bhean léi an naíonán amach sa ngarraí mar ag an am is iad na mná is mó a dhéanadh an obair taobh amuigh – ag ceangal arbhair a bhí sí seo, ag tabhairt cúnaimh dá fear céile. Leag sí an naíonán i gcoirnéal an gharraí agus bhíodh sí ag coinneáil súile air go mion is go minic. Nuair a bhí sí leis an bpáiste a thabhairt abhaile thug sí faoi deara nach páiste ceart a bhí sa gcliabhán ach rud aisteach nach raibh cosúlacht ar bith aige lena páiste álainn féin. Fiú amháin nach mba é a páiste féin a bhí ann, thug sí abhaile é is bheartaigh sí ar a dhul i dteangmháil leis an bhfear feasa nó bean feasa, dream a bhí an-fhairsing ag an am. Chuir sí fios air is tháinig sé agus is éard a rinne sé, an rud a bhí sa gcliabhán in áit an pháiste a chur ar shluasaid agus é a chaitheamh amach sa gcarn aoiligh. Is ansin thosaigh sé ag caint leis na daoine maithe mar bhí a fhios aige an chaoi le labhairt leo, mar seo:

A shióga, a shióga, a fhir is a mhná,
Seo é do pháiste atá ag glaoch,
Mar tá sé ina shuí ar an gcarn aoiligh,
Is tar arís le cóiste is traein,
Is tabhair é go dtí an lios arís.
Mar má fhanann sé go nglaofaidh an coileach,
Beidh sé ar nós fear sneachta is leáfaidh sé nuair a scalfas
  an ghrian,
Ach sula dtabharfaidh sibh libh an rud seo,
Tugaigí ar ais an páiste a thug sibh libh.

Choinnigh sé mar sin gur ghlaoigh an coileach. Chomh maith leis sin chaith an bhean margadh a dhéanamh leis na daoine maithe go scuabfadh sí an t-urlár chuile oíche is go bhfágfadh sí amach bia lena n-aghaidh. Nuair a ghlaoigh an coileach chuaigh siad araon amach is bhí an páiste fágtha ar ais ag na daoine maithe is an rud aisteach tugtha leo acu a bhí fágtha ina áit acu.

LEANBH TRÍD AN bhFUINNEOG
Micheál Ó Ceallaigh
Bhíodh na daoine maithe ag tabhairt go leor páistí leo fadó. Bhí an fear seo ann agus bhíodh sé ag imeacht ag cuartaíocht san

oíche. Théadh sé thar theach na gcomharsan ar an mbealach abhaile dó chuile oíche. An oíche seo chonaic sé bean taobh amuigh den fhuinneog; bhí bean eile taobh istigh. Bhí sé ag éisteacht leo píosa. Dúirt an bhean a bhí taobh amuigh:

"Cuir amach chugam é."

"Ní fhéadfaidh mé é a chur amach," a deir sí, "mar tá lámh a athar ar mo chloigeann," a deir an bhean taobh istigh.

"Ní fhaca mé riamh thú," a deir an bhean a bhí taobh amuigh, "nach raibh pisreoga agat."

Nuair a dúirt an bhean é sin léim an fear thar an gclaí agus d'imigh an bhean as an mbealach. Shín an bhean amach an páiste mar cheap sí gurbh í an bhean a bhí ann agus thug an fear leis an páiste abhaile go dtí a mháthair féin mar is é féin a chuaigh chun baiste leis an bpáiste. An páiste a tugadh amach, bhí sé sin ceart agus an ceann a fágadh in áit an pháiste bhí sé caillte ar maidin. Chuaigh an scéal amach go raibh an páiste caillte. Tháinig an fear chuig an teach ann. Dúirt sé leo nach é an páiste ceart é. Bhí an mháthair ag rá gurbh é agus bhí an t-athair ag rá nach é.

Chuaigh sé amach agus líon sé an teallach le tine mhór. Nuair a cheap sé an tine a bheith dearg go breá chuaigh sé amach agus fuair sé píce a bhí leagtha taobh amuigh. Tháinig sé isteach agus scaip sé an tine amach ó chéile. D'éirigh sé agus thriail sé an píce a bhá sa bpáiste a bhí os cionn cláir agus nuair a shíl sé an píce a chur thríd an bpáiste d'éirigh an páiste san aer agus chuaigh sé amach thrí mhullach an tí. Sióg a bhí ann. D'imigh an fear agus thug sé ar ais an páiste ceart agus fuair an páiste sin saol fada ina dhiaidh sin.

BÁD A FUADAÍODH AS

Bhí bád ann a raibh bean ag obair inti, bean sí a bhí inti. Chaith sí i bhfad ag obair inti. Chuile uair a dtéadh an bád soir le móin bhí siad in ann í a fheiceáil inti. Bhí móin go leor tarraingthe ag an mbád soir agus anoir. Culaith gheal seoil a bhí uirthi. Chuile mhaidin a n-éiríodh úinéara an bháid d'fheiceadh sé barr an chrainn. D'éirigh sé an mhaidin seo agus ní fhaca sé bád ná crann. Chuaigh sé síos ag an gcaladh ina raibh an bád; bhí sé ag ceapadh gur bhris sí téad agus go raibh sí imithe. Chuartaigh sé na cladaí ag dul i dtreo na Gaillimhe, ag ceapadh go mbeadh sí tagtha i dtír in áit éicint. Chuaigh sé chomh fada soir le Cois Fharraige. Casadh feairín beag liath dó ar chapall bán ag teacht anoir. D'fhiafraigh fear an chapaill de cá raibh sé ag dul. Dúirt sé gur ag cuartú an bháid a bhí sé. Dúirt sé leis a dhul abhaile agus ciall a bheith aige.

"Chuaigh sí sin," a deir sé, "amach an sunda le héirí gréine ar maidin inniu agus culaith gheal seoil uirthi."

Bhí a fhios ag an bhfear ansin gurbh iad na daoine maithe a thug leo í. Ní fhaca sé bád ná bean riamh ní ba mhó.

Bríd Uí Thuathail

Nuair a thagaidís abhaile ón tobar fadó agus uisce acu ní óltaí é nó go gcuirtí sop tuí isteach sa tine agus nuair a bhíodh sé dearg chuirtí síos sa mbuicéad uisce é, ansin bhíodh cead é a ól. Dhéantaí é seo ar eagla go mbeadh cuid de na daoine maithe san uisce agus go dtógfaidís leo thú.

Tom Martin

So there was fairies in Ballymore then – lots of fairies there, here and there. There was a live fella – I don't know his name – with them. There has to be a live fella with them, and they were coming over there along to kidnap some girl and they had no horse for this fella so they got an old plough and didn't they make a horse of him and when he came to Léim an Treantaigh, he jumped it, cleared it well. "Mhuise, mo ghrá do léim, a sheanbhéim céachta," says he. It stayed there. The oul' béim céachta stayed there. It didn't go no farther. If he kept his mouth shut he'd be all right, but he didn't.

There was another woman in Fán and she went down the cliff one day cutting mussels and didn't a ship pass. Didn't he send out a small boat and didn't he take her away in the small boat. And he took her over to America. So this fella was passing the door one day walking, and he heard the woman singing for the child and this is what she was saying:

Go sábhála Dia sinn ar an bhFiach agus ar a mháthair
Ar Bhinn Diarmada agus ar na fiacla gránna ...

*There was two in town in a room and they had a row one day.
One of them had a habit of getting up in the night and making
his water out the door. The fella of the fairies said: "Don't make
your water out the door any other night 'cos you won't be
there."*

*The fella came in surprised – how did he know? He said:
"I'm in the fairies." From then out he never made his water out
the door. He had to go outside to the ditch. Any fairy can't come
if you make your water out the door, whatever is in the water.*

*I was there now where you are and I saw a rat coming in the
door and he came halfways in the door and didn't he turn
around again. There is holy water in the room, you know. Joeen
was sitting in the same place and didn't Joeen see him again and
he turned out again. So that will tell you there is fairies there
now. That rat was a fairy. You can see them by day and by night,
you know. Some people can. They are around us now here, heaps
of them.*

*But one night I was coming away down and when I came to
that side of the road it was very lonely. Wasn't I put out to the
middle of the road. The fairies put me out I suppose. I kept in the
middle of the road then because there is iron under the horses
and it has* bua. *The fairies that put me out there. The horse's
shoe has power. Any fairy won't go out in the middle of the road
... Anything with steel, they won't come near it. If I was left
inside they'd hit me. I wouldn't be here today; I'd be dead.*

SEÁN 'AC SÉAMAIS

The fairies might take a child by day if she went across the
lios. *They'd take good-looking women. There was a man there,
down the* duimhche *and he was a great footballer – Seán 'ac
Séamais they used to call him. So they were playing football and
the woman walked over the* duimhche *there to him. That's below
the house. But she gave him an apple and if she did, boy, he put*

254

the apple in his pocket. She moved around with him wherever the ball was and she gave him half an apple. He ate the half an apple and he went over the duimhche *and she brought him down to* íochtar Éireann, *in a* lios. *That would be Donegal or places like that I suppose.*

But there was a woman here in Caheratrant. She was a poet and didn't she make up a rhyme. And she sent the daughter down for Seán 'ac Séamais and taught her what to say. The banshee has long hair and she used be combing it and she said the banshee should be there in the morning, and to twist three ribs of the banshee's hair around his hand and not to leave her look on any side of her. The banshee said then:

Cé hé tusa féinig a tháinig gan éileamh?
Nó an tú Caitlín Dubh ó uachtar Éireann?

The daughter answered her:

Ní shéanfaidh mise anois an méid sin.
Ach mura bhfaighidh mé cúig chéad gabhar
De ghabhair gan aon locht,
Nó chúig chéad searrach baineannach bléineach,
Nó chúig chéad baraille d'airgead réalach,
Nó chuig chéad acra de Fhlaitheas na Naomh geal,
Agus mura bhfaighim é sin rachaidh mé féin leis.

The banshee could give her everything except cúig chéad acra de Fhlaitheas na Naomh geal. *She couldn't give her that, so Seán 'ac Séamais was safe. When that much was said the banshee said:*

Dá bhfanfá uaim le buíú gréine,
Do réabfainn cnoic nó do rómharfainn sléibhte
Sula ligfinnse leatsa Seán 'ac Séamais.

If the woman stayed away from the banshee till the evening; that's when they have all the power – when the sun is going

255

down ... Seán 'ac Séamais was safe and the woman brought him
home because the banshee couldn't give the woman cúig chéad
acra de Fhlaitheas na Naomh geal.

7.2 Sprideanna agus Taibhsí

Tomás Ó Flatharta

Ag tigh Ned Coyne atá Cloch an tSeoil. Bhí faitíos ar chuile
dhuine a dhul thar an áit seo ó chaití an dó dhéag san oíche. De
réir an tseanchais fríothadh sagart maraithe ag Cloch an tSeoil.
Ar ghlaoch ola a bhí sé. Capall a bhí aige an uair sin – ar ndóigh
b'in é an bunús a bhí le hairgead an choirce a d'fhaigheadh an
chléir. Pé scéal é, bhí sé ag teacht díreach deireanach tar éis a
bheith ag cur ola ar othar éicint. Bean rua a chas leis ar an
mbealach, deirtear, agus scanraigh an capall agus d'imigh uaidh.
Ansin deirtear gur iarr sí air an iompródh sí a chóta dó ach
dhiúltaigh sé. Ach bhí sí ag tuineadh agus ag tuineadh leis nó
gur thug sé a chóta di sa deireadh le n-iompar. Bhí an stoil i
bpóca a chóta agus d'ionsaigh sí é agus mharaigh sí é. Ba
deamhan a bhí inti ach deirtear murach go raibh an stoil sa gcóta
nach mbeadh aon chumhacht aici air.

Seosamh Ó Dálaigh

Bhí sprid ann ar a dtugaidís Sprid an Tobac. Fear éigin a bhí
ag dul thar bráid sa deireadh, ach go háirithe, agus b'fhéidir go
raibh misneach éigin aige agus stad sé agus lorg an sprid, is
dóigh liom, gal den phíb air, agus thug sé di é agus ... ní hea, ach
bhí tobac á chaitheamh aici sin agus lorg sé gal uirthi agus shín
sí an phíb chuige agus bhain sé gal as agus dúirt sé: "Beannacht
Dé le d'anam agus le hanamacha na marbh, agus lenár n-anam
féin." B'in í paidir an tobac. Is í an phaidir chéanna a bhíonn ag
na bacaigh uaireanta nuair a bhíonn siad ag lorg déirce.

256

Ach bhain sí féin bleaist as an bpíb ansin agus shín sí an phíb chuige arís agus dhein sé an rud céanna agus an tríú babhta arís shín sí chuige í agus an rud céanna agus dúirt:

"Sin a raibh uaim, go nguífí trí huaire ar m'anam agus bíodh an phíb agat anois agus ní bheidh aon easpa ort ach ná tabhair d'éinne í."

Thug sé leis an phíb agus chuir sé isteach i bpoll an iarta í agus ní raibh air ach breith uirthi agus bhí tobac inti i gcónaí. Agus bhí sé ag cur de go breá gan aon easpa tobac air, ach tháinig duine éigin – ní fheadarsa ar thóg sé an phíb nó an b'amhlaidh ar thug mo dhuine dó é trí dhearmad. Ní raibh aon tobac aige le cur sa phíb agus bhí trua aige dó agus shín sé an phíb chuige. As sin amach, bhí sí ar nós aon phíb eile.

PAIDIR AN TOBAC

Seán Pheats Tom Ó Cearnaigh

Níor cheil na sióga aon só orthu féin. Bhíodar déanta suas go breá slachtmhar agus gach aon rud eile. Bhí dúil mhór acu sa tobac. Bhí cuid acu ag imeacht faoi na claíocha dá mbeadh aon fhiacha orthu ar an saol seo nuair a chaillfí iad. Bhídís ag imeacht ansan go mbuailfeadh duine éigin leo a labharfadh leo ach ní hé gach duine a fhéadfadh labhairt leo. Bhídís ag imeacht timpeall anseo agus ansiúd. Ní fheadarsa conas a bhí an scéal, ach go háirithe. Bhí fear éigin ann. Bhí dúil mhór i dtobac aige. Bhí sé ag imeacht an oíche seo agus nár bhuail an duine seo leis agus bhí sí ag caitheamh tobac. Bhí dúil mhór i dtobac aige agus dhearg sí píb agus nár thug sí gal dó. Ní fheadarsa ar líon sí an phíb cúpla uair. Ansin, ar deireadh thiar labhair sé agus dúirt: "Beannacht Dé le hanamacha na marbh." Bhí deireadh léi ansin:

"Táimse anseo leis na blianta fada ag brath go dtiocfadh duine éigin chugam a ghuífeadh chun Dé, beannacht Dé a chur le m'anam."

D'imigh sí ina colúr bán in airde sa spéir ansin. Ní fhaca éinne ó shin í.

Joeen Sé

Bhí fear sa Chathair fadó agus bhí sé ag dul go Ceann Trá.
Chuaigh sé ag imirt chártaí agus bhí sé déanach nuair a bhí na
cártaí ar leataobh agus bhí sé ag gabháil ansin i leith – chualas-
sa mo sheanmhuintir á rá. Phreab sprid amach roimis, a dúirt sé.
Dúirt an sprid leis nár cheart dó a bheith amuigh chomh déanach
san oíche: "Am codlata do bheo agus am spóirt do mhairbh."
Dúirt an sprid ansin leis go scaoilfeadh sé leis dá ndéarfadh sé
leathcheathrú le gach aon cheathrú a déarfadh sé féin. Bhí
saghas filíochta sa bhfear seo. Dúirt an sprid leis:

> Coinneal agus coinnleoir ann
> Agus cuirse leathrann leis sin.

Bhí an fear ag cuimhneamh agus dúirt sé:

> An muileann is a bhfuil fén abhainn
> Do chuirfeadh sé ceann ar thigh.

Dúirt an sprid ansin:

> Coinneal agus coinnleoir ann
> Agus cuirse leathrann leis sin.

D'fhreagair an fear:

> Ach an muileann a bheadh ar thaobh na habhann
> Bheadh sí ag scilligeadh anall agus abhus.

Sin dhá cheann réitithe agus ansin:

> Coinneal agus coinnleoir ann
> Agus cuirse leathrann leis sin.

Dúirt an fear:

> Dá ndéanfása aithrí in am
> Ní bheifeá mar amhailt ansan.

Bhailigh an sprid in airde sa spéir agus tháinig an fear abhaile.

Tom Martin

A black dog is the worst thing you could meet. He's the 'old boy' – the devil. And if you meet a sow that's bad luck too. They'd be on the run. It could be a bad fairy and you know that as well as me.

I heard a fella saying one night that he – the 'old boy' – was after a peacach *that died. Didn't the* peacach *jump across the chapel wall and when he jumped up on the wall didn't he make one screech and you'd hear him in the* Domhan Thoir, *and the devil had to turn back again.*

Paddy Manning's nephew was coming from town and didn't he see the woman and I think he put his arm around her. I don't know was it the following day or was it a year after, he fell sick. He shouldn't have touched her, you know. You aren't supposed to touch anyone by night.

There was people coming from town one night from Dingle to Ventry and, th'anam 'on diabhal, *when they came to this bad place didn't the horse stop. And if he did, the man couldn't put the horse across. Didn't he look back and the horse went away then. And the second fella came and the same thing happened to him. He couldn't put the horse across and didn't he look back again. And the horse went across again. And the third fella, the same thing happened to him. But they were saying on the way home how would they go home? So this woman told them if the horses were stopping, to look behind them and the horses wouldn't stop at all then. A horse can see a thing and you can't.*

There was a horse one time and she was coming from Dingle and when she went down across the river didn't she run. And the rider heard another horse after him and they hard at it and at it and doing their best but he couldn't catch up to the horse that was out before him. She was a live horse in front and the other horse behind was a dead horse. But when he crossed the river the rider of the dead horse said: "Mura mbeadh ábhar sa chapall do shocróinn leat" *– only for as good as your horse was, I'd kill*

259

you. That horse was belonging to the fairies, and do you know why the fairies horse couldn't pass out the live horse? Because the live horse had a bua – an seachtú searrach baineann. *She was the seventh, she had a* bua.

Dan Choilm Ó Concheanainn

Tá teach sa Spidéal agus deirtear gur chroch fear é féin ann agus ó shin i leith tá seomra amháin nach féidir le haon duine a dhul isteach ann. Bíonn, nó bhíodh, torann uafásach istigh ann. Bhíodh spota fola ar an mballa freisin agus níorbh fhéidir é a ghlanadh.

Bhí teach thiar ar an Tulach agus b'éigean do na daoine imeacht as mar gheall ar thorann a bhíodh thuas sa lochta. Díoladh go minic an teach sin ó shin ach ní fhanann aon duine ann.

MADA Á DHÍBIRT AG SAGAIRT

Bhí teach eile i mBéal an Daingin – tá sé ann fós – agus bhí sé ráite faoi go dtagadh mada mór isteach ann ag meán oíche agus thagadh faitíos ar a mbíodh istigh ann. Bhí cailín aimsire ann agus d'inis sí an scéal do bheirt shagart ach níor chreid siad í. Ach oíche amháin d'fhan an bheirt shagart sa teach iad féin agus bhí go maith. Ag meán oíche chonaic siad an mada mór ag imeacht agus ag déanamh torainn agus ag bualadh a chloiginn faoin mballa. Ansin d'imigh an mada díreach amach trí phána na fuinneoige dúnta. An lá arna mhárach thosaigh na sagairt ag paidreoireacht agus bhíodar ag paidreoireacht ar feadh trí huaire an chloig agus deirtear nach bhfacthas an mada ná tada eile ansin ó shin.

TIONLACAN NEAMHSHAOLTA

Bhí uncail agamsa – cúipéir a bhí ann – agus bhí sé ar cuairt oíche, ag daoine muintearacha leis, ar an gCnoc. Ach bhí sé ag dul soir abhaile le maidneachan lae agus braon poitín ólta aige, agus tháinig sé amach ar an mbóthar ag Bóithrín na Reilige. Ní raibh ann ach go raibh sé amuigh ar an mbóthar nuair a tháinig triúr ban rialta – ní fhaca sé ag teacht as áit ar bith iad – agus shiúil siad soir leis cois ar chois agus gan smid astu go ndeachaigh siad go Coill Rua. Tá claí teorann ansin idir dhá bhaile, agus nuair a bhailigh sé soir an claí teorann dúirt duine de na mná rialta leis: "Tá tú sa mbaile anois, a Tom!" Is é an chaoi a raibh siad á thionlacan abhaile. Níor aithnigh sé iad ach is cinnte gur daoine iad a bhain leis féin.

FILLEADH NA MARBH

Bhí an fear céanna ar shochraid lá, thuas ar a bhaile féin, agus bhí sé ag fanacht taobh amuigh de theach le cara leis. Ach cibé cén tsúil a thug sé thairis chonaic sé an fear ina sheasamh i mbéal theach an chairr agus é gléasta i mbáinín bán agus treabhsar ceanneasna air. Duine dá mhuintir féin a bhí ann. Chas Tom ar a sháil le dhul chun cainte leis an bhfear agus ag an nóiméad céanna thosaigh ceol á chasadh i dtom sceiche a bhí in aice leis. Chas seisean timpeall go bhfeicfeadh sé cé as a raibh an ceol ag teacht agus nuair a bhreathnaigh sé ar ais bhí an duine marbh imithe. D'aithnigh sé go maith cé a bhí ann. Ní raibh sé an-fhada básaithe ach oiread.

Deirtear nach dtiocfaidh ar ais ach duine a bhfuil fiacha air mar go mbeidh sé ag iarraidh go n-íocfaí na fiacha dó. Tá dhá chineál fiacha ann: fiacha a bheadh duine ag iarraidh a íoc dá mbeadh sé in acmhainn sin a dhéanamh – mhaithfí iad sin dó – ach na fiacha a bheadh ar dhuine agus gan é i gceist iad a íoc go deo, sin iad na ceanna nach maithfí. Agus tá sé ráite nach ligfear aon duine isteach i ríocht Dé go mbeidh an fheoirling dheireanach íoctha aige. Deirtí nach dtiocfadh daoine ar ais go dtí aon duine a mbeadh lagintinn air nó nach mbeadh an creideamh láidir aige. Níor mhór do dhuine misneach maith a bheith aige.

Tom Martin

My uncle Tom Martin was sleeping with a dead man for seven years and after seven years he said it was time for himself to go so he went away with him and he never came back since. I don't know was the dead man there by day but he was there at night anyhow. I'm afraid of the fairies myself. I'm very frightened of them. John is afraid of nothing. He was coming down from Baile an tSléibhe one night and myself and Jackie Sheehy were coming from Ventry. 'Twas about ten o'clock and I thought Jackie Sheehy was afraid of nothing because he used to be out all hours of the night. But whatever noise Jackie heard anyway, he looked over and didn't he see a man coming out of the river. Th'anam 'on diabhal, *didn't he run. When I saw Jackie gone, didn't I run and I caught up with him. Who'd come along to pass us a spell after only John, and he had every laugh.*

"Christ," says I, "was it you?"

"It was," he said. "I could hear every step you were taking in the Domhan Thoir *when they'd hit the road." John was the fairy.*

Stiofán Ó Cualáin

Chreid siad go dtáinig daoine áirithe ar ais ón mbás dá mbeadh trioblóidí orthu. Ní bhíodh siad in ann a dhul isteach sna flaithis. Chuireadh siad ceist ar an duine a thagadh ar ais agus ansin shlánaítí iad. An cheist: "In ainm Dé céard atá ag cur trioblóide ort?" Ansin d'insíodh siad céard a bhí ag cur isteach orthu. Léití aifreann ar son anam an mharbháin. Bhí sé ráite sa tseanaimsir go dtagadh go leor ar ais a mbíodh fiacha orthu sa siopa. Ní ligfí isteach sna flaithis iad go mbeadh na fiacha íoctha. Níor mhór duit an-mhisneach a bheith agat le labhairt leo. Bhí níos mó misnigh ag daoine ná a chéile.

7.3 Drochshúil agus Luibheanna

Bríd Uí Thuathail

Chuirtí ceirt dhearg ar dhrioball na bó nuair a scaoiltí amach í tar éis lao a bheith aici. Bhíodh cac circe nó tobac istigh anseo agus d'fhágtaí uirthi é nó go dtitfeadh sé uaidh féin. Dhéantaí é seo sa gcaoi nach ndéanfadh aon duine drochshúil di.

Nuair a bhíodh siad ag tabhairt bó chuig an aonach chaithidís fual uirthi agus iad ag imeacht chuig an aonach ar maidin. Dhéanaidís é seo freisin sa gcaoi nach ndéanfaí drochshúil di.

Bhíodh mná ann fadó a bhí in ann duine a thógáil den saol. Bhídís ag baint luibheanna as an talamh le haghaidh leigheas duine nó beithígh leo féin agus an chéad duine a chastaí dóibh an mhaidin sin thógaidís den saol é! Bheadh an duine sin básaithe tráthnóna.

Máirtín Ó Cualáin

Bhí bean thiar i bPoll Uí Mhuirinn agus deirtí go raibh drochshúil aici. Bhí sí lá amháin ag dul chuig an dochtúir in éineacht lena deirfiúr mar bhí an deirfiúr ag iarraidh cúnaimh leis an bpáiste a iompar – bhí an páiste ag dul amach le snáthaid a fháil. D'ardaigh sí an páiste, páiste ceithre bliana, suas ar dhroim a deirfíre agus dúirt sise: "Ó, nach é atá trom!" agus níor chuir sí bail ó Dhia ar bith air. An lá arna mhárach cailleadh an páiste agus deireadh an deirfiúr go dtí an lá a báis gurbh í mo chailín a chuir drochshúil ar an bpáiste.

CAPALL AN TSAGAIRT

Seán Pheats Tom Ó Cearnaigh

Bhí sagart i mBaile an Fheirtéaraigh turas agus bhí sé ag tabhairt amach mar gheall ar na mná feasa – mná saolta a mbíodh saghas fios agus leigheasanna acu. Ní chreideadh an sagart iad. Bhíodh sé ina gcoinne. Bhí an sagart ag teacht abhaile, thuaidh i bpoll éigin. Bhí sé ag gabháil thar thráigh na Muirí agus tá srúill ann, tá uisce ag rith síos. Bhí sé ag marcaíocht ar a chapall. Léim an capall an tsrúill. D'fhéach sé siar. "Muise, mo dhá ghraidhin tú," a deir sé leis an gcapall. Tháinig sé abhaile. Chuir sé an capall isteach agus má chuir, nuair a tháinig an buachaill amach, bhí an capall tite sa stábla. Tháinig sé isteach agus dúirt sé leis an sagart é.

An Domhnach roimis sin bhí sé ag caint ar an mbean seo agus chuir sé an buachaill ag triall uirthi. Ní fheadarsa an i mBaile Bhiocáire thuas a bhí sí ag fanacht, i nDún Chaoin. Tháinig an buachaill go dtí an ndoras agus dúirt sí go raibh a fhios aici cad a bhí uaidh. Thug sé leis ó thuaidh í go dtí an gcapall. Chuaigh sí isteach ag féachaint air. Bhí an sagart ann, leis.

"Tú féin a choirigh do chapall," a dúirt sí.

"Conas?" arsa an sagart.

"Nuair a léim sí an tsrúill," a dúirt sí leis, "d'fhéachais siar agus dúraís: 'Mo dhá ghraidhin tú,' nuair ba cheart duit 'Bail ó Dhia ort, a chapaillín' a rá."

Leigheas sí an capall. Níor labhair an sagart as sin amach uirthi.

CAPALL AN TSAGAIRT

Stiofán Ó Cualáin

Bhí an-cháil ar Chailleach an Chlocháin freisin. Bhí sagart i gCarna fadó – Canon McHugh ab ainm dó – agus fuair an capall tinn air. Thit an capall as a sheasamh sa scioból. Chuir an sagart an buachaill aimsire siar go dtí Cailleach an Chlocháin ag iarraidh leighis le haghaidh an chapaill. Dúirt an chailleach leis:

"Abair leis an mbodach é féin smugairle a chaitheamh air agus bail ó Dhia a chur air."

Chuaigh an sagart amach agus chuir sé bail ó Dhia ar an gcapall. D'éirigh an capall de léim agus bhí sé ceart uaidh sin amach.

CAILLEACH AN CLOCHÁIN AGUS CAILLEACH NA HAIRDE MÓIRE

Chreid siad i gCarna fadó go raibh leigheas ag Cailleach na Luibhe, ach go gcaithfeadh duine nó éan nó rud beo ar bith imeacht in áit an té a leigheasfaí. Théidís amach roimh éirí na gréine agus bhainidís an luibh chun an duine a leigheas. An chéad rud a d'fheicfeadh sí, bhí an t-imeacht air. Thagadh daoine go dtí í ag iarraidh fios agus leigheas. Bríd Neil Óg a bhí ar Chailleach na hAirde Móire. Bhí sí in ann éanlaithe an aeir a leagan.

Bhí sagart paróiste i gCarna fadó. Fr Flannery a thugtaí air. Bhí sé lá ag dul chun an Chlocháin; agus é ag dul sios Aird na mBeairic bhí Cailleach na Luibhe thíos i ngleann ag baint luibhe agus is cosúil gurb é a chonaic sí i dtosach. Fuair sé bás gairid ina dhiaidh ag aois a chúig bliana déag is fiche.

Nuair a bhí Lady Dudley i gCarna fadó agus banaltra eile in éineacht léi, dúirt siad go mba mhaith leo an chailleach a fheiceáil. Bhuail siad siar go dtí an Clochán. Bhí an teach píosa suas an bóthar mór, teach na caillí. Ar an mbealach suas dóibh go dtí an teach, dúirt ceann leis an gceann eile:

"I wonder if the old witch is in?"

Nuair a tháinig siad go dtí an teach, bhí sí ina suí cois na tine agus bhreathnaigh sí amach an doras orthu.

"Yes," a deir sí, *"the old witch is in."*

Bhí drochdheireadh ag an mbeirt acu. Cailleach na hAirde Móire, chuir sagart eascaine uirthi. Tharraig sí an ghruaig dá ceann agus í ag fáil bháis.

BAIL Ó DHIA

Bhí seanbhean i Maínis fadó agus tháinig sí ar cuairt tigh Bhríd an Ghabha. Bhí leanbh óg sa teach ag Bríd an Ghabha. Fuair an tseanbhean caidéis don pháiste agus níor chuir sí aon bhail ó Dhia air. Ní raibh an tseanbhean i bhfad imithe abhaile go Maínis nuair a bhuail an páiste tinn. Dúirt Neain Mhór, máthair Bhríd, le Bríd dul go Maínis ag an tseanbhean agus bail ó Dhia a fháil don pháiste.

D'imigh Bríd go Maínis agus níor bhain sí méar dá srón gur shroich sí an tseanbhean i Maínis. D'iarr sí ar an tseanbhean bail ó Dhia a chur ar an bpáiste, ach in áit sin rug sí ar an tlú chun go mbuailfeadh sí Bríd leis. Bhí seál timpeall a muiníl agus bhí scothóga air. Stróic sí cuid de na scothóga den seál agus amach an doras léi. Nuair a tháinig Bríd abhaile, d'fhiuch sí na scothóga i mbainne te don pháiste. Thug sí an bainne te le n-ól dó agus nuair a bhí an bainne ólta aige bhí sé chomh maith agus a bhí sé ariamh. Taispeánann sé seo chomh tábhachtach agus a bhí bail ó Dhia sa tseanaimsir, agus atá in áiteanna fós.

Bhíodh bail ó Dhia fliuch ann an t-am sin freisin – smugairle.

Faisnéiseoir gan ainm

Bhíodh daoine ag piocadh luibheanna in áiteacha ar nós claíocha teorann. Bhíodh siad á n-úsáid le haghaidh

leigheasanna agus freisin le haghaidh dochar a dhéanamh. Bhí
luibheanna ar nós an tSeamair Mhuire ceaptha dochar a
dhéanamh do dhaoine eile. Bhíodh faitíos mór roimh
sheanbhean a d'fheiceadh duine ag piocadh luibheanna i
leataobh an bhóthair, agus théadh daoine i bhfolach uirthi.
Dhéantaí sórt guí ar na luibheanna seo in aghaidh duine a raibh
gráin air. Ba mhór an rud a rá le duine: "Piocfaidh mé luibh-
eanna ort." Deirtear go raibh an chumhacht acu sin a bhí ag pio-
cadh na luibheanna, agus go raibh fios acu.

7.4 Samhlaoidí

Seán Pheats Tom Ó Cearnaigh

An dream óg atá ann anois, na daoine óga, ní chreideann siad
a thuilleadh iontu. Ach chreideadh an seandhream fadó, an-
mhór ar fad más fíor. Chídís púcaí agus chídís samhlaoidí.
Ghlaoidís samhlaoid air dá mbeadh duine a bheadh i Meiriceá
agus go bhfaigheadh sé bás i Meiriceá, thiocfadh sé chucu ar
chuma éigin, chuirfeadh sé é féin in iúl dóibh ar chuma éigin, trí
thaibhreamh nó trí rud éigin a fheiscint nó a chlos. Sin samh-
laoid.

Tá mórán scéalta mar gheall orthu, gan dabht. Chonac féin
samhlaoid. Ó, dheineas, nuair a bhíos istigh ar an oileán fadó
riamh, i m'fhear óg. Bhíos féin agus mo mhuintir, m'athair agus
mo mháthair, abair, mo dheartháireacha agus mo dheirfiúracha
inár gcónaí le chéile, ach ní raibh m'athair aige baile chuige. Bhí
sé tagtha amach ón nDaingean. Bhíomar aige baile an oíche seo,
ach go háirithe, agus is mé féin an fear deireanach a bhí ar an
urlár agus bhíos ag léamh *Allagar na hInse* agus nuair a léas é,
bhuaileas ar cheann an bhoird é. Is é an rud a deir siad nár cheart
duit aon rud a fhágaint ar do bhord istoíche nuair a rachfá a
chodladh, ach an bord a ghlanadh – bhí sé de nós ag na sean-
daoine, ach go háirithe – ach chuas in airde a chodladh. Ní
rabhas ach dulta isteach sa leaba nuair a chuala an leabhar á
thógaint agus bhí áit thuas i gcúinne in aice leis an dtine go

mbíodh *bin* ann i gcomhair leathmhála plúir a chur síos ann agus leathmhála mine. Ach chuala an leabhar á thógaint agus á chaitheamh ar an *mbin* agus níor thugas aon aird air.

An dara hoíche chuala arís é. Arsa mise: "Tá rud éigin suas." Ach an tríú hoíche ansin chuala é agus ní rabhas dulta isteach sa leaba chuige nuair a bhraitheas an duine ag siúl an staighre in airde agus nár bhraith mo dheirfiúracha a bhí thíos sa tseomra é agus ghlaodar ar mo mháthair. Bhraith mo mháthair, leis, é. D'éirigh sí amach agus chroith sí an t-uisce coisreacain. Is ea, sin eile a raibh ann ansin. Lá arna mhárach ansin chuas amach fén mbaile agus chuas ag bothántaíocht. Bhí an post imithe amach go Dún Chaoin ag triall ar na litreacha ach bhíos ag eachtraí don bhfear seo mar gheall ar cad a tharla agus dúirt sé go raibh rud éigin suas – "más fíor duit".

"Is fíor," arsa mise. Tráthnóna nuair a tháinig an post, ná bhí litir tagtha ó Mheirceá go raibh *first cousin* do mo mháthair caillte i Meiriceá. Ó, bhí mórán rudaí mar sin ann.

Bhí m'athair ansin oíche eile aige baile agus bhí sé de nós aige féin agus ag fear eile, tosach na bliana, tar éis na Nollag, dul ag bailiú feamnaí chun seanleasú a dhéanamh ar an dtalamh. Ach thagadh an fear eile ag glaoch air gach aon mhaidin. Ghabhadh sé an bóthar agus ghlaodh sé ar m'athair. Bhí m'athair ina chodladh an oíche seo, ach go háirithe, agus nár chuala sé ag glaoch air é. Cad a dhein m'athair ach d'éirigh sé agus d'imigh sé ina dhiaidh. Chuaigh sé síos don tráigh agus chuardaigh sé an tráigh ar fad agus ní bhfuair sé aon rian de. Bhí sé ag rá liom gur éirigh a chaipín in airde ar a cheann le huaigneas. Bhain sé an tigh amach agus tháinig sé abhaile. Nuair a d'fhéach sé ar an gclog, ní raibh sé ach a dó a chlog san oíche. Lá arna mhárach ansin, bhí sé ag fanacht leis an bhfear a theacht. Níor tháinig sé. Bhí an fear sin breoite agus níor éirigh sé riamh ó shin. Nárbh ait an rud é. Sin iad na samhlaoidí. Bhí mórán de sin ann.

Chídís naomhóg ar an bhfarraige. Bhí gaol dom amuigh ag iascach. Bhí an oíche ag cruachaint agus bhíodar ag rámhaíocht.

Ach b'ait leo an greim a bhí ar an naomhóg. Bhí sí an-dhocht ag teacht agus iad ag rámhaíocht, ach nuair a d'fhanadar sa bhfothain ansin dúirt duine acu:

"Bhí an naomhóg an-dhocht anocht."

"Bhí," arsa an fear a bhí i ndeireadh, "níorbh aon iontas agus fear ceangailte thiar uirthi. Níor aithnís é?"

Ní raibh a fhios ag éinne faic mar gheall air. Cad a bhí ann ná fear ón Oileán. Bhí sé pósta thuaidh i bparóiste Mórach – seanathair do na Kennedys atá thuaidh anois, do na Begleys. Ba leis an *pub* ar an mBóthar an chéad lá riamh agus uncail do m'athair ab ea é. Bádh é an oíche sin. Is amhlaidh go bhfaca siad é beirthe thiar ar dheireadh na naomhóige. Tá mórán scéalta mar sin ann.

Máirtin Ó Cualáin

Bhí fear eile a bhíodh ag teacht ag an aifreann thoir i séipéal an Chnoic agus é thíos sa Mental Home – trí Dhomhnach i ndiaidh a chéile a tháinig sé ann. Tá sé beo fós ach go bhfuil sé sean.

Tom Martin

I was one night here and it was about six o'clock in the evening when a bird came outside to the window. I heard the clattering outside and I went out. I thought it was Sally Long that was putting in oats or something. It was just dawning, between dark and dawn. Didn't she jump off the window and she went around the corner. She didn't fly at all, and didn't she come back down again and didn't I open the door so that the bird would come in. No, down she went. Wasn't Mossy, my brother, against her up. I said to Mossy:

"What kind of bird is she?"

"I don't know."

"That's a blackbird," says I.

"'Tis not," says he, "'tis no blackbird. I'll go down with the lamp and I'll see."

So he came up and sure she was gone. There was no sign of a blackbird nor nothing there. So about – ah, I don't know how long would it be after then – I was here about eleven o'clock or twelve when the same clattering came to the window but that clattering frightened me. So I gave a side-eye out, like that you know. I thought it was a white bird that was up in the window. So it gave two good clatters and it went away. So there was a hooley in the hall a long spell after and Mossy was going to go over. So he says he wouldn't go over again.

"Yerra," says I, "why don't you go over and you'd have a dance and you'd play."

He went over anyway but he never came hither. He died that time in the hall. You see 'twas the birds you know because the fairies do follow fellas like that.

I was up in Boland's one night and didn't the latch come off the door. I had to come here down and I was afraid. I walked away anyway and the following day I heard that John Pháid Learaí from Márthain was dead. I suppose 'twas him that was there when the latch was taken off the door.

Éamon de Búrca

Bhí an bhean seo, Collins a bhí uirthi, an raibh aithne agat uirthi? – deirfiúr domsa. Bhíodh sí tigh Phádraicín an Bhacaigh. Bhí sí sin ag teacht abhaile as Meiriceá. Bhí sí pósta an t-am sin. Scríobh sí anseo thiar. Tá sé sin roinnt blianta ó shin. Ach ansin fuair sí litir an lá seo. Bhí mise ar an bportach nuair a tháinig an litir agus bhí Máire díreach tar éis í a léamh agus chuaigh Máire go dtí an seomra. Bhí cuid de na gasúir an-bheag an t-am sin agus d'airigh sí an torann céatach ar an doras ó thuaidh agus tháinig sí anuas agus bhreathnaigh sí amach an doras. Bhreathnaigh sí amach tríd an bhfuinneog agus bhí gadhar ann a d'airíodh an rud is lú a thiocfadh sa tsráid, ach bhí an gadhar ina chodladh ar an tsráid agus níor airigh sé tada.

Tháinig mé féin abhaile ón bportach agus bhí Máire á inseacht dom.

"Cuaifeach a bhí ann," a deirimse.

"Ní hea," a deir sí seo, "ní hea. Níl ann ach go raibh an litir léite agam a tháinig ó bhean Chollins," a deir sí, "nuair a tháinig an torann céatach ag an doras."

"Ó, cuaifeach," a deirimse.

"Ní hea," a deir sí. "Tá a fhios agamsa go maith nach ea," a deir sí. "Bhí sé uafásach uilig," a deir sí. "Cheapfá go dtógfadh sé an cloigeann den teach agus bhreathnaigh mé amach agus bhí an gadhar ina chodladh ar an tsráid."

Ach chuaigh mise ar an bportach an chéad lá eile agus tháinig mé abhaile tráthnóna. Bhí mé ag ithe ag an mbord. Bhí an doras ó thuaidh dúnta an t-am sin. Bhí m'aghaidh amach ar an doras nuair a bhí mé ag ithe agus bhí Micil Phádraic Vail Mheait, bhí sé tagtha isteach. Ní raibh mé i bhfad ag ithe ag an mbord dom féin gur chuala mé mar a bheadh casúr ag gabháil ar an doras mar sin ar nós rud ar bith. Bhí an doras uilig ag croitheadh.

"Sagart," a deirimse, "nó dochtúir," agus d'éirigh mé ar an bpointe, "ag dul ag cur tuairisce áit éicint," a deirimse.

D'oscail mé an doras. Ach idir an t-am a scríobh bean Chollins an litir agus an t-am a raibh sí ceaptha a theacht, fuair sí aipindic agus ní raibh sí in ann a theacht ar chor ar bith. Is dóigh gurbh in é an fáth ar tháinig an torann mór ag an doras an dá uair sin: ag tabhairt rabhaidh nach raibh sí ag teacht ar chor ar bith.

Máirtín Ó Cualáin

Bhíodh buanna áirithe ag daoine freisin. Bhí fear thoir sa gCathair agus bhí deartháir leis thall i Meiriceá. Bhí a fhios ag an deartháir i Meiriceá chuile shórt a bhí ag dul ar aghaidh sa mbaile sa Spidéal. Bhíodh a fhios aige cé mhéad beithíoch agus caorach a bhí ag muintir an bhaile.

Nótaí

1 Cothú an Teaghlaigh

1.1 Maidir le dearadh, déantús agus trealamh thithe na muintire, féach Campbell 1935; Danaher 1962, 10–28; Danaher 1975; Danaher 1985; Evans 1957, 39–99; Ó Conaola 1988; Ó Concheanainn 1993, 11–3; Ó Conghaile 1974, 118–27; Ó Conghaile 1988, 97–101; Ó Conghaile 1993, 25–7; Ó Danachair 1946; Ó Danachair 1964; Ó Siadhail 1975; Ó Súilleabháin 1942, 8–13; Ó Súilleabháin 1967, 16–8; Wigger 2004, I, 351–2.

Tá cuntas, maille le léaráidí, ar theach Sheáin Uí Choisdeala, Baile na mBrabhach, Indreabhán, in Mac Giolla Meidhre 1938, 196–200.

1.1.2 Féach Hartmann *et al.* 1996, 308–15; tá seanchas faoin nGobán in Munch-Pedersen 1994, 190–4; Ó Curraoin 2000, 91–3, 222; Ó Flannagáin 1933–4, 249–52; Ó Flatharta 1992; Ó hÓgáin 1990, 241–3; Ó Súilleabháin 1942, 496–7, 623–4.

1.1.7 Bhíodh paidir choigilt na tine coitianta ar fud na Gaeltachta; féach Ó Catháin 1995, 54–6; Ó Catháin 1999; Ó Duinn 1990, 153–5; Ó Laoghaire 1975, §§ 244–6; Breathnach 1986, 107; Ó Súilleabháin 1967, 17–8.

Seo leagan eile de phaidir choigilt na tine a bailíodh mar chuid den togra seo:

Peig Uí Fhátharta agus Máire Uí Chonghaile
> Coiglím an tine seo,
> Mar a choigil Críost cách,
> Bríd faoina bun,
> Agus Mac Muire ina lár,
> Na triúr aingeal is mó cumhachta,
> I gCathair na nGrást,
> Ag cumhdach an tí seo arís go lá.

1.1.9 Maidir le nósanna agus tuiscintí traidisiúnta bainteach le rath an tí, féach Breathnach 1986, 123 § 6; Danaher 1984, 94–8; Mac Mathghamhna 1933–4, 141 § 6, 142 § 19; Ó Cadhain, 1935, 240 § 12, 13; Ó Conghaile 1988, 330–6; Ó Muireagáin 1935, 151; Ó Súilleabháin 1942, 15; Ó Súilleabháin 1967, 18; uí Ógáin 2004.

1.2 Tá léiriú ar thábhacht na bó agus ar nósannna agus ar thuiscintí traidisiúnta bainteach le déantús an ime in Breathnach 1986, 123 § 7, 11, 12; Danaher 1964, 102–7; Kittredge 1929, 163–73; Lysaght 1993; Ó Coigligh 1990, 19, 29–30, 63, 85, 95, 117, 124, 140, 150, 163, 173; Ó Conghaile 1988, 102–8; Ó Duilearga 1948, 437 § 117; Ó Héalaí 1992a, 72–97; Ó Máille 2002, 80–3; Ó Muireagáin 1935, 150, 151; Ó Súilleabháin 1942, 336–8, 384, 399; Ó Súilleabháin 1967, 24–5. Féach freisin **4.2** thíos.

1.2.1 Maidir le nós an bhuailteachais, féach Evans 1957, 27–38; Lucas 1989, 58–67 agus nóta 67, lch 261; Kelly 1997, 43–4; Mac Giollarnáth 1941, 277–80; Mac Giollarnáth 1943, 126; Ní Mhainnín 2000, 46–9; Ó Cathasaigh 1943, 159–60.

1.2.2 Ba mhinic leas á bhaint as aingeal mar shás cosanta; féach Dinneen 1927, *s.v.* 'aingeal'; Mac Mathghamhna 1933–4, 141 §§ 7, 14; Ó Cadhain 1935, 227–8; Ó Conghaile 1988, 334; Ó Héalaí 1992b, 93; Ó Súilleabháin 1942, 267. Féach **2.1.6** agus **7.1.8, 7.1.9** thíos.

1.3 Maidir le báid seoil chóstaí na Gaillimhe, féach Hartmann *et al.* 1996, I, 37–50, 129–30, 205–7, 218–9, 277–93, 330–45, 394–9; Mac an Iomaire 1985, 166–84, 187-99; Mac Giollarnáth 1941, 251–69, 276–7; Nic Dhonnchadha 2000, 363–7; Ó Cathasaigh 1942, 81–5; Ó Conghaile 1974, 128–36; Ó Curraoin 1977–9; Ó Máille 2002, 101–4; Scott 2004.

1.4.1 Maidir le hádh agus mí-ádh i gcúrsaí iascaigh, féach Hartmann *et al.* 1996, 406–13; Ó Concheanainn 1993, 85;

Mac Giollarnáth 1941, 291; Mac Mathghamhna 1933–4, 140 §
5; O'Floinn 1980–1; Ó Conghaile 1988, 332-4; Ó Muireagáin
1935, 150, 151; Ó Súilleabháin 1942, 27–8; Ó Súilleabháin
1967, 25–7; Wigger 2004, I, 52.

Tá cur síos ar ghnéithe éagsúla de sheanchas iascaireachta
agus farraige ó cheantar an bhailiúcháin in Becker 1997;
Hartmann *et al.* 1996, 33–6, 293–308, 383–93, 400–11; Mac an
Iomaire 1985; Mac Cárthaigh 2003; Mac Giollarnáth 1947; Ó
Concheanainn 1993, 45–51; Ó Máille 2002, 84–101; Wigger I,
1–84, 93–117, 119–24; 135–43, 157–60, 183–7, 233–4, 258–60.

Tá tagairtí eile don Mharthain Phádraig in **2.1.2** agus **6.3.26.**

2 Beatha an Duine

2.1 Tá cur síos ar nósanna agus ar thuiscintí traidisiúnta bain-
teach le hiompar agus saolú clainne in Fleming 1953; Kittredge
1929, 113–5; Mac Giollarnáth 1941, 298–9; Murphy Lawless
2002; Nic Suibhne 1992; Ó Cadhain 1935, 227–8; Ó Catháin
1980, 92–7; Ó Héalaí 1992b; Ó Súilleabháin 1942, 209–14;
Ó Súilleabháin 1967, 41–4; Sullivan 1992; Utley 1918; Wilson
2000, 165–288.

Tá cuntas ar scéim banaltrachta Lady Rachel Dudley in
Murray [1994], 133–4; Nic Dhonnchadha 2000, 370–1; foil-
síodh tuairiscí bliantúla ar an scéim i gcaitheamh na mblianta
1903–10 faoin teideal *Lady Dudley's Scheme for the
Establishment of District Nurses in the Poorest Parts of Ireland.*

Tá tagairtí eile don Mharthain Phádraig in **1.4.1** agus **6.3.26**
agus tá tagairtí do chosaint ón 'aingeal' i nótaí **1.2.2.**

2.2 Maidir le nósanna agus tuiscintí traidisiúnta bainteach leis
an bpósadh, féach Ballard 1998; Breathnach 1986, 94–7;
Conboy 1990, 20–3; Connolly 1982, 175–218; Cosgrove 1985;
Danaher 1964, 153–60; Danaher 1972, 221–7; Hartmann *et al.*
1996, I, 262–6; Mac Giollarnáth 1941, 301; Mac Mathghamhna
1933–4, 140 § 4; Ó Cadhain, 1935, 228; Ó Catháin 1980, 87–91,

122–4; Ó Conghaile 1988, 366-88; Ó Danachair 1974–6; Ó Dubhshláine 1981; Ó Giollagáin 1999, 93–8; Ó Gráinne 1997, 44–5; Ó Héalaí 1975; Ó Máille 2002, 231–5; Ó Muireagáin 1935, 151; Ó Súilleabháin 1942; 198–208; Ó Súilleabháin 1967, 44–6.

Tá tagairtí d'fháistineacht faoi phósadh in **4.1.7.**

2.3 Bás

Maidir le nósanna agus tuiscintí traidisiúnta bainteach leis an mbás, féach Breathnach 1986, 97–100; Evans 1957, 289–94; Hartmann *et al.* 1996, I, 149–50, 325–6, 458–75; Mac Giollarnáth 1943, 109–10; Mac Mathghamhna 1933–4, 140 § 3; Ó Cadhain, 1935, 228–32; Ó Coigligh 1990, 31–2; Ó Conghaile 1993, 50; Ó Crualaoich 1993; Ó Curraoin 2000, 57–8, § 1.4 agus nótaí lch 211, + lgh § 8.1; Ó Finneadha 1993, 47; Ó Giollagáin 1999, 78–81; Ó hAnluain 2000; Ó Héalaí 2006; Ó Muireagáin 1935, 150, 151; Ó Súilleabháin 1939; Ó Súilleabháin 1942, 215–43, 490–2; Ó Súilleabháin 1961; Ó Súilleabháin 1967, 48–55; Tyers 1992.

3 An Leigheas Traidisiúnta

3.1.–3.2 Maidir leis an ábhar seo, féach Becker 1997, 219–25; Breathnach 1986, 110–7; Danaher 1984, 98–103; Dinneen 1927, *s.v.* 'sine'; Hand 1971–3; Hartmann *et al.* 1996, I, 110–4; Logan 1972; Mac Giollarnáth 1943, 103; Mac Mathghamhna 1933–4, 142 § 18; Nic Aodha 1928; Ó Cadhain 1935, 234, 236, 237, 266; Ó Conghaile 1974, 24–7, 47–9; Ó Conghaile 1988, 336–9; Ó Conghaile 1993, 51–7; Ó Danachair 1980; Ó Duinn 1990; Ó Finneadha 1993; Ó Giollagáin 1999, 69–70; Ó Máille 2002, 117–50; Ó Muireagáin 1935, 151; Opie & Tatem 1989, *s.vv.* birth: breech, posthumous child, seventh child; Ó Súilleabháin 1942, 304–15, 381–90, 432–4; Ó Súilleabháin 1967, 56–60.

3.3 Tugtar tagairtí thíos do leaganacha i gcló d'orthaí ar leith ó Ghaeltacht iardheisceart Cho. na Gaillimhe.
Féach freisin **6.2** thíos.

3.3.1 Ó Finneadha 1993, 47–8; Breathnach 1986, 111.
3.3.2 Ó Finneadha 1993, 47, 90; Ó Muireagáin 1935, 151.
3.3.3 Ó Finneadha 1993, 82; Ó Gríobhtha 1932; Breathnach 1986, 113.
3.3.4 Ó Finneadha 1993, 88.
3.3.5 Ó Finneadha 1993, 111; Partridge 1980–1; Ó Gríobhtha 1932; Partridge 1980-1; Partridge 1983, 60–2.
3.3.6 Ó Finneadha 1993, 89.
3.3.7 Ó Finneadha 1993, 88; Ó Gríobhtha 1932.
3.3.8 Ó Finneadha 1993, 82; Breathnach 1986, 113; Ó Gríobhtha 1932; Ó Curraoin 2000, 64, § 2.4, 213.

4 Féilte, Laethanta, Turais

4.1–4.3 Tá tuilleadh faisnéise faoi nósanna agus tuiscintí traidisiúnta bainteach le hábhar na caibidle seo in Becker 1997, 205–8; Bigger 1896; Breathnach 1986, 75–92; Danaher 1972; Hartmann *et al.* 1996, I, 69–70, 152–61, 313, 362–77, 381–3, 475–6; Hutton 1996; Lysaght 1993; Mac Giollarnáth 1932, 485 § 16; Mac Giollarnáth 1941, 9–24, 288–90; Mac Mathghamhna 1933–4, 141 § 7, 143 § 34; MacNeill 1982, *s.vv.* Crom Dubh, Mám Éan, san innéacs; Ó Cadhain 1933–4, 74–5; Ó Cadhain 1935, 226–7; Ó Catháin 1995, *s.v.* Weather, san innéacs; Ó Coigligh 1990, 19–3, 41, 45, 56, 64, 67–8, 85, 90–1, 112, 118–9, 130, 141, 163, 165–8; Ó Concheanainn 1993, 85; Ó Conghaile 1993, 21–3; Ó Curraoin 1980–1; Ó Curraoin 2000, 59, 60–63, 212; Ó Duilearga 1948, 1, 415; Ó Máille 2002, 19–34; Ó Muireagáin 1935, 142 § V, 150 § 1, 2, 151 § 22; Ó Súilleabháin 1942, 324–48, 356-8; Ó Súilleabháin 1957; Ó Súilleabháin 1967, 61–71; Robinson 2000, 94–101; Szövérrfy 1955; Uí Ógáin 1979; féach freisin thuas **1.2.2** agus **2.2.1**.

5 Traidisiúin Staire

5.1 Maidir le hobair na mban, gheofar eolas in Clear 2000, 2000a; Daly 1997; Wigger 2004, I, 217–8.

5.2 Gheofar eolas ar chaitheamh aimsire agus cluichí in Danaher 1984, 88–9; Mac Suibhne 1991; Ní Loingsigh [gan dáta]; Wigger 2004, I, 255–8.

5.3 Ó thaobh cúrsaí oideachais de, tá plé ginearálta ar chúrsaí oideachais in Akenson 1970, 1975; Daly 1979, 150–163; Dowling 1968, 1971; McManus 2002; Ó Buachalla 1988. Pléitear cúrsaí áitiúla in Mac Giollarnáth 1941, 169–77; Ní Mhainnín 2000, 35–8; Ó Conghaola 1993, 17–18; Ó Gaora 1943, 19–31; Ó Giollagáin 1999, 71–4; Ó Gráinne 1997, 27–8; Ó Tuathaigh *et al.* 2000, 329–30, 390–1, 436–7; Uí Mhurchadha 1954; Wigger 2004, I, 268–71. Don scolaíocht sa bhéaloideas agus sa litríocht, féach Máirtín 2003. Tá cur síos cuimsitheach ar Bhliain na bhFrancach sa bhéaloideas in Beiner 2006; Hayes 1937; Uí Mhaolaidh 1998; uí Ógáin 1998.

5.4 Tá cur síos ginearálta ar an nGorta in Daly 1986; Kinealy 1994; Ó Gráda 1998; Poirtéir 1995, 1996. Leagtar béim ar an mbéaloideas in Ó Gráda 1994, 1998; Póirtéir 1996. Do Mhicheál Dáibhíd féach Moody 1982; O'Hara 2006. Do Chath na Ceathrún Rua, féach Robinson 2002, 347–51; Hawkins 1974–5. Do Ruairí Mac Easmuinn féach Daly 2005; Inglis 1973 (2002).

5.4.1 Tá plé ginearálta ar an ábhar in Ó Catháin & Flanagan 1975; Robinson 2002. Tá béim ar chúrsaí áitiúla in Breathnach 1986, 21–56; de Bhaldraithe 1943, 60–65; Ó Coigligh 1990, 23; Ó Conghaile 1974, 148–164. Déantar trácht ar Thoit Chonáin in Gosling 1993, § 500; Robinson 1996, 92–3; Robinson 2002, 313. Tá trácht ar Loch na Naomh in Robinson 1990, 117; Robinson 2002, 353.

5.4.2 Maidir le reilig Bharr an Doire, féach Robinson 1990, 117; Robinson 2002, 353–5; Gaeltacht i gCéin [2000]. Do Oíche na Gaoithe Móire, féach Carr 1993. Tá eolas ginearálta faoi na reiligí (agus cúrsaí bíoblóireachta) i Maínis agus i Maíros in Robinson 2002, 71–89, 130–43.

6 Ealaín Bhéil

6.1 Scéalta

6.1.1 *AT* 613, *The Two Travelers (Truth and Falsehood);* tá 307 leagan den scéal seo áirithe in *TIF,* ina measc leaganacha ó Chois Fharraige in Ó Cadhain 1935, 219–20 agus de Bhaldraithe 1966, 79–81. Tá leagan in Ní Ghuairim 1990 a bhfuil trascríobh air in Ó Conghaile 1995, 283–4, agus arís in uí Ógáin 2002, § 24; agus tá leagan eile in Munch-Pedersen 1994, 150–62. Tá an scéal áirithe freisin in Tubach 1969, § 695.

6.1.3 Tá scéalta grinn dírithe ar an gcléir coitianta sa bhéaloideas, féach *AT* 1725–1874, agus freisin *TIF* faoi na tíopaí céanna.

6.1.4 Leagan é seo de scéal ar minic 'Loinnir Mac Leabhair' mar theideal air (Bruford 1963, 18) agus ar cosúil é a bheith bunaithe ar scéal Chonaill Gulban (Bruford 1966, 242). Féach Ó Súilleabháin 1942, 604 § 18; tá leaganacha eile in Munch-Pedersen 1994, 1–52; Mac Coisdealbha 1936, 116–31; Mac Giollarnáth 1936, 1–36; Ó Duilearga 1945, 180–94, 201.

6.1.5 Tá an treoir a fuair an Blácach lena chéile comhraic a mharú luaite freisin i leagan de scéal chomhrac aonair Dhónaill Uí Chonaill, féach Uí Ógáin 1984, 27.

6.1.6 Féach Mac Giollarnáth 1941, 33–4; Ó Súilleabháin 1952, § 72; Ó Máille 1948, § 184; Ó Flatharta 1992 agus trascríobh air in Ó Conghaile 1995, 285–6; Ó Crualaoich 2003, 150; cf. Tubach 1969, § 4166.

6.1.7a–c Féach Uí Ógáin 1984, 201–2, 244–50; Ó Muireagáin 1935, 144.

6.2 Tá tagairtí do leagnacha d'Amhrán na Trá Báine agus eolas faoina chúlra in Mac Donnchadha 2001, 104–27; Ó Concheanainn 1978, § 11; uí Ógáin 1999, 19–24; Wigger 2004, I, 61–3.

6.3 Tugtar tagairtí thíos do leaganacha eile de phaidreacha ar leith in Ó Laoghaire 1975 (= *APD*) agus i roinnt foilseachán eile go háirithe iad sin ó Ghaeltacht iardheisceart na Gaillimhe.

6.3.1 APD § 185; Ó Finneadha 1993, 122; Ó Flannagáin 1937, 187; Ó Confhaola 2003, 18.

6.3.2 Ó Duinn 1990, 119–20; Ó hEochaidh 1977, 37; de hÍde 1906, II, 56; Ó Fotharta 1892, 29; Ó Finneadha 1993, 98.

6.3.3 *APD* § 258.

6.3.4 *APD* § 214.

6.3.5 *APD* § 52.

6.3.6 *APD* § 55.

6.3.7 Ó Catháin 1995, 11.

6.3.8 *APD* § 71.

6.3.9 *APD* § 133.

6.3.10 *APD* § 466; Breathnach 1986, 106; Ó Finneadha 1993, 30; Ó Flannagáin 1937, 187, 188.

6.3.11 *APD* § 499; Breathnach 1986, 108; hÍde 1906, 360–2; Ó Finneadha 1993, 30, 96.

6.3.12 Cf Breathnach 1986, 107; Ó Gríobhtha 1932.

6.3.13

6.3.14 *APD* § 160; Breathnach 1986, 107; Ó Finneadha 1993, 96.

6.3.15 *APD* § 298; Ó Finneadha 1993, 28.

6.3.16 *APD* § 288; Breathnach 1986, 107; Ó Finneadha 1993, 96.

6.3.17 Ó Flannagáin 1937, 186.

6.3.18 *APD* §§ 274, 275; Breathnach 1986, 107; Ó Flannagáin 1937, 186.

6.3.19 *APD* § 291; Breathnach 1986, 107–8; de hÍde 1906, II, 30, 34; Ó Flannagáin 1937, 185, 190.

6.3.20 *APD* § 304, 83; Ó Finneadha 1993, 25, 57.

6.3.21 *APD* § 312; cf. Ó Flannagáin 1937, 185.

6.3.22 Ó Broin 1936, 93; Ó Flannagáin 1937, 185, 190; Partridge 1983, 60–2.

6.3.23 *APD* § 509; Breathnach 1986, 106–7; de hÍde 1906, 362–70; Ó Finneadha 1993, 46; Ó Flannagáin 1937, 189.

6.3.24 *APD* § 223; Breathnach 1986, 105, 106; Mac Giollarnáth 1941, 296–7; Mac Mathghamhna 1933–4, 136 § 5; Ó Finneadha 1993, 59, 76; Ó Flannagáin 1937, 187.

6.3.25 *APD* § 20.

6.3.27 De bharr a ndoiléire, fágadh na téacsanna seo den Mharthain Phádraig sa riocht inar thóg na bailitheoirí síos iad. Tá faisnéis faoin Marthain le fáil in An Seabhac 1933–4; Breathnach 1986, 109; de hÍde 1906, I, 352–6; Duncan 1932; MacNeill 1949; Ó Confhaola 2003, 48–51; Ó Finneadha 1993, 96–71; M. Ó F. 1932, 25–8; Ó Súilleabháin 1942, 637 § 72.

6.4 Tugtar tagairtí thíos do leaganacha eile de rannta ar leith in Williams 1988. Tá faisnéis bhreise ar rannta agus ar chluichí páistí luaite sa saothar sin agus freisin in An Seabhac 1942; Mac Giollarnáth 1941, 302; Ní Loingsigh; Ó Cathasaigh 1998; Ó Conghaile 1999, 7, 39, 42.

6.4.1 Williams 1988, § 358.

6.4.6 Williams 1988, § 385a.

6.4.7 Williams 1988, § 349.

6.4.7 Williams 1988, § 375.

6.5 Tugtar tagairtí thíos do leaganacha eile de thomhaiseanna ar leith in Hull & Taylor 1955 (= *CIR*). Tá plé ar thomhaiseanna Gaeilge in Taylor 1951, agus tá cnuasaigh eile de thomhaiseanna ó Ghaeltacht iardheisceart na Gaillimhe in Breathnach 1986, 100–4; de Bhaldraithe 1942; Mac Mathghamhna 1933–4; Ó Finneadha 1932; Ó Máille 1946; Ó Muireagáin 1935, 147–50.

6.5.1 *CIR* § 608.

6.5.2 *CIR* § 476.

6.5.3 *CIR* § 685.

6.5.4 *CIR* § 308.

6.5.5 *CIR* § 304a.

6.5.6 *CIR* § 245.

6.5.7 *CIR* § 443b.

6.5.8 *CIR* § 543.

6.5.9 *CIR* § 654a.

6.6 Tá na seanfhocail sa mhír seo rangaithe faoi eochairfhocail agus iad curtha i láthair in ord aibítreach de réir na n-eochair-fhocal sin. Tagraíonn na huimhreacha idir lúibíní sa téacs don uimhriú atá ar sheanfhocail ar leith in Ó Máille 1948 agus 1952. Tá plé ar sheanfhocail in Almqvist 1989; Mieder & Dundes 1981; Taylor 1962; agus tá cnuasaigh de sheanfhocail agus nathanna ó Ghaeltacht iardheisceart na Gaillimhe in Mac Mathghamhna 1933–4; Ní Dhomhnaill 1980–1; Ní Dhomhnaill 1988; Ó Direáin 1926, 23, 43; Ó Máille 1950; Ó Máille 1959; Ó Máille 1965; Ó Muireagáin 1935, 144–7, 151–3.

6.7 Maidir le samhlacha, féach An Seabhac 1926, §§ 1901–2005.

6.8 Maidir le beannachtaí, féach An Seabhac 1926, §§ 576–659; Ó Laoghaire 1975, 233–56; Ó Máille 2002, 1–12; 'ac Gearailt 2003; tá plé ar an ainm Áine Ní Áille in Ó Crualaoich 2003, 150–62, 172, 256–7.

6.9 Maidir le mallachtaí, féach 'ac Gearailt 2001; Breathnach 1986, 117–8; An Seabhac 1926, §§ 688–797; Becker 1997, 191–2.

Maidir leis an mallacht "Imeacht ghéanna an Oileáin ort", féach Ó Máille 1952 § 1681a, An Seabhac 1926, § 711; An Seabhac 1932, § 25, Ó Duilearga 1930, 425.

Maidir leis an mallacht "Codladh an tSuicín i bpluidín an bharraigh ort", féach MacNeill 1982, 401, 527–8, 540; Ó Cadhain 1930, 386; Ó Máille 1948, §1180.

Maidir le "Mallacht Raiftearaí", féach Ó Coigligh 1987, 123.

7 Neacha agus Cumhacht Osnádúrtha

7.1 Tá léiriú ar an sísheanchas in Arensberg 1968, 163–91; Bourke 2002; Christiansen 1971–3; Naughton 2003; Ó hEochaidh 1977, 17–28; Ó hÓgáin 1990, 185–90; Ó Súilleabháin 1942, 450–79; Ó Súilleabháin 1967, 81–91.

Tá sísheanchas ó Ghaeltachtaí Chorca Dhuibhne agus iardheisceart na Gaillimhe ar a bhfuil leaganacha de scéalta atá tiomsaithe sa chnuasach seo in Almqvist & Ó Cathasaigh 2002, §§ 11–3; An Diocsaigh 1937, 15–6; An Seabhac 1928a, b, c; An Seabhac 1930b 211–2; An Seabhac 1932, 29–109 *passim*; An Seabhac 1932a; An Seabhac 1932b; Becker 1997, caib. 7, 8; Breathnach 1986, 119–21, 341–51, 357–8; Curtin 1943; Curtin 1974; Flower 1930, 373–7; Flower 1944, 132–41; Hartmann *et al.* 1996, I, 61–78, 214–6, 314, 317–21, 455–6; Jackson 1938, §§ 30–7; Laoide 1915 *passim*; Mac Giollarnáth 1932, 481–3; Mac Giollarnáth 1940, 53–5, 56–7; Mac Giollarnáth 1940, 203–4; Mac Niocaill 1947, 101–7; Munch-Pedersen 1994, 174–5, 150–69; Nic Dhonnchadha 1930; Ní Fhaoláin 1995, §§ 45, 48, 49, 70–2; Ó Cadhain 1935, 220–1, 237 §§ 1, 2, 239 § 6; 240 §§ 10, 11, 242–6 §§ 16-22; Ó Ceannabháin 1983, 223–73; Ó Curraoin 2000, 156–8, 242–4; Ó Coigligh 1990, 20–1, 44–5, 148, 181–2; Ó Concheanainn 1993, 87–9; Ó Dálaigh 1942; Ó Direáin 1929, 135; Ó Dubhda 1928; Ó Dubhda 1930a, b, c; Ó Dubhda 1932, 249–52; Ó Dubhda 1933–4, § 1; Ó Dubhda 1936; Ó Dubhda 1950, 59-61, 66–7; Ó Dubhda 1953, 28–30, 43–5; Ó Dubhda 1959, 57–72; Ó Dubhda 1963, 118–22, 134–6, 140; Ó Fotharta 1912, 49–59; Ó Súilleabháin 1952, §§ 59–61, 64; Wigger 2004, I, 88, 132–8, 219–30, 252–5, 321–4, 373–95.

Tugtar tagairtí do phlé ar scéalta ar leith sna nótaí thíos.

7.1.3

BEAN CHABHARTHA SA LIOS: Christiansen 1974; Mac Cárthaigh 1991; féach freisin BANALTRA SA BHRUÍON in **7.1.9**.

BUNADH NA FARRAIGE: tagairtí in Almqvist 1991, 225; Hillers 1991.

ORDÚ SÍ Á SHÁRÚ: cf. Almqvist 1999.

BÁID SÍ: Mac Cárthaigh 1999.

7.1.5

CEOL AGUS DAMHSA: Uí Ógáin 1992–3.

CEOL SÍ AG MEALLADH SAGAIRT AR GHLAOCH: Ó Héalaí 1996, 612; tá leagan eile den scéal ó Bhab Feirtéar maille le nótaí in Almqvist & Ó Cathasaigh 2002, § 12.

SEACHMALL AMA DE BHARR CEOL SÍ: cf. *AT* 471A, *The Monk and the Bird*; tá 16 leagan den scéal áirithe in *TIF* faoi 471A agus tá tuilleadh áirithe faoi *TIF* 471.

"DÉ LUAIN, DÉ MÁIRT": leagan é seo de *AT* 503, *The Gifts of the Little People*; tá 383 leagan ón tír seo áirithe in *TIF*; féach Ó hEochaidh 1977, § 62, 381–2.

7.1.7 "Casadh slua sí orm síos chun lios Bhaile Dháith," – líne é seo as "Táimse im shuí" in de hÓra 1989.

7.1.9 Maidir le traidisiún na hiarlaise, féach Bourke 1999; Mac Philib 1991; Schoon Eberly 1988.

CAILLEACHA AN DÚNA: Almqvist & Ó Cathasaigh 2002 § 13; O'Neill 1991. Tá an scéal seo liostaithe in *TIF* mar 501*, *'The Fairy Hill is on Fire!'* agus tá 176 leagan áirithe ann.

NA TRÍ SHRAOTH: Almqvist & Ó Cathasaigh 2002, § 11.

SEÁN 'AC SÉAMAIS: Laoide 1915, 102–4; Ó Cuív 1953, 102–11; Ó Broin 1955, 41–4; Ó Crualoich 2003, 220–9; Ó Curraoin 2000, § 10.1; Ó Fiannachta 1990, 179–82; Ó hÓgáin 1990, 91; An Seabhac 1932, 93–111.

7.2 Tá seanchas ó Ghaeltachtaí Chorca Dhuibhne agus iardheisceart na Gaillimhe faoi thaibhsí agus sprideanna ina bhfuil leaganacha de scéalta atá tiomsaithe sa chnuasach seo in An Seabhac 1928a; An Seabhac 1930b, 212–3; An Seabhac 1932, 29–109 *passim*; An Seabhac 1932a; Becker 1997, caib. 7, 8; Breathnach 1986, 121–3, 341–0, 353–4, 357–8, 361–3; Curtin 1974; Flower 1957, § 22; Hartmann *et al.* 1996, I, 250–1, 166–70, 321–9, 411–3, 416–9, 440–59; Laoide 1915 *passim*; Mac Giollarnáth 1944, 199–201; Ní Fhaoláin 1995, §§ 19, 21, 44, 46, 47, 53, 58; Ó Conghaile 1988, 339–43; O'Connor 2002; Ó Curraoin 2000, 149–52; Ó Dubhda 1930c, 403–6; Ó Dubhda 1932, 246–9; Ó Dubhda 1933–4, § 2; Ó Dubhda 1948, 72–3; Ó Dubhda 1953, 44–5; Ó Héalaí 1977, 117; Ó Súilleabháin 1952, §§ 30, 31, 93–7, 99.

Tugtar tagairtí do phlé ar scéalta ar leith sna nótaí thíos.

PAIDIR AN TOBAC: Hillers & Mac Cárthaigh 1990.

"CUIRSE LEATHRANN LEIS SIN": Ó hÓgáin 1982, 369–75.

7.3 Borsje 2003; Dundes 1981; Hartmann *et al.* 1996, I, 82–97; Ó Conghaile 1988; 33–1; Wigger 2004, I, 84, 326.

CAPALL AN TSAGAIRT: Ó Héalaí 1994–5.

7.4 Tá léiriú breise ar shamhlaoidí in Becker 1997, 209–13; Flower 1944, 122–3; Hartmann *et al*. 1996, I, 145–9; Ó Dubhda 1930c, 401–2; Ó Duilearga 1956, 187–9; Wigger 2004, I, 393.

Tagairtí

Aarne & Thompson 1961:– A. Aarne & S. Thompson, *The Types of the Folktale. A classification and bibliography.* Folklore Fellows Communications 184, Helsinki.

'ac Gearailt 2001:– B. 'ac Gearailt, *500 Mallacht Ort*, Baile Átha Cliath.

'ac Gearailt 2003:– B. 'ac Gearailt, *500 Beannacht*, Baile Átha Cliath.

Akenson 1970:– D. H. Akenson, *The Irish Education Experiment: the National System of Education in the Nineteenth Century*, London.

Akenson 1975:– D. H. Akenson, *A Mirror to Kathleen's Face: Education in Independent Ireland 1922–60*, London/ Montreal

Almqvist 1989:– B. Almqvist, 'Na Seanfhocail', in A. Ó Muircheartaigh, eag., *Oidhreacht an Bhlascaoid*, Baile Átha Cliath, 80–99.

Almqvist 1991:– B. Almqvist, 'Crossing the Border. A sampler of migratory legends about the supernatural', *Béaloideas* 59, 209–78.

Almqvist 1992–3:– B. Almqvist, 'In Memoriam. Seosamh Ó Dálaigh 1909-92', *Béaloideas* 60–61, 295–300.

Almqvist 1999:– B. Almqvist, 'The Melusine Legend in Irish Folk tradition', *Béaloideas* 67, 13–69.

Almqvist & Ó Cathasaigh 2002:– B. Almqvist & R. Ó Cathasaigh, *Ó Bhéal an Bhab, Cnuas-scéalta Bhab Feirtéar*, Indreabhán.

An Diocsaigh 1937:– Ú. Bean an Diocsaigh, 'Sgéilíní Aniar', *Béaloideas* 7, 15–8.

An Seabhac 1926:– [P. Ó Siochfhradha], *Seanfhocail na Muimhneach*, Baile Átha Cliath.

An Seabhac 1928a:– [P. Ó Siochfhradha], 'Cnuasach ó Chorca Dhuibhne', *Béaloideas* 1, 134–40,

An Seabhac 1928b:– [P. Ó Siochfhradha], 'Cathal agus Fíothal', *Béaloideas* 1, 157.

An Seabhac 1928c:– [P. Ó Siochfhradha], 'Blodha Béaloideasa ó Chiarraí', *Béaloideas* 1, 207–18.

An Seabhac 1930a:– [P. Ó Siochfhradha], 'An Giorria ar an bhFarraige', *Béaloideas* 2, 146–7.

An Seabhac 1930b:– [P. Ó Siochfhradha], 'Scéalaidheacht Chorca Dhuibhne', *Béaloideas* 2, 211–27.

An Seabhac 1932:– [P. Ó Siochfhradha], *An Seanchaidhe Muimhneach. Meascra de bhéaloideas ilchineál ó An Lóchrann* 1907–13, Baile Átha Cliath.

An Seabhac 1932a:– [P. Ó Siochfhradha], 'Sidhe agus Púcaí', *Béaloideas* 3, 309–30.

An Seabhac 1932b:– [P. Ó Siochfhradha], 'Maonas Áth na gCeap', *Béaloideas* 3, 419–26.

An Seabhac 1933-4:– [P. Ó Siochfhradha], 'Mairbhne Eithne nó Mairbhne Phádraig', *Béaloideas* 4, 264–76.

An Seabhac 1942:– [P. Ó Siochfhradha], 'Cluichí Leanbh sa Ghaeltacht', *Béaloideas* 12, 29–54.

Arensberg 1968:– C. M. Arensberg, *The Irish Countryman*, New York, 163–91.

Ballard 1988:– Linda May Ballard, *Forgetting Frolic: Marriage traditions in Ireland,* Belfast.

Becker 1997:– H. Becker, *I mBéal na Farraige. Scéalta agus seanchas faoi chúrsaí feamainne ó bhéal na ndaoine,* Indreabhán.

Beiner 2006:– G. Beiner, *Remembering the Year of the French: Irish Folk History and Social Memory,* Wisconsin.

Bigger 1896:– F. J. Bigger, 'Cruach Mac Dara off the Coast of Connemara …,' *Journal of the Royal Society of Anti- quaries of Ireland* 26, 101–11.

Borsje 2003:– Jacqueline Borsje, 'The Evil Eye in Early Irish Literature and Law', *Celtica* 24, 1–39.

Bourke 1999:– Angela Bourke, *The Burning of Brigid Cleary. A true story*, London.

Bourke 2002:– Angela Bourke, 'Legends of the Supernatural', in A. Bourke *et al.*, eag., *Field Day Anthology of Irish Writing* IV, Cork, 1284–1311.

Breathnach 1986:– P. Breathnach, eag., *Maigh Cuilinn. A táisc agus a tuairisc*, Indreabhán.

Bruford 1963:– A. Bruford, 'Eachtra Chonaill Gulban', *Béaloideas* 31, 1–50.

Bruford 1966:– A. Bruford, *Gaelic Folktales and Medieval Romances = Béaloideas* 34.

Campbell 1935:– A. Campbell, 'Irish Fields and Houses', *Béaloideas* 5, 57–74.

Carr 1993:– P. Carr, *The Night of the Big Wind*, Belfast.

Christiansen 1971-3:– R. Th. Christiansen, 'Some Notes on the Fairies and the Fairy Faith', *Béaloideas* 39–41, 95–111.

Christiansen 1974:– R. Th. Christiansen, 'Midwife to the Hidden People. A migratory legend as told from Ireland to Kurdistan', *Lochlainn* 6, 104–17.

Clear 2000:– Caitríona Clear, *Women of the House: Women's Household Work in Ireland 1926–61*, Dublin.

Clear 2000a:– Caitríona Clear, 'Women, Work and Memory in Rural Ireland', in Carla King, eag., *Famine, Land and Culture in Ireland*, Dublin, 180–93

Conboy 1990:– Noleen Conboy, 'An Irish Marriage', *Sinsear* 6, 20–3.

Connolly 1982:– S. J. Connolly, *Priest and People in Prefamine Ireland 1780–1845*, New York, 175–218.

Cosgrove 1985:– A. Cosgrove, *Marriage in Ireland*, Dublin.

Curtin 1943:– J. Curtin, 'Fairy-Tales from West Kerry', *Béaloideas* 13, 254–63.

Curtin 1974:– J. Curtin, *Tales of the Fairies and of the Ghost World*, [1895]. Dublin.

Daly 1979:– Mary E. Daly, 'The Development of the National School System', in A. Cosgrove & D. McCartney, eag., *Studies in Irish History Presented to R. Dudley Edwards*, Naas, 150–63.

Daly 1986:– Mary E. Daly, *The Famine in Ireland*, Dundalk.

Daly 1997:– Mary E. Daly, *Women and Work in Ireland*, Dublin.

Daly 2005:– Mary E. Daly, eag., *Roger Casement in Irish and World History,* Dublin.

Danaher 1962:– K. Danaher, *In Ireland Long Ago*, Dublin.

Danaher 1964:– K. Danaher, *Gentle Places and Simple Things*, Dublin.

Danaher 1972:– K. Danaher, *The Year in Ireland,* Cork.

Danaher 1975:– K. Danaher, *Ireland's Vernacular Architecture. Foirgneamh na nDaoine*, Cork.

Danaher 1984:– K. Danaher, *'That's How It Was'*, Dublin.

Danaher 1985:– K. Danaher, *The Hearth and Stool and All! Irish rural households*, Cork.

de Bhaldraithe 1942:– T. de Bhaldraithe, 'Tomhaiseannaí as Cois Fharraige', *Béaloideas* 12, 55–67.

de Bhaldraithe 1943:– T. de Bhaldraithe, 'Logainmneacha i gCois Fharraige', *Journal of the Royal Society of Antiquaries of Ireland* XIII, 60–65.

de Bhaldraithe 1966:– T. de Bhaldraithe, *The Irish of Cois Fhairrge*, Dublin.

de hÍde 1906:– D. de hÍde, *Abhráin Diadha Chúige Connacht*, I–II, London.

de hÓra 1989:– S. de hÓra, *Ó Chorca Dhuibhne*, Indreabhán, Caiséad CIC 016.

Dinneen 1927:– P. S. Dinneen, *Foclóir Gaedhilge agus Béarla. An Irish-English Dictionary*, Dublin.

Dowling 1968:– P. J. Dowling, *The Hedge Schools of Ireland,* Cork.

Dowling 1971:– P. J. Dowling, *A History of Irish Education,* Dublin.

Duncan 1932:– Lillian Duncan, 'Altram Tige Dá Medar', *Ériu* 11, 184–225.

Dundes 1981:– A. Dundes, eag., *The Evil Eye. A folklore casebook*, New York.

Evans 1957:– E. Evans, *Irish Folk Ways*, London.

Evans Wentz 1977:– W. Y. Evans Wentz, *The Fairy Faith in Celtic Countries*, Gerrards Cross.

Fleming 1953:– J. B. Fleming, 'Childbirth Customs and Beliefs', *Irish Journal of Medical Science*, Feabhra 1953, 49–63.

Flower 1930:– R. Flower, 'Sgéalta ó'n mBlascaod', *Béaloideas* 2, 373–80.

Flower 1944:– R. Flower, *The Western Island or The Great Blasket,* Oxford.

Flower 1957:– R. Flower, 'Measgra ón Oileán Tiar', *Béaloideas* 24, 46–107.

Gaeltacht i gCéin [2000]:– Gaeltacht i gCéin, *Faoi Shuan i gCríost: Reilig Bharr a' Doire* [gan áit].

Gosling 1993:– P. Gosling, eag., *Archaeological Inventory of County Galway 1: West Galway,* Dublin.

Hand 1971–3:– W. D. Hand, 'Folk Curing – the Magical Component', *Béaloideas* 39–41,140–56.

Hartmann *et al.* 1996:– H. Hartmann, T. de Bhaldraithe, R. Ó hUiginn, eag., *Airneán. Eine Sammlung von Texten aus Carna, Co. na Gaillimhe,* I–II, Tübingen.

Hawkins 1974-5:– R. Hawkins, 'Liberals, Land and Coercion in the Summer of 1880: the Influence of the Carraroe Ejectments', *Journal of the Galway Archaeological and Historical Society* XXXIV, 40–55.

Hayes 1937:– R. Hayes, *The Last Invasion of Ireland: When Connacht Rose,* Dublin.

Hillers 1991:– Barbara Hillers, 'The Man Who never Slept (MLSIT 4082). A survey of the redactions and their redation to the *Lai de Tydorel*', *Béaloideas* 59, 91–106.

Hillers & Mac Cárthaigh 1990:– B. Hillers, C. Mac Cárthaigh, '"Pay Me for My Story" – the etiquette of storytelling', *Sinsear* 6, 50–60.

Hull & Taylor 1955:– V. Hull, A. Taylor, *A Collection of Irish Riddles,* Folklore Studies 6, Berkeley.

Hutton 1996:– R. Hutton, *The Stations of the Sun. A history of the ritual year in Britain,* Oxford.

Inglis 1973:– B. Inglis, *Roger Casement,* London.

Jackson 1938:– K. Jackson, 'Scéalta ón mBlascaod', *Béaloideas* 8, 3–96.

Kinealy 1994:– Christine Kinealy, *This Great Calamity: the Irish Famine 1845–52,* Dublin.

Kittredge 1929:– G. L. Kittredge, *Witchcraft in Old and New England*, Cambridge.

Laoide 1915:– S. Laoide, *Tonn Tóime Tiomargadh sean-phisreog etc.,* Baile Átha Cliath.

Logan 1972:– P. Logan, *Making the Cure. Ancient cures for modern ills*, Dublin.

Logan 1980:– P. Logan, *The Holy Wells of Ireland*, Gerrards Cross.

Lucas 1989:– A. T. Lucas, *Cattle in Ancient Ireland*, Kilkenny.

Lysaght 1993:– Patricia Lysaght, 'Bealtaine: Irish Maytime Customs', in Hilda E. Davidson, eag., *Boundaries & Thresholds*, Woodchester, Stroud, 28–42.

Mac an Iomaire 1985:– S. Mac an Iomaire, *Cladaí Chonamara*, [1938] Baile Átha Cliath.

Mac Aodha 1976:– T. Mac Aodha, 'Mac Dara', *An Sagart*, Geimhreadh, 15–8.

Mac Cárthaigh 1991:– C. Mac Cárthaigh, 'Midwife to the fairies. The Irish variants in their Scottish and Scandinavian perspective', *Béaloideas* 59, 133–44.

Mac Cárthaigh 1999:– C. Mac Cárthaigh, '*An Bád Sí*: Phantom Boat Legends in Irish Folk Tradition', in Patricia Lysaght, *et al.,* eag., *Islanders and Waterdwellers,* Proceedings of the Celtic-Nordic-Baltic Folklore symposium 1996, Dublin, 165–76.

Mac Cárthaigh 2003:– C. Mac Cárthaigh, 'An Churach in Árainn', *Béaloideas* 71, 228–38.

Mac Coisdealbha 1936:– L. Mac Coisdealbha, 'Dhá Shean-Sgéal ó Pharóiste Charna', *Béaloideas* 6, 108–Mac Donnchadha 2001:– M. Mac Donnchadha, 'Amhrán na Trá Báine', *Bliainiris* 2001, 104–27.

Mac Giolla Meidhre 1938:– S. Mac Giolla Meidhre, 'Some Notes on Irish Farm-houses', *Béaloideas* 8, 196–200.

Mac Giollarnáth 1932:– S. Mac Giollarnáth, 'Tiachóg ó Iorrus Aithneach', *Béaloideas* 3, 467–501.

Mac Giollarnáth 1936:– S. Mac Giollarnáth, *Loinnir Mac Leabhair agus Sgéalta Gaisgidh Eile*, Baile Átha Cliath.

Mac Giollarnáth 1940:– S. Mac Giollarnáth, 'An Dara Tiachóg as Iorrus Aithneach', *Béaloideas* 10, 3–100.

Mac Giollarnáth 1941:– S. Mac Giollarnáth, *Annála Beaga as Iorras Aithneach*, Baile Átha Cliath. 288–9.

Mac Giollarnáth 1943:– S. Mac Giollarnáth, 'Sliocht de Sheanchas Mhicheáil Bhreathnaigh', *Béaloideas* 13,102–29.

Mac Giollarnáth 1944:– S. Mac Giollarnáth, 'Seanchas agus Sgéalta ó Mhicheál Breathnach', *Béaloideas* 14, 192–218.

Mac Giollarnáth 1947:– S. Mac Giollarnáth, *Cladach na Fairrge*, Baile Átha Cliath.

Mac Mathghamhna 1933-4:– S. Mac Mathghamhna, 'Bailiú ó Chois-Fhairrge', *Béaloideas* 4, 131–43

MacNeill 1949:– Máire MacNeill, 'The Legend of the False God's Daughter', *Journal of the Royal Society of Antiquaries of Ireland* 79, 100–9.

MacNeill 1982:– Máire MacNeill, *The Festival of Lughnasa. A study of the survival of the Celtic festival of the beginning of harvest*, I–II, Dublin.

Mac Niocaill 1947:– S. Mac Niocaill, 'Cnósach ó Chorca Dhuibhne', *Béaloideas* 17, 73–112.

Mac Philib 1991:– S. Mac Philib, 'The Changeling (ML 5058). Irish versions of a migratory legend in the international context.' *The Fairy Hill Is On Fire!* = *Béaloideas* 5, 121–32.

Mac Suibhne 1991:– B. Mac Suibhne, *Cluichí agus Caitheamh Aimsire Amuigh Faoin Aer i gConamara*, Indreabhán.

Máirtín 2003:– Caoimhe Máirtín, *An Máistir: an Scoil agus an Scolaíocht i Litríocht na Gaeilge*, Baile Átha Cliath.

Manning 1976:– M. Manning, 'Dr Nicholas Madgett's *Constitutio Ecclesiastica*', *Journal of the Kerry Archaeological and Historical Society*, 9, 68–91.

McManus 2002:– Antonia McManus, *The Irish Hedge School and its Books*, Dublin.

Mieder & Dundes 1981:– W. Mieder, A. Dundes, eag., *The Wisdom of Many*, New York.

M. Ó F. 1932:– M. Ó F. [Máirtín Ó Flathartaigh], 'An Mharthain Phádhraic', *Gearrbhaile*, 25–8.

Moody 1981:– T. W. Moody, *Davitt and the Irish Revolution, 1846–82,* Oxford.

Munch-Pedersen 1994:– O. Munch-Pedersen, eag., *Scéalta Mháirtín Neile. Bailiúchán scéalta ó Árainn*, Baile Átha Cliath.

Murphy Lawless:– Jo Murphy Lawless, 'Childbirth 1742–1955', in Angela Bourke *et al.,* eag., *Field Day Anthology of Irish Writing* IV, 896–914.

Murray [1994]:– J. P. Murray, *Galway: A Medico-Social History*, Galway.

Naughton 2003:– Nora Naughton, 'God and the Good People. Folk belief in a traditional community', *Béaloideas* 71, 13–53.

Ní Dhomhnaill 1980–1:– C. Ní Dhomhnaill, 'Seanráite na Ceathrún Rua', *Béaloideas* 48–9, 74–85.

Ní Dhomhnaill 1988:– C. Ní Dhomhnaill, 'Dúblóga Uamacha Gaeilge', *Béaloideas* 56, 141–52.

Ní Fhaoláin 1995:– A. M. Ní Fhaoláin, *Scéalta agus Seanchas Phádraig Uí Ghrífín*, An Daingean.

Ní Ghuairim 1990:– S. Ní Ghuairim, *An Chéad Dólás*, caiséad CIC 008, Indreabhán.

Ní Loingsigh [gan dáta]:– B. Ní Loingsigh, *et al., Cluichí Faithche do Pháistí*, Baile Átha Cliath.

Ní Mhainnín 2000:– C. Ní Mhainnín, *Cuimhní Cinn Cháit Ní Mhainnín*, Indreabhán.

Nic Aodha 1928:– M. Nic Aodha, 'Cure for Warts (Co. Galway), *Béaloideas* 1, 328.

Nic Dhonnchadha 1930:– L. Nic Dhonnchadha, 'An Ceol Draoidheachta', *Béaloideas* 2, 96.

Nic Dhonnchadha 1957:– L. Nic Dhonnchadha, 'Scéalta Sidhe ó Ros Muc', *Béaloideas* 25, 139–43.

Nic Dhonnchadha 2000:– M. M. Nic Dhonnchadha, 'An Cheathrú Rua', in G. Ó Tuathaigh *et al.,* eag., *Pobal na*

Gaeltachta. A scéal agus a dhán, Indreabhán 2000, 357–82.

Nic Suibhne 1992:– F. Nic Suibhne, '"On the Straw" and Other Aspects of Pregnancy and Childbirth from the Oral Tradition of Women in Ulster', *Ulster Folklife* 38, 12–24.

Ó Briain 1933–4:– L. Ó Briain, 'Sgéal ó Inis Meadhoin', *Béaloideas* 4, 391.

Ó Broin 1936:– T. Ó Broin, 'Dhá Shean-phaidir', *Béaloideas* 6, 93.

Ó Broin 1955:– T. Ó Broin, *Scéalaí Tíre. Bailiúchán seanchais ó Ghaillimh* = *Béaloideas* 24.

Ó Buachalla 1988:– S. Ó Buachalla, *Education Policy in Twentieth Century Ireland,* Dublin.

Ó Cadhain 1930:– M. Ó Cadhain, 'Scéalta faoi na Naoimh', *Béaloideas* 2, 384–92

Ó Cadhain 1933-4:– M. Ó Cadhain, 'Sgéaluigheacht Chois-Fhairrge', *Béaloidea*s 4, 62–88.

Ó Cadhain 1935:– M. Ó Cadhain, 'Cnuasach ó Chois-Fhairrge', *Béaloideas* 5, 219–72

Ó Catháin & O'Flanagan 1975:– S. Ó Catháin, P. O'Flanagan, *The Living Landscape, Kilgalligan, Erris, County Mayo,* Dublin.

Ó Catháin 1980:– S. Ó Catháin, *The Bedside Book of Irish Folklore,* Cork.

Ó Catháin 1995:– S. Ó Catháin, *The Festival of Brigit, Celtic Goddess and Holy Woman,* Dublin.

Ó Catháin 1999:– S. Ó Catháin, 'The Irish Prayer for Saving the Fire', in Ü. Valk, eag., *Studies in Folklore and Popular Religion*, II, Tartu, 35–50.

Ó Cathasaigh 1942:– S. Ó Cathasaigh, 'Seanchas ó Iorrus Aithneach', *Béaloideas* 12, 81–5.

Ó Cathasaigh 1943:– S. Ó Cathasaigh, 'Buailíochaí in Iarthar Chonamara', *Béaloideas* 13,159–60.

Ó Cathasaigh 1998:– R. Ó Cathasaigh, eag., *Rabhlaí Rabhlaí. Rogha rannta traidisúnta don aos óg*, Baile an Fheir-téaraigh.

Ó Ceannabháin 1983:– P. Ó Ceannabháin, eag., *Éamon A Búrc: Scéalta*, Baile Átha Cliath.

Ó Coigligh 1987:– C. Ó Coigligh, *Raiftearaí: Amhráin agus Dánta,* Baile Átha Cliath.

Ó Coigligh [1990]:– C. Ó Coigligh, *Seanchas Inis Meáin*, Baile Átha Cliath.

Ó Conaola 1988:– D. Ó Conaola, *Thatched Homes of the Aran Islands. An Teachín Ceanntuí*, Inis Oírr.

Ó Concheanainn 1978:– T. Ó Concheanainn, *Nua-Dhuanaire*, III, Baile Átha Cliath.

Ó Concheanainn 1993:– P. Ó Concheanainn, *Inis Meáin. Seanchas agus scéalta*, [1931], Baile Átha Cliath.

Ó Confhaola 2003:– É. Ó Confhaola, *Tobar na Seacht Scáil. The Well of Seven Shadows,* [Leitir Mealláin].

Ó Conghaile 1974:– S. Ó Conghaile, *Cois Fharraige le Mo Linnse*, Baile Átha Cliath.

Ó Conghaile 1988:– M. Ó Conghaile, *Conamara agus Árainn 1880–1950*, Indreabhán.

Ó Conghaile 1995:– M. Ó Conghaile, eag., *Sláinte. Deich mbliana de Chló Iar-Chonnachta,* Indreabhán.

Ó Conghaile 1999:– É. Ó Conghaile, *Seoda Ár Sinsear*, Indreabhán.

Ó Conghaola 1993:– S. Ó Conghaola, *Saol Scolóige*, Indreabhán.

O'Connor 2002:– Anne O'Connor, '"Petticoat Loose" Traditions in Ireland', *Béaloideas* 70, 51–82.

Ó Crualaoich 1993:– G. Ó Crualaoich, 'The Production and Consumption of Sacred Substances in Irish Funerary Tradition', *Etaininwen* 2, 39–51.

Ó Crualaoich 2003:– G. Ó Crualaoich, *The Book of the Cailleach. Stories of the wise woman healer*, Cork.

Ó Cuív 1953:– B. Ó Cuív, 'Deascán ó Chúige Mumhan', *Béaloideas* 22, 102–19.

Ó Curraoin 1977–9:– S. Ó Curraoin, 'I Líonta Dé … Seanchas iascaireachta ó Bhearna', *Béaloideas* 45–7, 118–57.

Ó Curraoin 1980–1:– S. Ó Curraoin, 'Ag Triall ar an Tobar',
Béaloideas 48–9, 148–53.

Ó Curraoin 2000:– S. Ó Curraoin, *Iascairín Chloch na Cora.
Scéalta agus seanchas ó Bhearna agus na Forbacha*,
Baile Átha Cliath.

Ó Dálaigh 1942:– S. Ó Dálaigh, 'Séamus na bPleusg agus na
Daoine Maithe', *Béaloideas* 12, 190–2.

Ó Danachair 1946:– C. Ó Danachair, 'Hearth and Chimney in
the Irish House', *Béaloideas* 16, 91–104.

Ó Danachair 1964:– C. Ó Danachair, 'The Combined Byre and
Dwelling in Ireland', *Folk Life* 2, 58–75.

Ó Danachair 1974-6:– C. Ó Danachair, 'Some Marriage
Customs and Their Regional Distribution', *Béaloideas*
42–4, 136–75.

Ó Danachair 1980:– C. Ó Danachair, 'Snaidhm na Péiste',
Sinsear 2, 102–8

Ó Direáin 1926:– P. Ó Direáin, *Sgéalaidhe Leitir Mealláin*,
Baile Átha Cliath.

Ó Direáin 1929:– P. Ó Direáin, *Sgéalta na nOileán*, Baile Átha
Cliath

Ó Dubhda 1929:– S. Ó Dubhda, 'Sgéilíní Andeas', *Béaloideas*
1, 264–9.

Ó Dubhda 1930a:– S. Ó Dubhda, 'Sgéalta Sidhe', *Béaloideas*
2, 71–80.

Ó Dubhda 1930b:– S. Ó Dubhda, 'Sgéilíní Andeas', *Béaloideas* 2, 282–9.

Ó Dubhda 1930c:– S. Ó Dubhda, 'Sgéilíní Ó Dhuibhneachaibh',
Béaloideas 2, 401–7.

Ó Dubhda 1932:– S. Ó Dubhda, 'Sgéilíní Andeas', *Béaloideas*
3, 240–56.

Ó Dubhda 1933-4:– S. Ó Dubhda, 'Dhá Eachtra ó Dhuibhneachaibh', *Béaloideas* 4, 314–20.

Ó Dubhda 1936:– S. Ó Dubhda, 'An Fear A Bhuaigh an Bhean
ar an Síofra', *Béaloideas* 6, 90–2.

Ó Dubhda 1948:– S. Ó Dubhda, 'Dioghlaim Duibhneach',
Béaloideas 18, 71–113.

Ó Dubhda 1950:– S. Ó Dubhda, 'Seanchaithe agus Seanchas ó Dhuibhneachaibh', *Béaloideas* 20, 49–72.

Ó Dubhda 1953:– S. Ó Dubhda, 'Seanchas Beirte', *Béaloideas* 22, 5–50.

Ó Dubhda 1959:– S. Ó Dubhda, 'Seanchas Mhuiris 'ac Gearailt', *Béaloideas* 27, 35–73.

Ó Dubhda 1963:– S. Ó Dubhda, 'Measgra ó Chorca Dhuibhne', *Béaloideas* 31, 118–51.

Ó Dubhshláine 1981:– S. Ó Dubhshláine, 'Fuadach agus Éalú sa tSeana-shaol', *Sinsear*, 25–39.

Ó Duilearga 1930:– S. Ó Duilearga, 'Measgra Sgéal ó Uíbh Ráthach agus ó Thuadhmhumhain', *Béaloideas* 2, 424–9.

Ó Duilearga 1945:– S. Ó Duilearga, 'Sean-Sgéalta Aniar', *Béaloideas* 15, 141–202.

Ó Duilearga 1948:– S. Ó Duilearga, eag., *Leabhar Sheáin Í Chonaill*, Baile Átha Cliath.

Ó Duilearga 1956:– S. Ó Duilearga, eag., *Seanchas Ón Oileán Tiar,* Baile Átha Cliath.

Ó Duinn 1990:– S. Ó Duinn, *Orthaí Cosanta sa Chráifeacht Cheilteach*, Maigh Nuad.

Ó Fiannachta 1990:– P. Ó Fiannachta, 'Eagarthóir *An Sléibht-eánach'*, *Irisleabhar Mhá Nuad*, 155–303.

Ó Finneadha 1932:– P. Ó Finneadha, 'Tomhaiseanna', *Béaloideas* 3, 349–50.

Ó Finneadha 1993:– L. Ó Finneadha, *Ó Bhaile go Baile*, Indreabhán.

Ó Flannagáin 1933–4:– S. Ó Flannagáin, 'Tiachóg Sgéalta ó Árainn', *Béaloideas* 4, 228–53.

Ó Flannagáin 1937:– S. Ó Flannagáin, 'Sean-Phaidreacha ó Árainn', *Béaloideas* 7 (1937), 185–90.

Ó Flatharta 1992:– *Tom Bheartla Tom Ó Flatharta ag Scéalaíocht*, caiséad CIC L18, Indreabhán.

O'Floinn 1980-1:– Bairbre O'Floinn, 'Sionnach ar do Dhuán …', *Béaloideas* 48–9, 166–87.

Ó Fotharta 1892:– D. Ó Fotharta, *Siamsa an Gheimhridh*, Áth Cliath.

Ó Fotharta 1912:– D. Ó Fotharta, *Fuigheall Scéal ó'n tSean-aimsir,* Dublin.

Ó Gaora 1969:– C. Ó Gaora, *Mise* [1943], Baile Átha Cliath.

Ó Giollagáin 1999:– C. Ó Giollagáin, eag., *Stairsheanchas Mhicil Chonraí. Ón Máimín go Ráth Chairn*, Indreabhán.

Ó Gráda 1994:– C. Ó Gráda, *An Drochshaol: Béaloideas agus Amhráin, Baile* Átha Cliath.

Ó Gráda 1998:– C. Ó Gráda, *Black '47 and Beyond: The Great Irish Famine in History, Economy and Memory*, Princeton.

Ó Gráinne 1997:– D. Ó Gráinne, eag., *Peait Phádraig Tom Ó Conghaile. A scéal féin*, Baile Átha Cliath.

Ó Gríobhtha 1932:– P. Ó Gríobhtha, 'Orthaí agus Paidreacha ó Chonamara', *Béaloideas* 3, 371–2.

O'Hara 2006:– B. O'Hara, *Davitt,* Castlebar.

Ó hAnluain 2000:– E. Ó hAnluain, ' "Cuirfidh mé faghairt i bhfeidhm más cruaidh dom." Draíocht chun drúise in Cúirt an Mheon-Oíche' in P. Riggs, *et al., Saoi na hÉigse. Aistí in ómós do Sheán Ó Tuama*, Baile Átha Cliath, 153–67.

Ó Héalaí 1975:– P. Ó Héalaí, 'An Grá sa Bhéaloideas', *Léachtaí Cholm Cille* 6, 126–50.

Ó Héalaí 1977:– P. Ó Héalaí, 'Cumhacht an tSagairt sa Bhéaloideas', *Léachtaí Cholm Cille* 8, 109–31.

Ó Héalaí 1992a:– P. Ó Héalaí, 'Gnéithe de Bhéaloideas na Bó: Beannaitheacht agus Piseoga', *Iris na hOidhreachta* 4, 61–102

Ó Héalaí 1992b:– P. Ó Héalaí, 'Gnéithe de Bhéaloideas an Linbh ar an mBlascaod'. *Léachtaí Cholm Cille* 22, 81–122.

Ó Héalaí 1994–5:– P. Ó Héalaí, 'The Priest versus Healer. The legend of the priest's stricken horse', *Béaloideas* 62–3, 171–88.

Ó Héalaí 1996:– P. Ó Héalaí, 'The Priest in Irish Fairy Legends' in L. Petzholdt, *Folk Narrative and World View,* I–II, Frankfort am Main, 609–21.

Ó Héalaí 2006:– P. Ó Héalaí, 'Children's Funerary Rites in Ireland. A compensatory dimension', in F. Mugnaini *et al.*, eag., *The Past in the Prresent. A multidisciplinary approach*, Brussels, 87–106.

Ó hEochaidh 1977:– S. Ó hEochaidh, *et al., Síscéalta ó Thír Chonaill. Fairy Legends from Donegal*, Baile Átha Cliath.

Ó hÓgáin 1982:– D. Ó hÓgáin, *An File. Staidéar ar osnádúrthacht na filíochta sa traidisiún Gaelach*, Baile Átha Cliath.

Ó hÓgáin 1990:– D. Ó hÓgáin, *Myth, Legend and Romance. An encyclopaedia of Irish folk tradition,* London.

Ó Laoghaire 1975:– D. Ó Laoghaire, *Ár bPaidreacha Dúchais*, Baile Átha Cliath.

Ó Máille 1946:– T. Ó Máille, 'Tomhaiseanna Ros Muc', *Béaloideas* 16, 189–200.

Ó Máille 1948:– T. S. Ó Máille, *Sean-fhocla Chonnacht,* I, Baile Átha Cliath.

Ó Máille 1950:– T. Ó Máille, 'Céad Sean-fhocal', *Béaloideas* 20, 108–19.

Ó Máille 1952:– T. S. Ó Máille, *Sean-fhocla Chonnacht,* II, *Baile Átha Cliath.*

Ó Máille 1959:– T. S. Ó Máille, 'Sean-fhocal is Céad', *Béaloideas* 27, 99–109

Ó Máille 1965:– T. S. Ó Máille, 'Céad Seanrá', *Béaloideas* 33, 152–62.

Ó Máille 2002:– T. Ó Máille, *An Béal Beo*, cóirithe ag R. Ó hUiginn, [1936] Baile Átha Cliath.

Ó Muireagáin 1935:– S. Ó Muireagáin, 'Tiomsughadh Brobh', *Béaloideas* 5,139–53.

O'Neill 1991:– Áine O'Neill, '"The Fairy Hill is on Fire!" (MLSIT 6071), A panorama of multiple functions', *Béaloideas* 59, 189–96.

Opie & Tatem 1989:– Iona Opie, Moira Tatem, *A Dictionary of Superstitions,* Oxford.

Ó Siadhail 1975:– M. Ó Siadhail, 'Liosta Focal faoi Thógáil Tí as Inis Meáin', *Éigse* 16, 75–95.

Ó Súilleabháin 1939:– S. Ó Súilleabháin, 'Adhlacadh Leanbhaí', *Journal of the Royal Society of Antiquaries of Ireland* 69, 243–51

Ó Súilleabháin 1942:– S. Ó Súilleabháin, *A Handbook of Irish Folklore*, Dublin.

Ó Súilleabháin 1952:– S. Ó Súilleabháin, *Scéalta Cráibhtheacha* = *Béaloideas* 21.

Ó Súilleabháin 1957:– S. Ó Súilleabháin, 'The Feast of St. Martin in Ireland', in W. E. Richmond, eag., *Studies in Folklore. Essays in Honor of Stith Thompson,* Bloomington, 252–61.

Ó Súilleabháin 1961:– S. Ó Súilleabháin, *Caitheamh Aimsire ar Thórraimh,* Baile Átha Cliath.

Ó Súilleabháin & Christiansen 1963:– S. Ó Súilleabháin, R. Th. Christiansen, *The Types of the Irish Folktale.* Folklore Fellows Communications 188, Helsinki.

Ó Súilleabháin 1967:– S. Ó Súilleabháin, *Irish Folk Custom and Belief,* Dublin.

Ó Tuathaigh 2000:– G. Ó Tuathaigh, eag., *Pobal na Gaeltachta: A Scéal agus a Dhán*, Indreabhán.

Partridge 1980–1:– Angela Partridge, 'Ortha an Triúr Bráithre. Traidisiún meánaoiseach i mbéaloideas na hÉireann', *Béaloideas* 48–9, 188–203.

Partridge 1983:– Angela Partridge, *Caoineadh na dTrí Muire. Téama na Páise i bhfilíocht bhéil na Gaeilge,* Baile Átha Cliath.

Póirtéir 1995:– C. Póirtéir, eag., *The Great Irish Famine,* Cork.

Póirtéir 1995a:– C. Póirtéir, eag., *Gnéithe den Ghorta,* Baile Átha Cliath.

Póirtéir 1996:– C. Poirtéir, eag., *Glórtha ón Ghorta,* Baile Átha Cliath.

Robinson 1990:– T. Robinson, *Connemara Part 1: Introduction and Gazetteer,* Roundstone.

Robinson 1996:– T. Robinson, *Setting Foot on the Shores of Connemara,* Dublin.

Robinson 2000:– T. Robinson, *Camchuairt Chonamara Theas/ A Twisty Journey. Mapping South Connemara*, aistr., L. Mac Con Iomaire, Baile Átha Cliath.

Schoon Eberly 1988:– Susan Schoon Eberly, 'Fairies and the Folklore of Disability: Changeling Hybrids and the Solitary Fairy.' *Folklore* 99 58–77 [= P. Narvaez, eag., *The Good People. New fairylore essays*, New York, 227–50].

Scott 2004:– R. J. Scott, *The Galway Hookers: Working Sailboats of Galway Bay*, Swords.

Sullivan 1992:– C. W. Sullivan, 'Childbirth Education and Traditional Beliefs about Pregnancy and Childbirth', in J. Kirkland *et al.*, eag., *Herbal and Magical Medicine. Traditional healing today*, Durham, 170–9.

Szövérrfy 1955:– J. Szövérrfy, 'The Well of the Holy Women: Some St. Columba Traditions in the West of Ireland', *Journal of American Folklore* 68, 111–22.

Taylor 1951:– A. Taylor, *English Riddles from Oral Tradition*, Berkeley.

Tubach 1969:– F. C. Tubach, *Index Exemplorum. A handbook of medieval religious tales*, Folklore Fellows Communications 204, Helsinki.

Tyers 1992:– P. Tyers, *Malairt Beatha*, Dún Chaoin.

Tyers 1999:– P. Tyers, *Abair Leat – Joe Daly*, Dún Chaoin.

Uí Mhaolaidh 1998:– S. Uí Mhaolaidh, '1798 i gConnachta', Ó Tuathaigh, eag., *Éirí Amach 1798 in Éirinn*, Indreabhán, 107–22.

Uí Mhurchadha 1954:– B. Bean Uí Mhurchadha, *Oideachas in Iar-Chonnacht sa Naoú Céad Déag,* Baile Átha Cliath.

Uí Aimhirgín 2000:– N. Uí Aimhirgín, *Ó Oileán go Cuilleán. Ó pheann Mhuiris Uí Shúilleabháin*, Baile Átha Cliath, 33–5, 72–3.

Uí Ógáin 1979:– R. Uí Ógáin, 'Crua na Cara', *Sinsear*, 23–7.

Uí Ógáin 1984:– R. Uí Ógáin, *An Rí Gan Choróin: Dónall Ó Conaill sa Bhéaloideas*, Baile Átha Cliath.

Uí Ógáin 1992–3:– R. Uí Ogáin, 'Music Learned from the fairies', *Béaloideas* 60–1, 197–214.

uí Ógáin 1998:– R. uí Ógáin, 'Béaloideas 1798 Thiar', in Ó
  Tuathaigh, eag., *Éirí Amach 1798 in Éirinn*, Indreabhán,
  137–53.
uí Ógáin 1999:– R. uí Ógáin, *Faoi Rothaí na Gréine. Amhráin
  as Conamara a bhailigh Máirtín Ó Cadhain*, Baile Átha
  Cliath.
uí Ógáin 2002:– R. uí Ógáin, *Sorcha: Amhráin Shorcha Ní
  Ghuairim*, Gael-Linn agus Comhairle Bhéaloideas
  Éireann, dlúthdhiosca le leabhrán, CEFCD 182.
uí Ógáin 2004:– R. uí Ógáin ó Chóil de Bhailís, An Rinn, An
  Cheathrú Rua, 'Cúrsaí Áidh', *Béaloideas* 72, 230–2.
Utley 1918:– F. B. Utley, 'Obstetrical Superstitions', *The
  Pennsylvania Medical Journal* 21, 478–80.
Verling 1999:– M. Verling, eag., *Béarrach Mná ag Caint.
  Seanchas Mhairéad Ní Mhonacháin*, Indreabhán 1999.
Wigger 2004:– A. Wigger, *Caint Ros Muc*, I–II, Baile Átha
  Cliath
Williams 1988:– N. J. A. Williams, *Cniogaide Cnagaide.
  Rainn traidisúnta do pháistí*, Baile Átha Cliath.
Wilson 2000:– S. Wilson, *The Magical Universe. Everyday
  ritual and magic in premodern Europe,* London.